高等学校新商科大数据与会计系列教材

微课版

会计信息系统
用友ERP-U8V10.1

刘 洋 翟绪军◎主 编
孝丽萍◎副主编

电子工业出版社
Publishing House of Electronics Industry
北京·BEIJING

内容简介

本书以用友 ERP-U8V10.1 为工具，实现了业财一体、理实融合。全书共有 9 个模块：会计信息化及会计信息系统概述，系统管理，公共基础信息设置，总账管理系统，UFO 报表系统，薪资管理系统，固定资产管理系统，应收、应付款管理系统，供应链管理系统。本书采用任务驱动式编写模式，每个模块设有知识目标、应用目标、思政目标、情景导入、任务驱动等板块；每个模块结尾配有"习题巩固"，以巩固理论知识。附录 A 为业财一体化综合实验，共有 16 个实验。

本书既可供各类应用型本科院校、高等职业院校教学使用，也可作为会计人员岗前培训教材，还可作为相关财务工作者和经营管理人员的参考用书。

未经许可，不得以任何方式复制或抄袭本书之部分或全部内容。
版权所有，侵权必究。

图书在版编目（CIP）数据

会计信息系统：用友 ERP-U8V10.1 / 刘洋，翟绪军主编. —北京：电子工业出版社，2023.3
ISBN 978-7-121-45172-0

Ⅰ.①会… Ⅱ.①刘… ②翟… Ⅲ.①会计信息－财务管理系统－高等学校－教材 Ⅳ.①F232

中国国家版本馆 CIP 数据核字（2023）第 041782 号

责任编辑：宫雨霏　　特约编辑：张燕虹
印　　刷：涿州市京南印刷厂
装　　订：涿州市京南印刷厂
出版发行：电子工业出版社
　　　　　北京市海淀区万寿路 173 信箱　邮编：100036
开　　本：787×1 092　1/16　印张：15.75　字数：403 千字
版　　次：2023 年 3 月第 1 版
印　　次：2023 年 3 月第 1 次印刷
定　　价：59.00 元

凡所购买电子工业出版社图书有缺损问题，请向购买书店调换。若书店售缺，请与本社发行部联系，联系及邮购电话：（010）88254888，88258888。
质量投诉请发邮件至 zlts@phei.com.cn，盗版侵权举报请发邮件至 dbqq@phei.com.cn。
本书咨询联系方式：（010）88254199，sjb@phei.com.cn。

前　言

当前，中国经济发展已经全面进入数字经济时代，互联网、大智移云、人工智能、云计算、区块链等技术的应用推动了数字经济和实体经济的深度融合。会计信息化是一个动态演变的过程，正朝着业财深度一体化、处理全程自动化、内外系统集成化、处理平台云端化等趋势发展。为了更好地培养新产业、新业态及新模式下的高素质应用型人才，应积极贯彻落实《加快推进教育现代化实施方案》《国家职业教育改革实施方案》，提升学生业财一体化、数字化处理能力。本书以用友 ERP-U8V10.1 为工具，实现业财一体、理实融合，提供满足会计信息化人才培养需要的知识与实践体系。

本书编写特色如下。

（1）思政融入。每个模块开始以知识目标、应用目标和思政目标引入，融合课程思政元素，达到知识传授、能力提升和价值引领的目的，体现立德树人的根本。

（2）结构创新。本书各模块采用递进式编排、任务驱动式编写模式，把理论知识和技能操作融为一体，以会计信息化实际应用为导向展开各模块内容。

各模块结构	编排说明
知识目标	明确本模块学习的基本理论知识和业务处理内容
应用目标	明确本模块能够具备的会计信息化操作能力
思政目标	通过融入课程思政元素，强化会计职业操守，培养职业素养，警示职业道德问题
情景导入	企业业务情景导入教学，做到"学以致用"
任务驱动	为加强理论和实操的紧密联系，本书结构设计以理论概述、系统初始化、日常业务处理及期末处理展开任务，并将任务按照关联程度拆分成几个部分，每个部分包含以下内容。 （一）理论导航：本部分理论基础与知识储备。 （二）业务资料：案例企业本部分的业务举例。 （三）操作指导：采用相同例题序号，对应（二）业务资料的相关业务案例演示操作过程指导。例如，（三）操作指导中的【例 2-1】登录系统管理，是对（二）业务资料中的【例 2-1】业务具体操作过程的说明。 穿插在操作指导中的"补充提示""思考"栏目介绍操作注意事项及未在实验中体现的补充功能和相关理论
习题巩固	在各模块结尾给出与理论和操作内容相关的习题，包括单选题、多选题、判断题、思考题，以帮助学生理解、巩固各模块内容

（3）内容合理。本书参考学时为 48～64 学时，建议采用理论和与实践一体化教学模式。本书共有 9 个模块，分别是会计信息化及会计信息系统概述，系统管理，公共基础信息设置，总账管理系统，UFO 报表系统，薪资管理系统，固定资产管理系统，应收、应付款管理系统（应收款管理系统与应付款管理系统的简称）、供应链管理系统。本书将

供应链管理系统以单独一个模块的形式融合到财务体系中，以满足用较短学时就能接触到供应链管理系统基本操作的需求。

（4）资源丰富。本书另外配有丰富的教学和学习资源，可供教师和学生使用，感兴趣的读者可以通过邮箱向本书编者索取。

① 提供给教师的资源包括章节巩固习题答案、思政案例及分析、授课PPT、课程教案、教学大纲、实验总结报告、理论考核试卷（A卷、B卷）等资源。

② 提供给学生的资源包括附录A中16个业财一体化综合实验案例、操作演示微课视频、用友ERP-U8V10.1试用版安装软件、各系统操作账套。

本书由东北石油大学刘洋、闽江学院翟绪军担任主编，东北大学秦皇岛分校孝丽萍担任副主编。具体分工如下：刘洋负责模块四、模块七、模块八、模块九和附录A的编写；翟绪军负责模块一、模块二、模块三的编写；孝丽萍负责模块五、模块六的编写；全书由刘洋统稿。

本书为黑龙江教育科学"十四五"规划2022年重点课题"行业特色高校新商科人才'三跨一融'多维度协同培养模式研究"（编号：GJB1422143）；福建省2022年本科高校教育教学研究项目"新文科背景下应用型本科高校商科专业学生创新能力培养研究"（编号：FBJG20220028）；黑龙江省高等学校教改工程项目"产教融合背景下新商科多维度协同育人体系研究与实践"（编号：SJGY20210108）的阶段性成果。

编写参考并吸收了有关教材、专著的内容，得到了用友公司及电子工业出版社的大力支持，在此说明并致以诚挚谢意！

对于本书的疏漏、不妥之处，恳请读者批评指正。

服务邮箱：379202747@qq.com。

编　者

目 录

模块一　会计信息化及会计信息系统概述 ·· 1
　　任务一　了解会计信息化 ·· 2
　　　　一、会计信息化的含义 ·· 2
　　　　二、会计信息化的产生与发展 ·· 2
　　　　三、会计信息化对会计工作的积极影响 ·· 3
　　任务二　会计信息化的新应用 ·· 3
　　　　一、云会计 ··· 4
　　　　二、财务共享 ··· 4
　　　　三、区块链技术 ·· 4
　　　　四、人工智能 ··· 5
　　任务三　会计信息系统功能概述 ··· 5
　　　　一、会计信息系统总体功能结构 ··· 5
　　　　二、会计信息系统应用方案 ·· 7
　　任务四　用友 ERP-U8V10.1 介绍 ··· 7
　　　　一、用友 ERP-U8V10.1 总体结构 ··· 7
　　　　二、用友 ERP-U8V10.1 的功能 ··· 8
　　习题巩固 ·· 9

模块二　系统管理 ·· 11
　　任务一　系统管理概述 ··· 12
　　　　一、认知系统管理 ·· 12
　　　　二、系统管理的主要功能 ·· 12
　　　　三、系统管理的业务流程 ·· 13
　　　　四、系统管理与其他系统的关系 ··· 13
　　任务二　系统管理应用 ··· 14
　　　　一、系统管理模块的使用者 ··· 14
　　　　二、用户管理 ·· 15
　　　　三、账套管理 ·· 17
　　习题巩固 ··· 21

模块三　公共基础信息设置 ·· 24
　　任务一　企业应用平台概述 ··· 25
　　　　一、认知企业应用平台 ··· 25
　　　　二、企业应用平台的主要功能 ·· 25

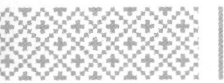

　　三、公共基础信息设置的业务流程 ································· 27
　　四、公共基础信息设置与其他系统的关系 ························· 27
任务二　设置机构人员信息 ··· 27
　　一、启用系统 ·· 27
　　二、设置机构人员档案 ··· 29
　　三、设置往来单位信息 ··· 31
任务三　设置收付结算信息 ··· 35
　　一、设置结算方式 ··· 35
　　二、设置付款条件 ··· 36
　　三、设置银行档案 ··· 37
任务四　设置存货档案信息 ··· 38
　　一、设置计量单位 ··· 38
　　二、设置存货档案 ··· 39
习题巩固 ··· 41

模块四　总账管理系统 ··· 43

任务一　总账管理系统概述 ··· 44
　　一、认知总账管理系统 ··· 44
　　二、总账管理系统的主要功能 ·· 45
　　三、总账管理系统的业务流程 ·· 45
　　四、总账管理系统与其他系统的关系 ······························· 46
任务二　总账管理系统初始化设置 ······································ 47
　　一、控制参数设置 ··· 47
　　二、基础信息设置 ··· 49
　　三、期初余额录入 ··· 54
任务三　凭证和账簿管理 ·· 57
　　一、凭证管理 ·· 58
　　二、账簿管理 ·· 67
任务四　出纳管理 ·· 70
　　一、日记账查询 ··· 70
　　二、银行对账 ·· 73
任务五　期末处理 ·· 75
　　一、期末结转 ·· 76
　　二、对账、结账 ··· 80
习题巩固 ··· 81

模块五　UFO报表系统 ··· 84

任务一　UFO报表系统概述 ··· 85
　　一、认知UFO报表系统 ·· 85
　　二、UFO报表系统的主要功能 ····································· 86
　　三、UFO报表系统的操作流程 ····································· 86

四、UFO 报表系统与其他系统的关系 ································ 87
　任务二　编制财务报表 ·· 87
　　　一、报表格式设置 ·· 87
　　　二、报表公式设置 ·· 92
　　　三、报表数据生成 ·· 94
　任务三　调用模板生成报表 ·· 95
　　　一、调用报表模板 ·· 95
　　　二、生成报表数据 ·· 96
　习题巩固 ·· 97

模块六　薪资管理系统 ·· 99
　任务一　薪资管理系统概述 ·· 100
　　　一、认知薪资管理系统 ·· 100
　　　二、薪资管理系统的主要功能 ·· 100
　　　三、薪资管理系统的业务流程 ·· 101
　　　四、薪资管理系统与其他系统的关系 ································ 102
　任务二　薪资管理系统初始化设置 ·· 102
　　　一、建立薪资管理子账套 ·· 102
　　　二、设置基础信息 ·· 104
　　　三、工资类别下的基础设置 ·· 106
　任务三　薪资管理系统日常业务处理 ·· 112
　　　一、工资数据管理 ·· 112
　　　二、工资分摊 ·· 115
　任务四　薪资管理系统期末处理 ·· 118
　　　一、查看薪资报表 ·· 119
　　　二、期末处理 ·· 119
　习题巩固 ·· 120

模块七　固定资产管理系统 ·· 123
　任务一　固定资产管理系统概述 ·· 124
　　　一、认知固定资产管理 ·· 124
　　　二、固定资产管理系统的主要功能 ···································· 125
　　　三、固定资产管理系统的业务流程 ···································· 126
　　　四、固定资产管理系统与其他系统的关系 ························ 126
　任务二　固定资产管理系统初始化设置 ···································· 127
　　　一、建立固定资产子账套 ·· 127
　　　二、设置基础信息 ·· 130
　　　三、录入固定资产原始卡片 ·· 132
　任务三　固定资产管理系统业务处理 ·· 135
　　　一、固定资产增减 ·· 135
　　　二、固定资产变动 ·· 137

会计信息系统——用友ERP-U8V10.1

　　　三、计提资产减值准备……………………………………………………138
　　　四、计提折旧………………………………………………………………139
　　　五、批量制单………………………………………………………………141
　任务四　固定资产管理系统期末处理………………………………………………142
　　　一、账表查询………………………………………………………………143
　　　二、对账、结账……………………………………………………………144
　习题巩固………………………………………………………………………………145

模块八　应收、应付款管理系统………………………………………………………148
　任务一　应收、应付款管理系统概述…………………………………………………149
　　　一、认知应收、应付款管理系统…………………………………………149
　　　二、应收、应付款管理系统的主要功能…………………………………150
　　　三、应收、应付款管理系统的应用方案…………………………………151
　　　四、应收、应付款管理系统的业务流程…………………………………151
　　　五、应收、应付款管理系统与其他系统的关系…………………………152
　任务二　应收、应付款管理系统初始化设置…………………………………………153
　　　一、控制参数设置…………………………………………………………153
　　　二、基础信息设置…………………………………………………………156
　　　三、录入期初余额…………………………………………………………160
　任务三　应收款管理系统业务处理……………………………………………………164
　　　一、应收单据处理…………………………………………………………165
　　　二、收款单据处理…………………………………………………………166
　　　三、票据管理………………………………………………………………168
　　　四、转账处理………………………………………………………………170
　　　五、坏账处理………………………………………………………………172
　　　六、期末处理………………………………………………………………173
　任务四　应付款管理系统业务处理……………………………………………………174
　　　一、应付单据处理…………………………………………………………175
　　　二、付款单据处理…………………………………………………………176
　　　三、期末处理………………………………………………………………178
　习题巩固………………………………………………………………………………179

模块九　供应链管理系统………………………………………………………………181
　任务一　供应链管理系统概述…………………………………………………………182
　　　一、认知供应链管理系统…………………………………………………182
　　　二、供应链管理系统的主要功能…………………………………………183
　　　三、供应链管理系统的业务流程…………………………………………183
　　　四、供应链管理系统与其他系统的关系…………………………………184
　任务二　供应链管理系统初始化设置…………………………………………………184
　　　一、控制参数设置…………………………………………………………184
　　　二、基础信息设置…………………………………………………………186

VIII

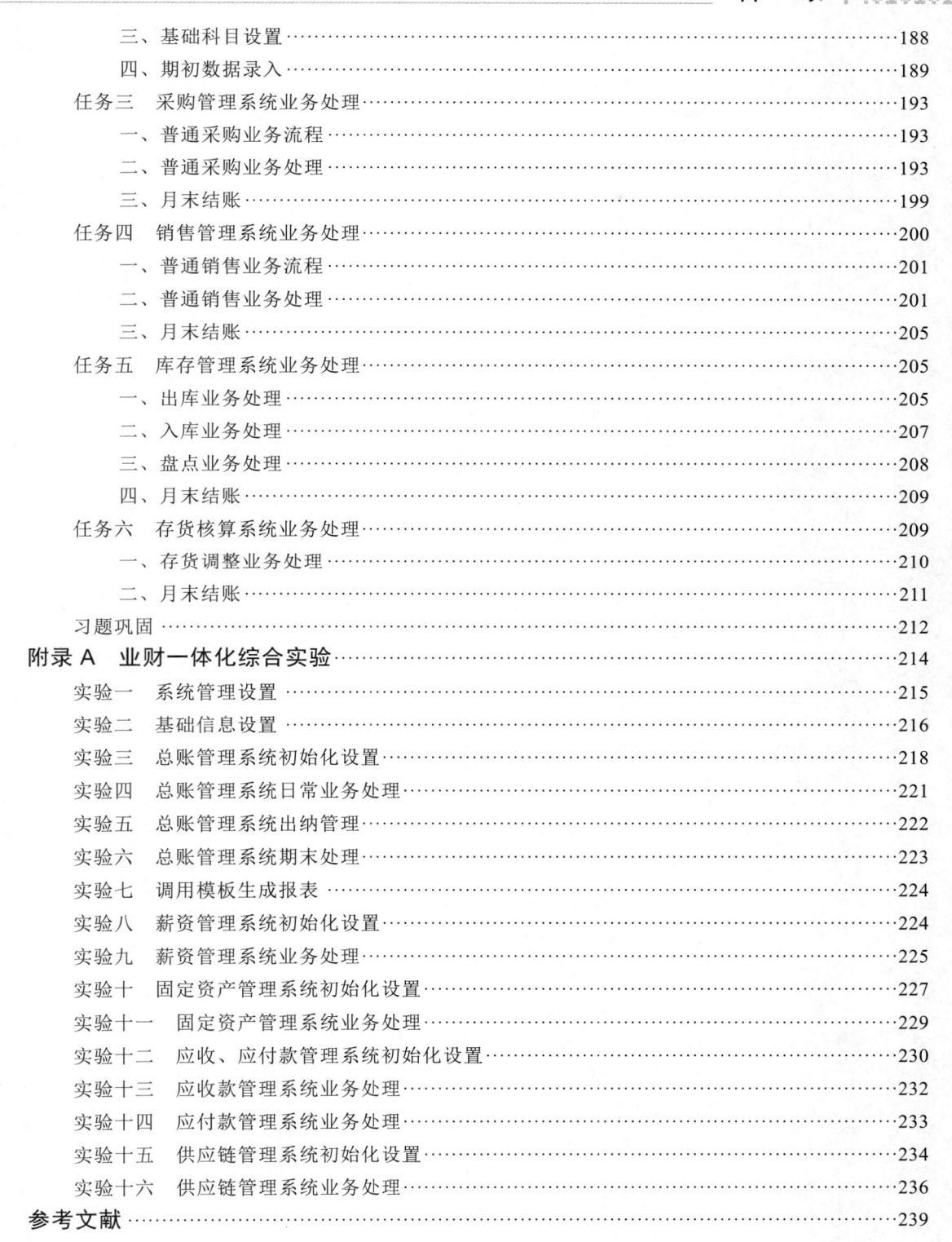

三、基础科目设置 188
　　　四、期初数据录入 189
　任务三　采购管理系统业务处理 193
　　　一、普通采购业务流程 193
　　　二、普通采购业务处理 193
　　　三、月末结账 199
　任务四　销售管理系统业务处理 200
　　　一、普通销售业务流程 201
　　　二、普通销售业务处理 201
　　　三、月末结账 205
　任务五　库存管理系统业务处理 205
　　　一、出库业务处理 205
　　　二、入库业务处理 207
　　　三、盘点业务处理 208
　　　四、月末结账 209
　任务六　存货核算系统业务处理 209
　　　一、存货调整业务处理 210
　　　二、月末结账 211
　习题巩固 212
附录A　业财一体化综合实验 214
　实验一　系统管理设置 215
　实验二　基础信息设置 216
　实验三　总账管理系统初始化设置 218
　实验四　总账管理系统日常业务处理 221
　实验五　总账管理系统出纳管理 222
　实验六　总账管理系统期末处理 223
　实验七　调用模板生成报表 224
　实验八　薪资管理系统初始化设置 224
　实验九　薪资管理系统业务处理 225
　实验十　固定资产管理系统初始化设置 227
　实验十一　固定资产管理系统业务处理 229
　实验十二　应收、应付款管理系统初始化设置 230
　实验十三　应收款管理系统业务处理 232
　实验十四　应付款管理系统业务处理 233
　实验十五　供应链管理系统初始化设置 234
　实验十六　供应链管理系统业务处理 236
参考文献 239

模块一

会计信息化及会计信息系统概述

➢ **知识目标：**
- 了解会计信息化的产生与发展
- 熟悉云会计、财务共享、区块链、人工智能等在企业会计信息化建设中的应用
- 掌握会计信息系统总体功能结构及用友 ERP-U8V10.1 的具体功能

➢ **应用目标：**
- 能够主动学习，跟上会计信息化发展速度
- 能够根据企业实际业务情况，确定企业会计信息系统的应用方案
- 能够总体把握用友 ERP-U8V10.1 的功能

➢ **思政目标：**
- 能够自主学习会计信息化的新知识、新技术
- 在 AI 时代，掌握信息化技术，获得财务人员价值认同
- 养成独立思考的习惯，树立创新意识

会计信息系统——用友ERP-U8V10.1

 【情景导入】

天津明天医疗器械有限公司（简称明天公司）成立于2018年，主营医疗器械的生产与销售。该公司自成立以来，经营业务稳定增长，取得了良好的经济效益。但随着经济业务的扩大，企业资产规模和员工规模也在不断扩大，企业与供应商、客户之间的往来关系变得十分复杂，会计人员核算的工作量和核算难度加大。

该公司领导层借鉴同行业企业发展经验，决定引入用友 ERP-U8V10.1 进行企业业务管理和会计核算。财务部门通过调研和了解市面上财务软件使用情况，决定采购用友 ERP-U8V10.1 作为企业开展会计信息化核算的智能平台。

任务一　了解会计信息化

会计信息化是信息社会的产物，也是未来会计的发展方向。会计信息化为企业经营管理、控制决策和经济运行提供充足、实时、全方位的信息。

一、会计信息化的含义

会计信息化是将会计信息作为管理信息资源，通过全面运用以计算机、网络、通信为主的信息技术对其进行获取、加工、传输、应用等处理的行为。它不仅将计算机、网络、通信等先进的信息技术引入会计学科，与传统的会计工作相融合，在业务核算、财务处理等方面发挥作用，还包含会计基本理论信息化、会计实务信息化、会计教育信息化及会计管理信息化等更深层次的内容。

会计信息化是会计与信息技术的结合，是信息社会对企业财务信息管理提出的新要求，是企业会计顺应信息化浪潮所采取的必要举措。

二、会计信息化的产生与发展

自财政部于1979年拨款500万元在长春第一汽车制造厂启动会计电算化试点工作以来，我国会计信息化经历了 40 余年的发展历程。随着信息技术的不断发展，企业会计管理与计算机、信息科技的联系日益紧密，逐步实现了从电算化到会计信息化、再到会计智能化的不断跨越。实践中，ERP 系统的推广与实施通过企业的会计工作将企业的内部生产经营决策与外部供应商、客户、制度环境等信息联系起来，拓展了会计信息化的系统边界。

从 1988 年开始，财政部陆续颁布了会计软件商品化的管理制度，这标志着我国会计软件进入商品化阶段。我国加入 WTO 后，由于企业财务管理效率低下、成本增加、管控困难等问题日益凸显，大型企业集团开始建立财务共享服务中心，至此我国会计信息化进入标准化阶段。大数据时代的来临使得企业信息化程度越来越高，这为企业会计信息化的发展带来了新的机遇，企业可以借助人工智能技术智能化地处理会计工作，挖掘数据背后隐含的秘密，让数据转化为信息和知识，辅助管理决策，标志着我国逐步进入会计智能化阶段。

三、会计信息化对会计工作的积极影响

1. 提高会计工作效率

在制作财务报表的过程中，会计人员需要充分考虑报表内容的时间性，这也是会计工作开展的重要影响因素。信息化技术大大提高了会计人员的工作效率，降低了会计人员在实际工作中出现失误及疏忽的概率，并将其产生的负面影响降到最低。另外，会计人员在实际工作中开展信息化技术，可以保证在第一时间内对数据进行准确的分析处理，完成对数据的分类及计算工作。

2. 降低人为因素对会计工作的影响

会计工作需要多人相互配合、共同完成。因此，会计人员的配合度及配合效率非常重要，以上过程非常容易受到人为因素的影响，如果不对影响因素进行有效控制，将会影响最终的工作质量。在信息化会计工作中，会计人员需要收集相应的核算信息，并将会计数据传输到功能软件中，软件则可以自己完成转账、结算等工作，大大提高了会计工作效率，降低了人为因素对会计工作的影响。

3. 提高会计监督职能

利用会计信息系统，会计人员可以利用系统中的做账功能，建立会计账务系统，其中包括企业的销售系统、固定资产统计系统及预算分析系统等，实现企业内部会计工作的一体化发展。另外，企业可以针对不同职能的会计人员，在系统中设置相应的工作权限，这种方式能够给予会计人员规定范围内的权力，避免出现权力、职责划分不合理的现象。

4. 辅助企业进行决策管理

将信息化技术应用在企业财务会计工作中，可以针对企业内部大量复杂及杂乱的数据进行分析整理，并利用软件对其进行集中处理，通过这种方式提高数据处理效率，还能够提高会计工作开展的规范性，提高企业集中管控质量。在信息化技术环境下，企业决策流程实现了简化，最终决策的准确性也实现了有效提升。在该环境下，企业管理人员能够对企业展开有效的管理。

任务二　会计信息化的新应用

会计信息化在云会计、区块链、人工智能、数据挖掘、新媒体等基于大数据的信息技术推动下，在推动基础会计信息收集及处理的不断智能化、系统化的同时，也开拓了会计相关内部控制、内部审计、公司治理等领域的边界。

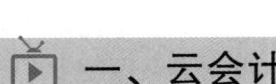

一、云会计

云会计（Cloud Accounting），即"会计+云计算"，是指利用云计算技术与理念构建的会计信息化基础设施和服务。依托于互联网，云会计旨在为企业提供会计核算、会计管理和会计决策服务。作为虚拟会计信息系统，云会计的内涵可从软件服务提供商和企业用户两个方面来理解。

对于软件服务提供商来说，云会计服务的建设主要包括软硬件基础设施建设和会计相关信息系统建设两个主体，如以企业会计信息系统为核心的集成管理系统、网络存储、服务器、会计信息系统和相关业务信息系统等，其中几大基本财务处理模块（如账务处理、工资核算、固定资产核算、材料核算、成本核算、销售核算和财务报表处理等模块）是企业会计信息化最核心的服务。对企业用户来讲，最关心的是获得软件服务提供商所提供的会计信息系统和相关业务信息系统服务，其重要的衡量标准是使用满意度与所付的服务费用。因此，对于企业来说，云会计是基于互联网提供并为之付费的以会计信息系统为核心的综合信息系统服务，这些服务从形式上应是集成、单点登录的。虽然云会计是虚拟的，但对企业来说它是透明的，云会计给企业的感觉是，与会计信息系统所提供的功能和服务是一致的。

二、财务共享

"财务共享服务"（Financial Shared Service）最初源于一个很简单的想法：将集团内各分公司的某些事务性的功能（如会计账务处理、员工工资福利处理等）集中处理，以达到规模效应，降低运作成本。

2005年，中兴通讯建立了中国国内第一家财务共享服务中心。以共享服务为基础，中兴通讯最早建立了一套战略财务、业务财务、财务共享及专家团队四位一体的全球财经管理体系。财务共享服务模式是依托信息技术，以财务业务流程处理为基础，以优化组织结构、规范流程、提升流程效率、降低运营成本或创造价值为目的，以市场视角为内外部客户提供专业化生产服务的分布式管理模式。通过此种模式可将企业各业务单位的分散、重复性业务整合到共享服务中心，促使企业把有限的资源和精力专注于核心业务，并达到整合资源、降低成本、提高质量、服务客户等目的。通过此种模式可以实现财务会计、财资管理、管理会计、财税管理、共享服务、报告与合并多方位的业财融合，并需从数据管理、共享服务、设计引领、思维转变四个维度进行具体实施。

三、区块链技术

区块链（Blockchain）是分布式数据存储、点对点传输、共识机制、加密算法等计算机技术的新型应用模式。区块链是比特币的一个重要概念，它本质上是一个去中心化的数据库。由于区块链本身具备的不可伪造、全程留痕、可追溯、公开透明等特点，使其在会计信息系统技术升级方面发挥了重要作用。

区块链技术实现了会计信息的数字化加密管理，使会计账簿记录形式更丰富、记录主体更多元化、记录范围更广、记账作用和记账技术重要性更凸显，从而最终影响未来会计账簿记录。区块链通过加密、防伪、签名数字化等技术进一步提高了会计信息收集、记录、处理、报告过程中的安全性；同时增加了信息可追溯性，有助于明确内部控制、公司治理相关主体的权责。因此，在企业具体的应用中可将区块链技术应用于电子发票系统的升级，建立数字经济的分布式账本，构建多链区块链电子发票系统，将隐私保护、共识安全、数据安全和智能合约安全等模块纳入系统中。在保证会计信息多元性的同时，极大地提高了会计信息的可靠性和真实性，消除了传统电子发票系统固有的缺陷。

四、人工智能

人工智能（Artificial Intelligence，AI）也称智械、机器智能，指由人制造出来的机器所表现出来的智能，通常的人工智能是指通过普通计算机程序来呈现人类智能的技术。2016年，德勤会计事务所率先把人工智能引用到会计领域。随着德勤、普华永道、安永、毕马威四大会计师事务所相继推出财务智能机器人，RPA（Robotic Process Automation，机器人流程自动化）技术被越来越多的企业、银行广泛运用，这成功证实了科技高速化发展时代的到来。

基于人工智能在企业生产经营、存货管理等方面的运用，单据智能审核、收付智能结算、账簿智能记录、报表及分析的智能生成等财务智能化得以实现。基于此，账务记录主体的会计技能方面的要求被降低，极大地提高了信息处理效率。人工智能可体现在企业会计信息化建设的各个方面。例如，在涉及企业的成本管理时，可利用大数据机器学习算法技术升级企业的成本管理系统，通过构建高效的项目管理平台和成本预测机制，利用机器学习改进传统的项目控制手段和成本管理方法，使企业决策者能够精准掌握企业的各类项目信息和成本信息，提高决策质量，最终实现企业价值最大化目标。此外，在企业稽核工作方面，可利用人工智能技术设计一套高效的智能稽核系统，自动稽核企业生产经营过程中涉及的单据、凭证和业务等信息，大大节省企业的人力成本。

值得注意的是，企业价值增加作为财务相关工作的终极目标不因信息技术及大数据环境的变化而发生改变。因此，尽管人工智能在会计信息处理方面极具益处，但对涉及企业核心竞争力培育及可持续发展的重要战略决策的制定和执行依然无法脱离人为职业判断与分析，企业应该着力提升会计人才的数据分析思维和诊断性分析能力，为实体经济的高质量发展赋能。

任务三　会计信息系统功能概述

一、会计信息系统总体功能结构

会计信息系统（Acounting Information System，AIS）是会计信息化的承载平台，其目标是将会计数据转换为会计信息。会计信息系统从事数据的采集、存储、加工、传递和提供信息，为管理者进行预测、计划、控制和决策等管理活动服务，具有信息系统的全部特征。

业财一体化的会计信息系统总体功能结构可以分成三个部分，即财务管理系统、供应链管理系统和管理分析系统，每个系统由若干系统组成，如图1.1所示。一个好的会计信息系统可以根据需要灵活地选择需要的系统，并方便地、分期分批组建和扩展自己的会计信息系统。

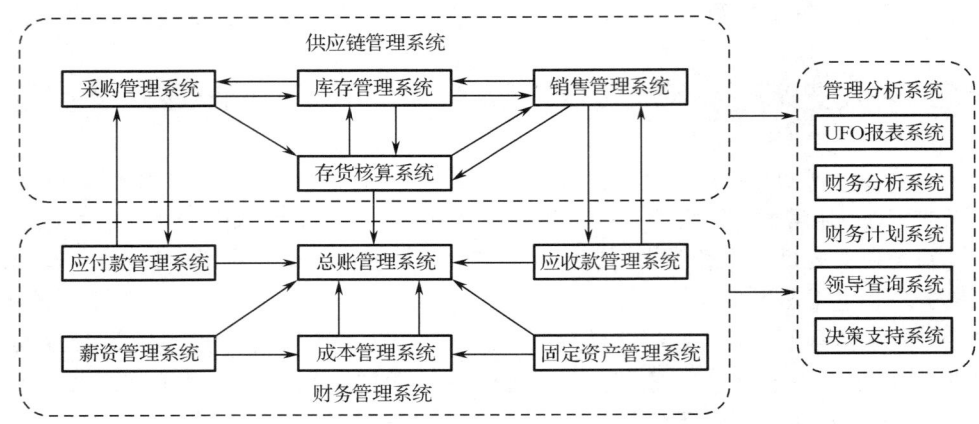

图1.1 会计信息系统总体功能结构

1. 财务管理系统

财务部分主要由总账管理系统、薪资管理系统、固定资产管理系统、应付款管理系统、应收款管理系统、成本管理系统等组成。这些系统以总账管理系统为核心，为企业的会计核算和财务管理提供全面、详细的解决方案。

2. 供应链管理系统

供应链管理系统除进行财务核算与管理外，还进行采购管理、销售管理、库存管理、存货核算等购销存业务管理，能够实现企业经济业务和财务的一体化管理，达到资金流、物流和信息流的统一。

供应链管理系统也叫购销存管理系统，其主要功能是增强往来业务预测的准确性，减少库存，提高发货/供货能力；优化工作流程，提高生产效率，降低供应链成本；降低总体采购成本，缩短生产周期，加快市场响应速度。同时，在这些系统中提供了对采购、销售等业务环节的控制，以及对库存资金占用的控制，完成了对存货出入库成本的核算，使企业的管理模式更符合实际情况，能制定出最佳的企业运营方案，实现管理的高效率、实时性、安全性、科学性。

3. 管理分析系统

管理分析系统一般包括UFO报表系统、财务分析系统、财务计划系统、领导查询系统和决策支持系统等。目前，我国大多数会计信息系统软件中的管理分析部分还不够完善，多数系统还处于准备开发和正在开发阶段，目前比较成熟的主要是UFO报表系统、财务分析系统、领导查询系统等。

二、会计信息系统应用方案

1. 财务管理方案

财务管理方案适用于希望解决会计核算与管理分析的企业。具体方案是：在总账管理系统中完成日常账务处理及出纳相关业务；在薪资管理系统中完成工资核算及人工费用分配；在固定资产系统中进行固定资产的日常管理及折旧计提；在应收款管理系统、应付款管理系统中进行往来款项收付处理；在UFO报表系统中编制有关的财务报表并进行财务分析。

2. 整体应用方案

整体应用方案可以全面解决企业会计核算、管理分析和供应链管理的问题。整体应用方案包括财务管理方案中的各系统及存货核算系统、库存管理系统、采购管理系统、销售管理系统。在财务管理方案的基础上，针对企业的特点增加了供应链管理系统，处理购销存业务，从而使财务管理系统与供应链管理系统集成运行，实现财务、业务相关信息一次处理和实时共享，提高会计信息处理效率。

任务四　用友ERP-U8V10.1介绍

本书定位于任务驱动型财务软件实验教程，考虑软件的代表性及应用价值，选择通用软件应用中使用较为广泛的用友集团旗下产品——用友ERP-U8V10.1作为财务管理实验用软件，采用会计信息系统整体应用方案。

一、用友ERP-U8V10.1总体结构

ERP（Enterprise Resource Planning，企业资源计划）可实现对企业的物资资源、人力资源、财务资源和信息资源等资源进行一体化管理，提高企业配置和使用资源的效率。用友ERP-U8V10.1是一套企业级的解决方案，可满足不同制造、商务模式下，不同运营模式下的企业经营管理，ERP-U8V10.1全面集成了财务、生产制造及供应链的成熟应用，延伸客户管理至客户关系管理（Customer Relationship Management，CRM），并对零售、分销领域实现了全面整合，同时通过实现人力资源（Human Resource，HR）管理、办公自动化（Office Automation，OA）保证了行政办公事务、人力资源管理和业务管理的有效结合。用友ERP-U8V10.1是以集成的信息管理为基础，以规范企业运营、改善经营成果为目标，最终实现从企业日常运营、人力资源管理到办公事务处理等全方位的产品解决方案。

会计信息系统——用友ERP-U8V10.1

二、用友 ERP-U8V10.1 的功能

用友 ERP-U8V10.1 主要包括总账管理系统、薪资管理系统、固定资产管理系统、应付款管理系统、应收款管理系统、采购管理系统、销售管理系统、库存管理系统、存货核算系统、UFO（User Friend Office，用友办公软件）报表系统等功能模块，从不同的角度实现了从核算到报表分析的财务、业务管理全过程。

1. 总账管理系统

总账管理系统又称账务处理系统，是用友 ERP-U8V10.1 的核心系统。它以会计凭证为原始数据，按会计科目、统计指标体系对记账凭证所载的经济内容，进行记录、分类、计算、加工、汇总，输出总分类账、明细分类账、日记账及其他辅助账簿、凭证和报表。

2. 薪资管理系统

薪资管理系统完成工资数据的修改、计算、发放，费用的汇总和分摊，生成工资结算单、职员工资发放条、工资结算汇总表、工资费用分配汇总表、职工福利费计提分配表等，并自动编制工资转账凭证传递给总账管理系统。部分薪资管理系统还有人事基本信息、考勤信息、工资历史信息等基本信息管理，个人所得税计算、养老保险等处理功能。

3. 固定资产管理系统

固定资产管理系统是一套供企事业单位进行固定资产核算和管理的软件系统。它帮助企业的财务部门进行固定资产总值、累计折旧数据的动态管理，为总账管理系统提供相关凭证，协助企业进行部分成本核算，同时还为设备管理部门完成固定资产各项指标的管理工作。

4. 应收款管理系统/应付款管理系统

应收款管理系统/应付款管理系统（简称应收、应付款管理系统）通过发票、其他应收/付单、收款/付款单等单据的录入，对企业的往来账款进行综合管理，及时、准确地提供客户的往来账款余额资料，提供各种分析报表，帮助企业合理地进行资金的调配，提高资金的利用效率。

5. 采购管理系统

通过采购管理系统，采购部门根据企业的生产经营、商品销售或库存情况，制订企业的采购计划，通过市场采购、委外加工等方式，取得企业生产经营活动所需要的各种物资。

6. 销售管理系统

销售管理系统的功能包括各种销售类单据（包括销售发票、出库单等）的输入处理；销售过程的各种控制管理，如最低销售价格控制、信用额度控制等；及时正确的销售快报数据、销售报表分析，以提供定价等决策依据；灵活多变的价格管理，以适应现代社会瞬息万变的市场需求。

7. 库存管理系统

库存管理系统通过对仓库、货位等账务管理及出入库类型、出入库单据的管理，及时反映各种物资的仓储、流向情况，为生产管理和成本核算提供依据；通过库存分析，为管理及决策人员提供库存资金占用情况、物资积压情况、短缺/超储情况、ABC 分类情况等不同的统计分析信息；通过对批号的跟踪，实现专批专管，保证质量跟踪的贯通。

8. 存货核算系统

存货核算系统主要核算企业存货的收发存业务，及时反映存货的入库、耗用和结存情况，准确地把各类存货成本归集到各成本项目和成本对象上；为成本核算提供基础数据，并动态反映存货资金增减变动；提供存货资金周转和占用分析，为降低库存、减少资金积压、加速资金周转提供决策依据。

9. UFO 报表系统

UFO 报表系统具有自定义报表功能和数据处理功能，内置多个行业的常用财务报表模板，可按预定格式输出各种财务报表。

习题巩固

一、单选题

1. ERP 是（　　）的简称。
   A. 物料需求计划　　B. 企业资源计划　　C. 制造资源计划　　D. 会计信息系统
2. 会计信息系统的目标实质是（　　）。
   A. 将会计数据转化为会计信息　　　　B. 完成会计核算
   C. 进行会计管理、分析和决策　　　　D. 完成会计数据的采集
3. 1979 年，财政部向（　　）拨款 500 万元，进行会计电算化的试点工作，由此拉开了我国会计电算化工作的序幕。
   A. 上海大众　　　B. 长春一汽　　　C. 东风汽车厂　　　D. 首都钢铁厂
4. 用友 ERP-U8V10.1 的核心系统是（　　）。
   A. 总账管理系统　　　　　　　　　　B. UFO 报表系统
   C. 薪资管理系统　　　　　　　　　　D. 固定资产管理系统
5. 下列选项中，不属于供应链管理系统的是（　　）。
   A. 总账管理系统　　B. 销售管理系统　　C. 存货核算系统　　D. 采购管理系统
6. （　　）是企业集中式管理模式在财务管理中的最新应用，其目的在于通过一种有效的运作模式来解决大型集团公司财务职能建设中的重复投入和效率低下的弊端。
   A. 云会计　　　　　　　　　　　　　B. 财务共享服务中心
   C. 区块链　　　　　　　　　　　　　D. 人工智能

二、多选题

1. 云会计旨在为企业提供（　　）服务。
   A．会计核算　　　　B．会计管理　　　　C．会计决策　　　　D．会计控制
2. 会计信息系统的功能结构可以分成三个基本部分，包括（　　）。
   A．财务管理系统　　B．UFO报表系统　　C．供应链管理系统　　D．管理分析系统
3. 会计信息系统财务应用方案涉及的系统包括（　　）。
   A．总账管理系统　　　　　　　　　　B．固定资产管理系统
   C．销售管理系统　　　　　　　　　　D．UFO报表系统

三、判断题

1. 会计信息系统实质上是将会计数据转化为会计信息的系统，是企业管理信息系统的一个重要系统。（　　）
2. 中兴通讯最早建立了一套战略财务、业务财务、财务共享及专家团队四位一体的全球财经管理体系。（　　）
3. 采用会计信息系统整体应用方案，财务管理系统与供应链管理系统集成运行。（　　）

四、思考题

1. 简述大数据背景下会计信息化的发展趋势。
2. 简述什么是云会计及云会计信息系统的结构。
3. 简述会计信息系统功能结构及应用方案。
4. 简述用友ERP-U8V10.1的功能。

模块二
系统管理

➥ **知识目标：**
- 了解系统管理的含义、系统管理与其他系统的关系
- 熟悉用友软件系统管理的功能
- 知悉系统管理员与账套主管工作责任的区别，掌握建立账套的步骤

➥ **应用目标：**
- 结合业务实际，建立企业账套，增加用户及设置操作员权限
- 能够以账套主管身份修改账套
- 能够输出和引入账套

➥ **思政目标：**
- 自觉践行"爱岗敬业"的会计职业道德规范，提升会计岗位工作素养
- 弘扬精益求精的工匠精神
- 培养科学、严谨的工作作风，严格按照业务流程和规范操作

会计信息系统——用友ERP-U8V10.1

【情景导入】

天津明天医疗器械有限公司（简称明天公司）已经成功完成会计信息系统的试运行，从2023年1月1日起将采用用友ERP-U8V10.1实现以财务软件替代手工记账。根据企业核算与管理的需要，以系统管理员（admin）的身份登录系统管理，增加软件操作员（用户）并建立"020 明天公司"财务账套。

1. 前期准备

将计算机系统日期调整为"2023年1月1日"。

2. 操作分工

由系统管理员（admin）利用系统管理功能进行增加用户、建立账套、给操作员赋权等操作。由账套主管（01 刘洋）进行账套修改操作。

3. 企业情况

明天公司财务部门有4名工作人员，分别承担不同的财务核算与管理工作。系统管理员根据单位工作内容和性质建立企业初始空白账套（020 明天公司），财务人员在此账套基础上录入企业财务数据。

任务一　系统管理概述

安装用友ERP-U8V10.1后，首先要做的工作是建立一个企业专门核算财务信息的账套，增加能够操作系统和账套的用户并给予赋权，以便在以后的财务工作中由用户在其相应的职权范围内进行工作。所有这些功能均通过用友软件的系统管理实现。

一、认知系统管理

系统管理是用友ERP-U8V10.1的多个功能模块的核心控制平台，它便于掌握企业信息系统的整体运行状态，使用对象为企业信息管理人员，包括系统管理员"admin"和账套主管。在业财一体化管理应用模式下，系统管理为各系统提供一个公共信息平台，用于对整个系统的公共任务进行统一管理，便于企业管理人员进行管理与监控，随时掌握企业的信息系统状态。

二、系统管理的主要功能

系统管理作为一个独立模块实现的功能主要是对用友ERP-U8V10.1的各系统进行统一的操作管理和数据维护。其具体功能如下。

1. 账套管理

账套是由一组相互关联的数据组成的一整套账，每个企业都有一套账，该套账在财务软件中就叫账套。用友 ERP-U8V10.1 的账套管理功能一般包括账套的建立、修改、删除、引入和输出等。

2. 年度账管理

年度账与账套是两个不同的概念。将同一个企业的账套按照年度数据划分称为年度账。年度账管理包括年度账的建立、引入、输出、结转上年数据和清空年度数据等。

3. 操作员及权限管理

为了限制进入系统的人员及其权限，保护数据信息，维护系统安全，系统管理提供操作员及操作权限的集中管理功能。通过增加操作员（用户）和设置权限，既可以防止与业务无关的人员进入系统，又可以在操作员之间协调分配多个模块，以保证各负其责、流程顺畅。

4. 安全管理

安全管理包括实时监控并记录整个系统的运行情况，清除系统运行过程中的异常、设置数据的自动备份。

三、系统管理的业务流程

系统管理的主要功能是对用友 ERP-U8V10.1 的各系统进行统一的操作管理和数据安全维护，具体包括操作员及权限管理、账套管理、安全管理等方面。系统管理的业务流程如图 2.1 所示。

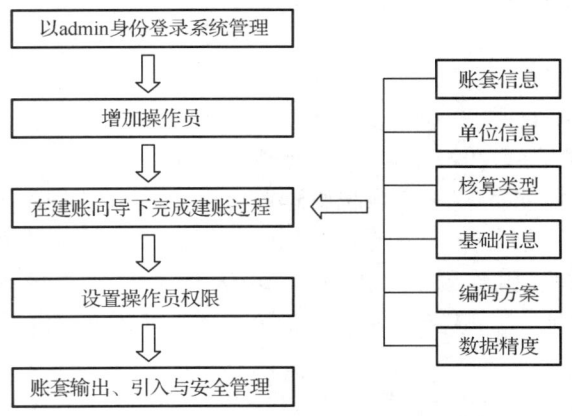

图 2.1　系统管理的业务流程

四、系统管理与其他系统的关系

系统管理是用友管理系统应用的运行基础，其账套管理和年度账管理功能为其他系统提供了企业公共账套、年度账及其他相关的基础数据；其操作员及权限管理功能决定各系统操作员的统一设置及权限分配；其安全管理功能起到实时监控的作用。

任务二　系统管理应用

一、系统管理模块的使用者

（一）理论导航

用友 ERP-U8V10.1 允许以两种身份注册进入系统管理：一是系统管理员（admin），二是账套主管。系统管理员（admin）是系统中权限最高的操作员，他负责整个系统的总体控制和数据维护工作，可以管理该系统中所有的账套。以系统管理员身份注册进入，可以增加、修改、删除操作员并给其赋权；实现账套建立、输出和引入等账套管理功能；指定账套主管，设置登录用户的执行密码，监控系统运行过程及清除异常任务等。

账套主管是管辖账套的最高级别负责人，他拥有对该账套所有模块的操作权限。账套主管负责所选账套的维护工作，主要包括对所选账套参数的修改，对年度账的管理（包括年度账的建立、清空、引入、输出和结转上年数据），以及对该账套操作员权限的设置。

（二）业务资料

【例 2-1】登录系统管理

以系统管理员（admin）的身份第一次注册登录系统管理。

（三）操作指导

【例 2-1】登录系统管理

（1）调整系统日期为"2023-01-01"，选择"开始"→"程序"→"用友 U8 V10.1"→"系统服务"→"系统管理"选项，打开"用友 U8[系统管理]"窗口。选择"系统"→"注册"选项，打开"登录"对话框。

201 登录系统管理

（2）系统自动显示操作员为 admin，默认系统管理员密码为空，默认账套为"（default）"，如图 2.2 所示。单击"登录"按钮，进入"用友 U8[系统管理]"窗口。

图 2.2　登录系统管理

> **补充提示**
>
> ● 系统管理员的初始登录密码为空,为安全起见,在登录对话框时可以修改系统管理员的登录密码。勾选"修改密码"复选框,单击"登录"按钮,打开"设置操作员密码"对话框即可重置。基于教学需要,建议不要设置系统管理员密码。
>
> ● 系统管理员与账套主管都可以注册登录系统管理,二者的登录界面有所差别,账套主管比系统管理员多填写一个"操作日期"的选项。

二、用户管理

(一)理论导航

1. 用户和角色

初次登录使用用友 ERP-U8V10.1 时,该软件只默认系统管理员能够登录进入。因此,企业需要根据本单位人事安排,增加能够登录软件的其他操作员并进行角色设置。用户也称为"操作员",是指有权限登录用友 ERP-U8V10.1 并对系统进行操作的人员。用友 ERP-U8V10.1 需要初始化设置能够登录系统的人员,每次注册登录系统,都要进行用户身份的合法性检查,只有被授权的用户才能登录用友系统。

角色是指在企业管理中拥有某类职能的组织,该组织既可以是实际的部门,也可以是由拥有同一类职能的人构成的虚拟组织。角色可以理解为岗位或职位的名称(如财务总监、会计、出纳等)。当用户归属某个角色后,就相应地拥有了该角色的权限。一个角色可以拥有多个用户,一个用户也可以属于多个不同的角色。

2. 用户权限

为了保证系统及数据的安全与保密,系统管理提供了用户权限的集中管理功能。通过对系统操作分工和权限的管理,一方面可以防止与业务无关的人员进入系统,另一方面对系统所含各个模块的操作进行协调,以保证各负其责,流程顺畅。

用户权限设置功能是对已设置的操作员进行赋权,包括用户权限的增加、修改、删除等操作。只有系统管理员和该账套的主管有权进行权限设置,但二者的权限又有所区别。系统管理员既可以指定某账套的账套主管,也可以对所有账套的操作员进行权限设置;而账套主管只能对所管辖账套的操作员进行权限指定。

(二)业务资料

【例 2-2】增加用户

明天公司财务部的用户信息如表 2-1 所示。

表 2-1　用户信息

编号	口令	姓名	所属部门	角色
01	1	刘洋	财务部	账套主管

续表

编号	口令	姓名	所属部门	角色
02	2	安娜	财务部	普通员工
03	3	李涛	财务部	普通员工
04	4	马丽	财务部	普通员工

【例2-3】设置用户权限

根据岗位分工，明天公司财务部的用户权限如表2-2所示。

表2-2　用户权限

编号	姓名	权限
01	刘洋	账套主管所有权限
02	安娜	具有"公共目录设置"权限； 具有"总账""应收款管理""应付款管理"的全部权限
03	李涛	具有"公共目录设置"权限； 具有"采购管理""销售管理""库存管理""存货核算"的全部权限
04	马丽	具有"凭证—出纳签字""出纳"权限

注意：用户功能权限的设置需要在账套建立后操作

（三）操作指导

【例2-2】增加用户

（1）在"用友U8[系统管理]"窗口中，选择"权限"→"用户"选项，进入"用户管理"窗口。

（2）单击工具栏上的"增加"按钮，打开"操作员详细情况"对话框，输入编号"01"、姓名"刘洋"、认证方式"用户+口令（传统）"、口令和确认口令"1"、所属部门"财务部"，在所属角色列表中勾选"账套主管"前的复选框，如图2.3所示。

（3）单击"增加"按钮，此用户资料自动保存。同样，按表2-1所示资料依次输入其他操作员档案。

202 增加用户

> **补充提示**
>
> - 仅系统管理员具有增加用户和设置角色的权限。
> - 在"操作员详细情况"对话框中，蓝色字体标注的项目（编号和姓名）为必填项，其余项目为选填项。这一规则适用于用友ERP-U8V10.1的所有界面。
> - 用户编号在用友ERP-U8V10.1中必须唯一，即使有不同的账套，用户编号也不能重复。
> - 如果操作员调离企业，可以先通过"修改"功能"注销当前用户"，再使用"删除"功能，确认删除该用户。此后，该用户无权进入系统。
> - 系统预设了"账套主管""预算主管""普通员工"三种角色，可以选择"权限"→"角色"选项增加新的角色。在设置用户的时候，直接勾选对应角色，则该用户自动具有该角色的所有权限。

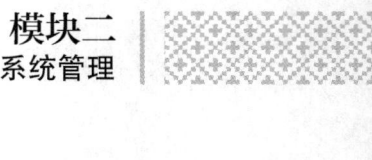

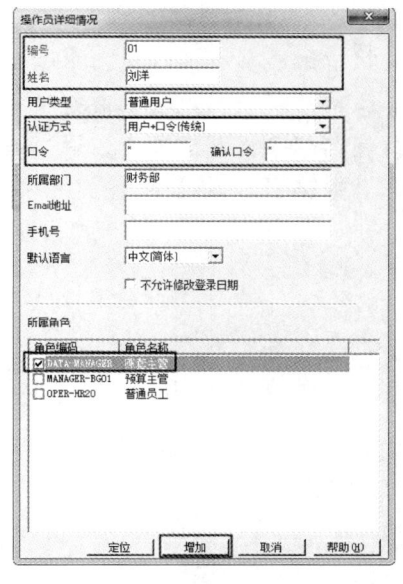

图 2.3 增加用户

【例 2-3】设置用户权限

用户权限的设置需要在企业账套建立后进行。

三、账套管理

（一）理论导航

1. 建立账套

账套是承载企业信息的一组关联数据。一般来说，既可为企业每个核算单位建立一个账套，也可在同一系统中为多个企业建账。一个独立核算的单位在开始使用用友财务软件时，首先要以数据库的形式建立一套电子账簿体系，类似于手工记账的购买账簿。账套是一个独立、完整的数据集合。企业在采用财务软件应用系统之前，需要在系统中建立企业的账套信息、核算类型、编码方案等，此称为"建账"。

在用友 ERP-U8V10.1 中，最多可以建立 999 套账，这些账套之间彼此独立，数据可以相互利用。账套是由年度账组成的，为方便管理，不同年度的数据存放在不同的数据表中，即组成年度账。例如，某单位在 2018 年开始使用用友财务软件建立"001 账套"，截止到 2023 年 1 月，该单位已拥有"001 账套"2018 年、2019 年、2020 年、2021 年、2022 年五个年度账。采用账套和年度账两层结构便于企业管理，方便数据输出和引入，减少数据负担，提高应用效率。

2. 修改账套

系统管理员建立账套并设置了账套主管后，在未使用相关信息的前提下，能够对建账过程的某些信息进行调整，以便更及时、准确地反映企业信息。只有账套主管才有权修改所管辖的账套。

3. 输出和引入账套

企业在生产经营过程中，不可避免地会面临某些不安全因素，财务资料是企业十分重要的资料，一旦损毁或丢失将造成致命性损失。账套输出是指将账套备份到用户指定的硬盘、软盘或光盘中的位置保存起来，在需要时，通过账套引入进行数据的恢复。引入账套是指将本系统之外的账套数据引入系统中。输出和引入账套应由系统管理员在"系统管理"中完成。

（二）业务资料

【例2-4】建立账套

建立天津明天医疗器械有限公司的"020 明天公司"账套，建账信息如表2-3所示。

表2-3 建账信息

建账向导	信息内容	设置要求	建账向导	信息内容	设置要求
账套信息	账套号	020	核算类型	记账本位币	RMB
	账套名称	明天公司		企业类型	工业
	账套路径	采用系统默认路径		行业性质	2007年新会计制度科目
	启用会计期	2023年1月		账套主管	刘洋
单位信息	单位名称	天津明天医疗器械有限公司	基础信息	按行业性质预置科目（是）	
				存货分类	是
	机构代码	12345		客户分类	否
	单位简称	明天公司		供应商分类	是
	单位地址	天津市津南区和平大街888号		外币核算	否
			编码方案	科目编码	4-2-2-2
	法人代表	陈风瑞		供应商分类编码	1-2
	邮政编码	123456		存货分类编码	2-1-2-3
	联系电话	022-11111111		地区分类编码	1-2
	税号	112112112112112	数据精度	小数位数均为2	

【例2-5】修改账套

设置外币核算；由于该公司的一级部门增多，故将部门编码级次修改为2-2-1。

【例2-6】输出账套（选做）

因账套主管"刘洋"的计算机出故障需要维修，故将新建"020 明天公司"账套输出，保存在"D：\020 明天公司\系统管理"文件夹里做备份。

【例2-7】引入账套（选做）

因账套主管"刘洋"的计算机被重装系统，之前的账套数据被删除，故将备份的"020 明天公司"账套引回计算机。

（三）操作指导

【例2-4】建立账套

（1）选择"账套"→"建立"选项，打开"创建账套—建账方式"对话

203 建立账套

框，单击"下一步"按钮。打开"创建账套—账套信息"对话框，输入账套信息，账套号为"020"，账套名称为"明天公司"，账套语言、账套路径和启用会计期保持不变。输入完成后，单击"下一步"按钮。

（2）打开"创建账套—单位信息"对话框，输入单位信息，单位名称"天津明天医疗器械有限公司"为必填项，单位简称"明天公司"也要输入，其他栏目都属于任选项，参照业务资料输入即可。输入完成后，单击"下一步"按钮，进行核算类型设置。

（3）打开"创建账套—核算类型"对话框，单击"账套主管"下拉三角按钮选择"[01]刘洋"，其他为系统默认。输入完成后，单击"下一步"按钮，进行基础信息设置。按照资料要求，勾选"存货是否分类"和"供应商是否分类"前的复选框，其他为空。单击"下一步"按钮，再单击"完成"按钮，弹出"可以创建账套了吗？"提示框，单击"是"按钮。

（4）弹出"编码方案"对话框，按照资料要求对应修改分类编码方案。单击"确定"按钮，再单击"取消"按钮，打开"数据精度"对话框，数据精度为系统默认。单击"确定"按钮，再单击"取消"按钮，弹出"现在进行系统启用的设置？"提示框。单击"否"按钮，暂不进行系统启用的设置。弹出"请进入企业应用平台进行业务操作！"提示框，单击"确定"按钮返回"用友 U8[系统管理]"窗口，建立账套过程如图 2.4 所示。

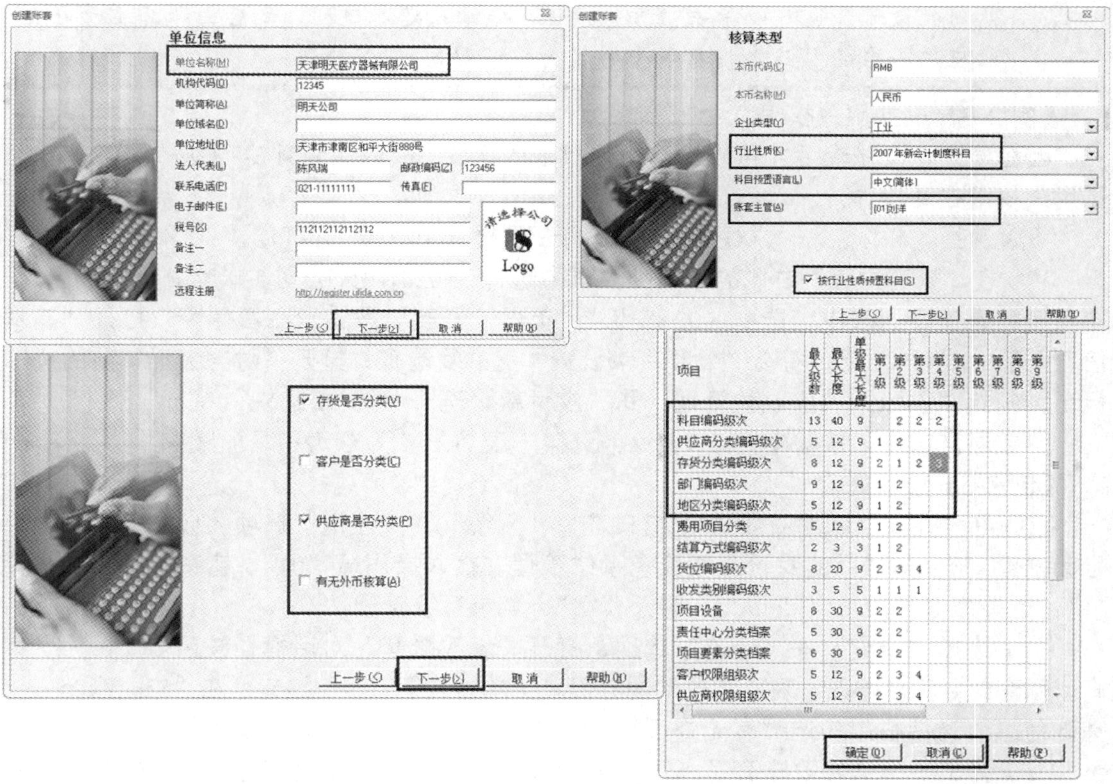

图 2.4 建立账套

会计信息系统——用友ERP-U8V10.1

> **补充提示**
>
> - 账套号是账套的唯一标识,账套号的取值范围为 001~999,既不能重复,也不能修改。
> - 如果单位的存货、客户、供应商相对较多且类别繁多,为了方便管理,可以对它们进行分类核算。
> - 系统要求预先设置某些基础档案的编码规则,即规定各种编码的级次及各级的长度。例如,将科目编码级次设为 4-2-2-2,其含义是:会计科目采用四级核算,一级科目编码长度为 4 位,二级科目编码长度为 2 位,三级科目编码长度为 2 位,四级科目编码长度为 2 位。

> **思考**
>
> 为什么要启用系统?
>
> - 用友 ERP-U8V10.1 的操作模块在系统中处于休眠状态,在使用前一般需要先在"系统启用"界面启用后,方可使用。系统管理员在初始建账结束时,出现"现在进行系统启用的设置?"提示框,单击"是"按钮,可以立即进行系统启用的设置;也可以单击"否"按钮,先结束建账过程,之后由账套主管在企业应用平台的"基本信息"中再进行系统启用。

【例 2-3】设置用户权限

因在建立企业账套后才可以进行用户权限的设置,故前例【例 2-3】设置用户权限在此操作。

(1)选择"权限"→"权限"选项,打开"操作员权限"窗口。

204 设置用户权限

(2)在"账套主管"右侧的下拉列表框中选择"[020]明天公司"账套。在左侧的操作员列表中,选中"02 安娜",单击"修改"按钮,在右侧窗口打开"基本信息"前的"+"标记,勾选"公共目录设置"前的复选框;打开"财务会计"前的"+"标记,勾选"总账"、"应收款管理"和"应付款管理",为安娜赋权,单击 图标。

(3)同样操作,按照【例 2-3】业务资料(表 2-2),为李涛和马丽赋权。

【例 2-5】修改账套

(1)在"用友 U8[系统管理]"窗口选择"系统"→"注销"选项,以账套主管"01 刘洋"的身份重新登录系统管理。输入操作员"01"、密码"1",选择账套"[020](default)明天公司",登录系统管理。

205 修改账套

(2)选择"账套"→"修改"选项,打开"修改账套"对话框,按照修改账套向导完成修改,对不用改动的界面直接单击"下一步"按钮。在"修改账套——基础信息"对话框中勾选"有无外币核算"复选框,单击"完成"按钮。

(3)弹出"确认修改账套了吗?"提示框,单击"是"按钮,打开"编码方案"对话框。修改"部门编码级次"为 2-2-1,单击"确定"按钮,再单击"取消"按钮,打开"数据精度"对话框,单击"取消"按钮,弹出"修改账套成功"提示框。单击"确定"按钮,完成账套修改,返回"用友 U8[系统管理]"窗口。

模块二 系统管理

 补充提示

- 系统管理员无权修改账套，只有账套主管才有权修改所管辖的账套，如果当前操作员不是账套主管，则应先注销其他操作员，重新以账套主管身份登录系统管理。

【例2-6】输出账套（选做）

（1）在D盘新建"020 明天公司"文件夹，打开并在其中新建"系统管理"文件夹。以系统管理员身份重新注册登录"用友U8[系统管理]"窗口，选择"账套"→"输出"选项，打开"账套输出"对话框。

（2）单击"账套号"下拉列表框，选择要输出的账套"[020]明天公司"，输出文件位置选择"D：\020 明天公司\系统管理"文件夹。单击"确认"按钮，等待一段时间，弹出"输出成功"提示框，单击"确定"按钮，完成账套输出。

206 输出账套

 思考

如何删除账套？

- 如果账套数据已没有保存价值，想要从系统中删除，可以通过"账套输出"功能实现"账套删除"。方法是：在"账套输出"对话框选择要删除的账套号，勾选"删除当前输出账套"前的复选框。
- 删除账套前，系统会进行强制备份，正在使用的账套不允许删除。

【例2-7】引入账套（选做）

（1）以系统管理员的身份选择"系统"→"注册"选项，登录系统管理。选择"账套"→"引入"选项，打开"请选择账套备份文件"对话框。

（2）选择"D：\020 明天公司\系统管理"文件夹，选中"UfErpAct.Lst"文件，单击"确定"按钮，系统弹出"请选择账套引入的目录"。单击"确定"按钮，需要等待一段时间。系统弹出"账套[020]引入成功！"，单击"确定"按钮。

207 引入账套

 补充提示

- 如果需要重新引入系统中已经存在账套，在引入时，系统会自动弹出"此操作将覆盖[020]账套当前的所有信息，继续吗？"，单击"是"按钮继续引入，否则将放弃此次操作。

习 题 巩 固

一、单选题

1. 用友ERP-U8V10.1中最多允许建立（　　）个账套。

A. 996　　　　　B. 997　　　　　C. 998　　　　　D. 999

2. 在用友 ERP-U8V10.1 中，（　　）负责整个系统的总体控制和维护工作，可以管理该系统中所有的账套。

A. 系统管理员　　　B. 会计主管　　　C. 账套主管　　　D. 总经理

3. 第一次进入系统时，应当以（　　）身份进入。

A. admin　　　　　B. 会计主管　　　C. 账套主管　　　D. 总经理

4. 在用友 ERP-U8V10.1 中，系统管理员不能进行（　　）操作。

A. 账套建立　　　B. 账套修改　　　C. 账套备份　　　D. 清除异常任务

5. 建立账套的内容一般不包括（　　）。

A. 操作人员　　　B. 编码规则　　　C. 核算类型　　　D. 单位信息

6. 在用友 ERP-U8V10.1 中删除某一账套的操作是（　　）。

A. 使用 Delete 键　　　　　　　　B. 重新引入账套
C. 输出账套的同时　　　　　　　　D. 删除账套文件夹

二、多选题

1. 用友 ERP-U8V10.1 允许以（　　）身份注册进入系统管理。

A. 系统管理员　　　B. 账套主管　　　C. 会计主管　　　D. 企业法人

2. 在系统管理中，系统管理员可以进行（　　）操作。

A. 清除异常任务　　B. 账套修改　　　C. 为操作员赋权　　D. 账套建立

3. 下列说法中正确的是（　　）。

A. 账套间数据相互独立
B. 企业只能建立一个账套
C. 账套间数据可以相互利用
D. 企业可以为下属独立核算单位各自建立一套账

4. 系统管理功能包括（　　）。

A. 账套管理　　　B. 操作员管理　　C. 操作员权限管理　　D. 报表管理

三、判断题

1. 单位名称是区分系统内不同账套的唯一标志。（　　）
2. 账套号的取值范围为 001～999，不能重复。（　　）
3. 在用友 ERP-U8V10.1 中建立账套前应由总经理进行登录，并进行各相关权限设置。（　　）
4. 一个角色可以拥有多个用户，一个用户也可以属于多个不同的角色。（　　）
5. 在用友 ERP-U8V10.1 中，只能有一个系统管理员但可以有多个账套主管。（　　）
6. 设置用户是在企业应用平台功能中进行的。（　　）
7. 账套启用可以由账套主管在建立企业账套时完成。（　　）
8. 某企业部门档案编码规则为 1-2-2，其含义是第一级编码长度为 1 位，第二级和第三级均为 2 位。（　　）

四、思考题

1. 系统管理员与账套主管的工作职责的区别是什么?
2. 系统管理的主要功能有哪些?
3. 新建账套的建账向导步骤有哪些?
4. 会计科目的编码方案 4-2-2-2 的含义是什么?

模块三
公共基础信息设置

➜ **知识目标：**
- 了解用友 ERP-U8V10.1 公共基础信息设置的业务流程
- 熟悉企业应用平台的主要功能
- 掌握用友 ERP-U8V10.1 各系统启用的方法，公共基本信息设置和基础档案设置方法

➜ **应用目标：**
- 结合企业实际，进行机构及人员档案设置
- 结合企业实际，进行往来单位信息设置
- 结合企业实际，进行收付结算信息设置
- 结合企业实际，进行存货档案信息设置

➜ **思政目标：**
- 树立安全保密意识，保存会计档案，严守企业会计信息保密规定
- 具有团队合作精神，培养会计岗位协作意识
- 养成严谨细致的会计职业素养

模块三 公共基础信息设置

【情景导入】

2023年1月1日，天津明天医疗器械有限公司（简称明天公司）已经成功建立账套号为"020 明天公司"的企业账套。在操作员进行具体账务处理之前，账套主管需要登录企业应用平台预先设置公共基础信息，与其他系统共享基础档案。

1. 前期准备

将计算机系统日期调整为"2023年1月1日"，引入"D:\020 明天公司\系统管理"文件夹里的备份账套。

2. 操作分工

由账套主管刘洋在企业应用平台上进行设置公共基础信息的操作。

3. 企业情况

明天公司共设6个一级部门，拥有员工14人。

该公司对企业按供应商性质分类为生产商、批发商、零售商，并稳定拥有4家原材料供应商；对客户未设置分类，拥有威海医院、东华商贸、健康医药、智德体检4家稳定客户；长期采购塑料管、传感器、硅胶等材料，主要产品呼吸机和血压仪的销量稳定。

该公司往来款项涉及现金、支票、汇票等结算方式。在中国工商银行天津市永乐支行和中国建设银行天津逸城支行分别开立存款账户。

任务一 企业应用平台概述

企业在建立基本的账套数据库后，还无法使用用友 ERP-U8V10.1 中的各个功能模块，需要进入企业应用平台，进行公共基础信息设置。

一、认知企业应用平台

企业应用平台是用友 ERP-U8V10.1 业务处理的唯一入口，集中了用友 ERP-U8V10.1 的所有功能。通过企业应用平台，不同的操作人员可以通过单一的入口访问企业的各种信息，进行权限范围内的业务操作，而公共基础信息的设置是这些业务操作的基础。公共基础信息是其他系统正常运作的基础，设置是否正确关系到软件能否满足企业管理的需要。

二、企业应用平台的主要功能

企业应用平台的主要功能模块包括业务工作、系统服务和基础设置。

1. 业务工作

在企业应用平台的"业务工作"界面中，集成了登录操作员的所有功能模块。因此，该界面也是操作员进入用友 ERP-U8V10.1 的唯一入口。本书涉及各系统的业务操作，都在"业务工作"功能模块下进行。

2. 系统服务

系统服务包括系统管理、服务器配置、工具、权限设置等基本功能。

（1）系统管理。用友 ERP-U8V10.1 由多个子系统组成，各系统之间相互联系、共享数据。为完全实现业财一体化的管理，用友 ERP-U8V10.1 设置了系统管理基本功能，帮助企业进行资金流、物流、信息流的统一管理。系统管理包括新建账套、管理账套库、修改和删除账套、备份账套，根据企业经营管理中的不同岗位职能建立不同角色，增加操作员和权限的分配等功能。

（2）服务器配置。用友 ERP-U8V10.1 提供了应用服务器配置和远程配置方案。

（3）工具。用友 ERP-U8V10.1 提供了科目转换、账务函数转换、财政部报表接口、总账工具、专家财务数据库维护、数据复制、集团应用等维护工具，以方便使用者使用。

（4）权限设置。用友 ERP-U8V10.1 提供了三种不同性质的权限（功能权限、数据权限和金额权限）管理功能。

3. 基础设置

基础设置是为系统的日常运行做好基础工作的设置，主要包括基本信息设置、基础档案设置、控制参数设置、单据设置等。

（1）基本信息设置。在基本信息设置中，可以对建账过程确定的编码方案和数据精度进行修改，并进行系统启用设置。

用友 ERP-U8V10.1 分为财务会计、管理会计、供应链、生产制造、人力资源、集团应用、决策支持和企业应用集成等产品组，每个产品组中包含若干模块，它们中的大多数既可以独立运行，又可以集成使用。用友 ERP-U8V10.1 的操作模块在系统中处于休眠状态，在使用它之前一般需要先在"系统启用"对话框启用后，方可使用。有两种方法可以设置系统启用：一是在企业建账完成后，系统管理员立即进行系统启用设置；二是在建账结束后，由账套主管在登录应用平台后通过选择"基础设置"→"基本信息"→"系统启用"进行启用。

（2）基础档案设置。基础档案是系统日常业务处理必需的基础资料，是系统运行的基石。一个账套由若干个系统构成，这些系统共享基础档案信息。在启用新账套之前，应根据企业的实际情况，事先做好基础数据的准备工作。

（3）控制参数设置。系统在建立新的账套后由于具体情况需要或业务变更，会发生一些账套信息与核算内容不符的情况，这时可以进行已启用系统控制参数的查看和调整。例如在总账管理系统中，可对"凭证"选项、"账簿"选项、"凭证打印"选项、"预算控制"选项、"权限"选项、"会计日历"选项、"其他"选项、"自定义项核算"选项等控制参数进行设置与修改。

（4）单据设置。不同企业各项业务处理中使用的单据可能存在细微的差别。用友 ERP-U8V10.1 中预置了常用单据模板，而且允许用户对各单据类型的多个显示模板和多个打印模板进行设置，以定义本企业需要的单据格式及单据编号。

三、公共基础信息设置的业务流程

公共基础信息是企业各个部门都要用到的公共信息,是各个子系统进行业务操作的基础资料。公共基础信息设置主要包括机构人员、客商信息、收付结算信息和存货档案等设置内容。公共基础信息设置的业务流程如图 3.1 所示。

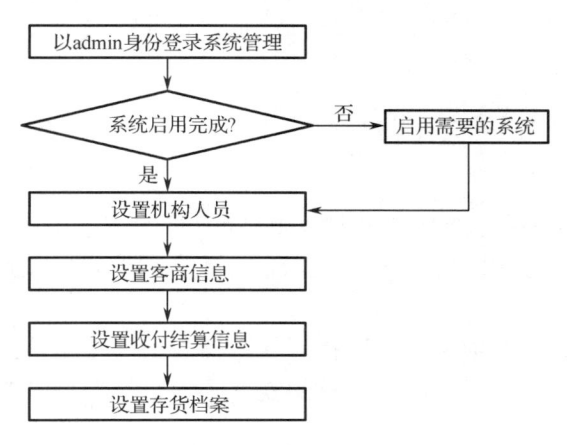

图 3.1 公共基础信息设置的业务流程

四、公共基础信息设置与其他系统的关系

建账完成后,在进行核算前要对各个系统共用的公共基础信息进行设置。一般可根据企业的实际情况和业务要求,先手工整理一份基础资料,然后再按要求将其录入系统中,以便顺利完成初始建账。公共基础信息是其他系统正常运作的基础,即各系统均可调用的企业公共基础信息资料,设置是否正确关系到软件能否满足企业管理的需要。

任务二 设置机构人员信息

设置机构人员信息主要包括本单位信息、部门档案、人员类别、人员档案、职务档案、岗位档案等。在设置机构人员信息前,先启用沉睡的总账管理系统。

一、启用系统

（一）理论导航

用友 ERP-U8V10.1 的操作模块在系统中处于休眠状态,在使用它之前需要先在"系统启用"界面启用后,方可使用。系统启用有两种方法:一是由系统管理员在企业建账

会计信息系统——用友ERP-U8V10.1

完成后立即进行系统启用；二是由账套主管在企业应用平台的基本信息中启用。由于"020明天公司"建账完成后并没有直接启用任何系统，所以需要在企业应用平台中首先进行系统启用。

（二）业务资料

【例3-1】启用系统

以账套主管"刘洋"的身份登录企业应用平台，并启用"总账管理系统"、"应收款管理系统"和"应付款管理系统"。

（三）操作指导

【例3-1】启用系统

（1）以"刘洋"的身份注册登录企业应用平台（操作员：01；密码：1；账套：020 明天公司；操作日期：2023-01-01）。单击"确定"按钮，进入"UFIDA U8"窗口。

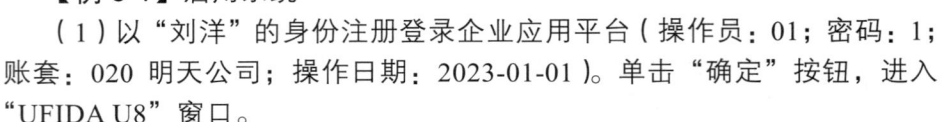

（2）在"基础设置"选项卡中，选择"基本信息"→"系统启用"选项，打开"系统启用"对话框。勾选"GL"（总账）前的复选框，启用日期"2023-01-01"，如图 3.2 所示。

（3）单击"确定"按钮，系统弹出"确实要启用当前系统吗？"对话框。单击"是"按钮，完成对总账管理系统的启用，同样操作启用另外两个系统。

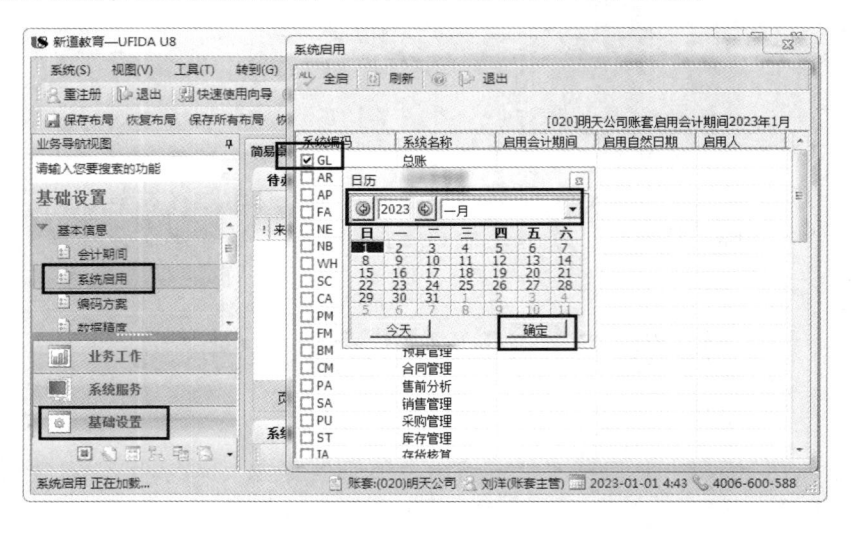

图 3.2　启用总账管理系统

> **补充提示**
> ● 各系统的启用日期必须大于或等于账套的启用日期。
> ● 如果已经启用的某个系统需要注销，则进行同样的操作，单击要注销系统前的复选框，系统弹出"确实要注销当前系统吗？"的对话框，单击"是"按钮，完成该系统的注销。

二、设置机构人员档案

（一）理论导航

机构人员档案设置包括"部门档案"、"人员类别"和"人员档案"等的设置。

1. 部门档案

部门档案设置指设置在会计科目中要进行部门核算的部门名称，以及要进行个人往来核算的职员所属的部门。部门档案需要按照已经定义好的部门编码级次原则输入部门编号及信息，其主要内容包括部门编码、部门名称、负责人、部门属性、电话、地址等信息。

在总账管理系统中可以按部门核算收入、费用；在薪资管理系统中可以按部门管理职工、发放工资、工资数据汇总等；在固定资产管理系统中可以按部门管理资产、计提折旧等；在应收、应付款管理系统中可以将客户、供应商往来数据记录到部门。

2. 人员类别

人员类别指人员的性质，如管理人员、销售人员等。人员类别设置的内容包括类别编码、类别名称等内容。

人员类别与工资费用的分配、分摊有关，工资费用的分配及分摊是薪资管理系统的一项重要功能。人员类别设置是为工资分摊生成凭证设置相应的入账科目做准备，可以按不同的人员类别需要设置不同的入账科目。

3. 人员档案

人员档案主要用于记录本企业员工的个人信息资料。人员档案设置的内容包括职员名称、部门名称、职员属性等。

在总账管理系统中，人员档案与个人往来核算有关；在薪资管理系统中，人员档案用于核算职工工资数据；在应收、应付款管理系统中，可以将往来数据记录到业务员。

（二）业务资料

【例 3-2】设置部门档案

根据经营业务需要，明天公司下设 6 个一级部门，部门档案如表 3-1 所示。

表 3-1 部门档案

部门编码	部门名称	部门编码	部门名称
01	总务办	05	销售部
02	财务部	06	生产部
03	采购部	0601	一车间
04	仓管部	0602	二车间

【例 3-3】设置人员类别

在已有类别"正式工"下，设置明天公司在职人员类别，如表 3-2 所示。

表 3-2　"正式工"下的在职人员类别

档案编码	档案名称	档案编码	部门名称
1011	企业管理人员	1014	采购人员
1012	行政人员	1015	车间管理人员
1013	销售人员	1016	生产人员

【例 3-4】录入人员档案

明天公司共有在职人员 14 人，其档案如表 3-3 所示。

表 3-3　在职人员档案

人员编码	姓名	性别	行政部门	人员类别	雇用状态	是否业务员	业务或费用部门
01	陈风瑞	男	总务办	企业管理人员	在职	否	—
02	刘子琪	女	总务办	行政人员	在职	是	总务办
03	刘洋	男	财务部	企业管理人员	在职	是	财务部
04	安娜	女	财务部	行政人员	在职	是	财务部
05	李涛	男	财务部	行政人员	在职	是	财务部
06	马丽	女	财务部	行政人员	在职	是	财务部
07	李迪	男	采购部	采购人员	在职	是	采购部
08	王志民	男	采购部	采购人员	在职	是	采购部
09	吴秀梅	女	仓管部	企业管理人员	在职	是	仓管部
10	铁男	男	销售部	销售人员	在职	是	销售部
11	杨美娜	女	销售部	销售人员	在职	是	销售部
12	李姗姗	女	一车间	车间管理人员	在职	否	—
13	刘海波	男	一车间	生产人员	在职	否	—
14	王贵	男	二车间	生产人员	在职	否	—

（三）操作指导

【例 3-2】设置部门档案

（1）在企业应用平台的"基础设置"选项卡中，选择"基础档案"→"机构人员"→"部门档案"选项，打开"部门档案"窗口。

（2）单击"增加"按钮，录入部门编码"01"、录入部门名称"总务办"、成立日期默认为"2023-01-01"，单击 图标。同样操作，按照业务资料（表 3-2）分别输入其他部门档案。

> **补充提示**
>
> ● 如想修改已经设置的某部门，可以选中该部门，单击"修改"按钮；如想删除已经设置的某部门，则应选中该部门，单击"删除"按钮。
> ● 在未设置"人员档案"时，暂时不能设置部门负责人。可以在完成"人员档案"设置后，再返回"部门档案"窗口，以修改方式补充设置负责人。

- 部门编码必须符合编码规则，如本例是2-2-1。如果在此发现编码方案不合适，可以在未建立任何部门档案数据的前提下修改部门编码方案。
- 建立部门档案时，应先输入上级部门，然后再建立下级部门档案。

【例3-3】设置人员类别

（1）在企业应用平台的"基础设置"选项卡中，选择"基础档案"→"机构人员"→"人员类别"选项，打开"人员类别"窗口。

（2）在左侧已有的人员类别中，选中"正式工"，单击"增加"按钮，打开"增加档案项"对话框，输入档案编码"1011"，输入档案名称"企业管理人员"，单击"确定"按钮。

（3）同样操作，按照业务资料（表3-2）增设"正式工"下的人员类别。

302 设置人员类别

补充提示

- 人员类别是人员档案中的必选项目，需要在建立人员档案前设置。
- 人员类别与工资费用的分摊有关，在"薪资管理系统"中起到关键作用。

【例3-4】录入人员档案

（1）在企业应用平台的"基础设置"选项卡中，选择"基础档案"→"机构人员"→"人员档案"选项，打开"人员列表"窗口。

（2）单击上方的"增加"按钮，打开"人员档案"对话框，按照业务资料（表3-3）填制"01 陈风瑞"的信息，单击图标。

（3）同样操作，按照业务资料分别录入其他人员档案。

补充提示

- 人员编码必须唯一，人员姓名可以重复。
- 在设置人员档案时，如果是"业务员"，则应选中"是否业务员"前的复选框，并填写"业务部门"。

三、设置往来单位信息

（一）理论导航

往来单位信息也称客商信息，指"客户档案"和"供应商档案"。设置往来单位信息的主要目的是便于企业在采购管理、库存管理、销售管理等业务中发生往来账款的核算和管理。

1. 分类信息

分类信息设置包括地区分类、行业分类、供应商分类、客户级别和客户分类等的设置。如果企业的客户规模庞大，为了更有效地对客户进行管理和分析，一般需按一定的标准对客户进行分类，如按区域、按消费级别、按职业等分类都是常见的有助于对客户进行业务管理的分类方法。如果在建立账套时选择了供应商分类、客户分类，则必须在设置完供应商分类信息、客户分类信息的情况下才能编辑供应商档案、客户档案。

2. 客商档案

客商档案即客户档案和供应商档案，主要用于汇集往来客户和供应商的信息资料，以便于对客户和供应商进行管理和业务分析。

建立客户档案主要是为企业的销售管理、库存管理、应收账管理服务的。在填制销售发票、销售发货单及办理应收款结算时，都会用到客户档案。因此，必须先设立客户档案，以便减少工作差错。建立供应商档案主要是为企业的采购管理、库存管理、应付账管理服务的。在填制采购入库单、采购发票，进行采购结算、应付款结算和有关供货单位统计时都会用到供应商档案。

（二）业务资料

【例3-5】设置地区分类

明天公司业务涉及全国多个省份，其地区分类信息如表3-4所示。

表3-4 地区分类信息

地区分类编码	地区分类名称	地区分类编码	地区分类名称
1	本地区	203	华东地区
2	外地区	204	华南地区
201	东北地区	205	西北地区
202	华北地区	—	—

【例3-6】设置供应商分类

明天公司供应商分类信息如表3-5所示。

表3-5 供应商分类信息

供应商分类编码	供应商分类名称
1	生产商
2	批发商
3	零售商

【例3-7】录入供应商档案

明天公司拥有长期稳定的合作供应商，其供应商档案信息如表3-6所示。

表3-6 供应商档案信息

编号	供应商名称	简称	所属分类	所属地区	分管部门	专管业务员	开户行	账号	默认值
001	沈阳神威塑料制品公司	神威公司	1	201	采购部	李迪	工行沈阳皇姑支行	111111111	是
002	北京瑞通电子科技公司	瑞通科技	2	202	采购部	李迪	建行北京海淀支行	222222222	是

续表

编号	供应商名称	简称	所属分类	所属地区	分管部门	专管业务员	开户行	账号	默认值
003	上海中原商行	中原商行	3	203	采购部	王志民	工行上海浦东支行	333333333	是
004	良瑞医疗器械供应公司	良瑞公司	2	201	采购部	王志民	建行大庆支行	444444444	是

【例 3-8】录入客户档案

明天公司拥有长期稳定的客户，其客户档案信息如表 3-7 所示。

表 3-7　客户档案信息

客户编码	客户名称	简称	分类编码	所属地区	税号	分管部门	分管业务员	开户行	账号	默认值
001	威海市第一医院	威海医院	00	203	1112	销售部	铁男	农行威海光明支行	555555555	是
002	天津东华商贸公司	东华商贸	00	202	2132	销售部	铁男	工行天津塘沽支行	666666666	是
003	北京健康医药公司	健康医药	00	202	3456	销售部	杨美娜	建行北京海淀支行	777777777	是
004	天津智德体检公司	智德体检	00	202	1234	销售部	杨美娜	建行天津和平支行	888888888	是

（三）操作指导

【例 3-5】设置地区分类

（1）在企业应用平台的"基础设置"选项卡中，选择"基础档案"→"客商信息"→"地区分类"选项，打开"地区分类"窗口。

（2）单击上方的"增加"按钮，输入分类编码"1"、输入分类名称"本地区"，单击图标。

（3）同样操作，按照业务资料（表 3-4）分别录入其他地区分类信息。

【例 3-6】设置供应商分类

（1）在企业应用平台的"基础设置"选项卡中，选择"基础档案"→"客商信息"→"供应商分类"选项，打开"供应商分类"窗口。

（2）单击上方的"增加"按钮，输入分类编码"1"、输入分类名称"生产商"，单击上方的图标。

（3）同样操作，按照业务资料（表 3-5）分别输入其他供应商分类信息。

【例 3-7】录入供应商档案

（1）在企业应用平台的"基础设置"选项卡中，选择"基础档案"→"客商信息"→"供应商档案"选项，打开"供应商档案"窗口。窗口左侧是已经设置的供应商分类，右侧是供应商档案待录入区域。

（2）单击"增加"按钮，弹出"增加供应商档案"窗口。在"基本"选

303 录入供应商档案

项卡中按照业务资料（表3-6）录入001号供应商的基本信息；在"联系"选项卡中录入分管部门和专管业务员。单击上方"银行"按钮，打开"供应商银行档案"选项卡，单击"增加"按钮，录入银行信息，如图3.3所示，单击上方的 图标。

图 3.3　录入供应商档案

（4）同样操作，按照业务资料（表3-6）分别输入其他供应商档案信息。

> **思考**
>
> **没有备选的分管业务员是什么意思？**
>
> ● 对分管部门和分管业务员，可以根据人员档案进行直接选择。如果在"联系"选项卡没有备选的分管业务员，则说明在设置人员档案时未勾选"是否业务员"复选框。

【例3-8】录入客户档案

（1）在企业应用平台的"基础设置"选项卡中，选择"基础档案"→"客商信息"→"客户档案"选项，打开"客户档案"窗口。窗口左侧是已经设置的客户分类（本实验为无分类），右侧是客户档案待录入区域。

（2）单击上方的"增加"按钮，弹出"增加客户档案"窗口。在"基本"选项卡中按照业务资料（表3-7）录入001号客户的基本信息，如图3.4所示。在"联系"选项卡中录入分管部门和业务员；在"银行"选项卡中录入银行信息，单击上方的 图标。

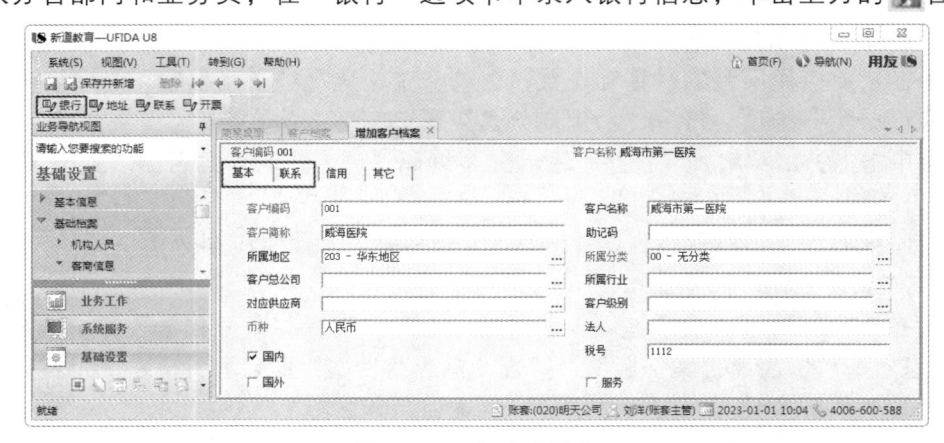

图 3.4　录入客户档案

（3）同样操作，按照业务资料（表 3-7）分别输入其他客户档案信息。

> **补充提示**
>
> ● 如果此处不输入税号，之后在销售系统中无法向该客户开具增值税专用发票。

任务三　设置收付结算信息

设置收付结算信息包括设置结算方式、付款条件、银行档案、本单位开户银行及收付款协议档案等。在使用财务软件后，可以事先设置结算方式，这对提高与银行对账的效率，保证资金的安全、完整和有效利用有显著的作用。总账管理系统、资金管理系统、应收、应付款管理系统、销售管理系统和采购管理系统业务均会用到结算方式。

一、设置结算方式

（一）理论导航

结算方式是用来建立和管理企业在经营活动中所涉及的资金结算形式，它与财务结算（如现金结算、支票结算等）方式一致。企业根据自己的实际情况来设置现金结算和银行结算方式。

结算方式一旦被引用，便不能进行修改和删除操作。结算方式设置与客户分类设置相似，应注意结算方式的编码规则。如果勾选"是否票据管理"选项，则在执行该种结算方式时，系统会提示记录发生该笔业务的票据信息，否则不会。

（二）业务资料

【例 3-9】设置结算方式

明天公司往来业务采用多种结算方式，如表 3-8 所示。

表 3-8　结算方式

结算方式编码	结算方式名称	票据管理	结算方式编码	结算方式名称	票据管理
1	现金	否	3	商业汇票	是
2	支票	是	301	商业承兑汇票	是
201	现金支票	是	302	银行承兑汇票	是
202	转账支票	是	4	其他	否

（三）操作指导

【例 3-9】设置结算方式

（1）进入"企业应用平台"工作界面，在"基础设置"选项卡中，选择"基础档案"→"收付结算"→"结算方式"选项，打开"结算方式"窗口。

304 设置结算方式

（2）单击工具栏的"增加"按钮，输入结算方式编码"1"、结算方式名称"现金"，单击 📄 图标。同样操作，按照业务资料（表3-8）依次输入其他结算方式。对于票据及其所属明细科目要选中"是否票据管理"复选框。设置完成后，保存并退出。

二、设置付款条件

（一）理论导航

付款条件也称现金折扣，是企业为了鼓励客户偿还货款而允诺在一定期限内给予的折扣优待。这种折扣条件通常可表示为 2/10、1/20、n/30，它的意思是客户在 10 天内偿还欠款，可得到 2%的折扣，即只付 98%的货款；在 20 天内偿还贷款，可得到 1%的折扣，即只付原价 99%的货款；在 30 天内偿还贷款，则须按照全额支付货款；超过 30 天偿还欠款，则不仅要按照全额支付，而且还可能要支付延期付款利息或违约金。

无论是本企业为了促进应收账款的及时回笼而制定的现金折扣政策，还是供应商制定的现金折扣政策，都应在系统中建立付款条件，以便在管理应收/应付款时，通过录入相应的付款条件和信用期限，能够由系统自动提醒付款或催款，并自动核算折扣金额，这有利于企业合理运筹资金和对往来账款的准确结算。

（二）业务资料

【例3-10】设置付款条件

明天公司为了促进应收账款的及时回笼而制定现金折扣政策，在系统中建立了付款条件，如表3-9所示。

表3-9 付款条件

付款条件编码	信用天数	优惠天数1	优惠率1	优惠天数2	优惠率2	优惠天数3	优惠率3
1	30	10	2	20	1	30	0

（三）操作指导

【例3-10】设置付款条件

（1）进入"企业应用平台"工作界面，在"基础设置"选项卡中，选择"基础档案"→"收付结算"→"付款条件"选项，打开"付款条件"窗口。

（2）单击工具栏的"增加"按钮，依次输入付款条件编码"1"、信用天数"30"、优惠天数1"10"、优惠率1"2.0000"、优惠天数2"20"、优惠率2"1.0000"、优惠天数3"30"、优惠率3"0.0000"，录入完成单击 📄 按钮，即可完成"付款条件"的设置，如图3.5所示。

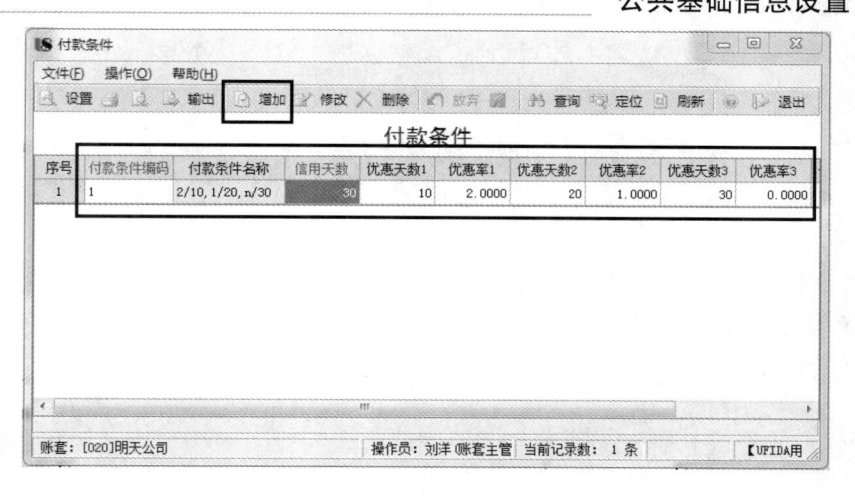

图 3.5　设置付款条件

三、设置银行档案

（一）理论导航

系统支持多个开户行及账号的情况，该功能用来记载企业开户银行档案信息，为收付结算、往来核算及薪资管理提供数据基础。在销售管理系统中，如果需要开具增值税专用发票，则必须设置客户的开户银行信息，否则将不能开具增值税专用发票。

（二）业务资料

【例 3-11】设置开户银行

明天公司分别在工商银行和建设银行开立账户，开户银行信息如表 3-10 所示。

表 3-10　开户银行信息

编码	开户银行名称	账号	币种	所属银行编码	暂封标志
01	中国工商银行天津市永乐支行	001001001001	人民币	01	否
02	中国建设银行天津逸城支行	002002002002	人民币	03	否

注：中国建设银行天津逸城支行客户编号为 001，机构号为 222，联行号为 333。

（三）操作指导

【例 3-11】设置开户银行

（1）进入"企业应用平台"工作界面，在"基础设置"选项卡中，选择"基础档案"→"收付结算"→"本单位开户银行"选项，打开"本单位开户银行"窗口。

（2）单击工具栏的"增加"按钮，输入编码"01"、银行账号"001001001001"、开户银行"中国工商银行天津市永乐支行"，单击所属银行编码的"…"按钮，选择"01 中国工商银行"，单击 图标。

（3）同样操作，输入 02 号开户银行信息，在所属银行为中国建设银行时，客户编号、机构号、联行号为必填项，输入后单击 图标退出，返回"本单位开户银行"窗口。

任务四　设置存货档案信息

存货档案信息是供应链管理系统运行的基础。设置存货信息时要考虑企业购销存业务核算与管理的需要，站在整个企业管理的高度进行综合全盘考虑，软件的功能要符合企业的实际业务需要。

一、设置计量单位

（一）理论导航

计量单位主要用于设置对应存货的计量单位组和计量单位信息。计量单位组包括无换算率、固定换算率、浮动换算率三种类别。每个计量单位组中可以设置多个计量单位，并且通过定义主计量单位、辅计量单位及主辅计量单位之间的换算率，建立计量单位之间的换算关系。

"无换算率"组指在该组内所建立的计量单位之间不存在换算关系，如本例中单位"台"和"米"之间不存在换算关系；有换算关系的计量单位在系统中分别称为"固定换算计量单位"和"浮动换算计量单位"。在两类计量单位中必须设置一个主计量单位，其他为辅助计量单位。

"固定换算率"组指主辅计量单位间存在着固定不变的换算比率，如 1 箱=100 盒。

"浮动换算率"组指主辅计量单位之间的换算比率是浮动的，如 1 箱可能是 100 盒或 50 盒。

（二）业务资料

【例 3-12】设置计量单位

明天公司材料和存货的计量涉及多种单位，其计量单位信息如表 3-11 所示。

表 3-11　计量单位信息

计量单位组编码	计量单位组名称	计量单位组类别	计量单位编码	计量单位名称	主计量单位标志	换算率
1	A 组	无换算率	01	台	否	
			02	米	否	
			03	个	否	
			04	元/公里	否	
2	B 组	固定换算率	05	箱	是	1.00
			06	盒	否	0.01

（三）操作指导

【例3-12】设置计量单位

（1）在"基础设置"选项卡中，选择"基础档案"→"存货"→"计量单位"选项，打开"计量单位—计量单位组"窗口。

（2）单击上方的"分组"按钮，打开"计量单位组"对话框。单击"增加"按钮，输入计量单位组编码"1"、计量单位组名称"A组"，计量单位组类别选择"无换算率"。单击上方的 📄 图标，同样操作，输入另一个计量单位组，单击"退出"按钮，返回"计量单位"窗口。

（3）选中左侧计量单位组"A组"，单击上方的"单位"按钮，打开"计量单位"对话框。单击"增加"按钮，输入计量单位编码"01"、计量单位名称"台"，单击 📄 图标。按照业务资料（表3-11），继续输入其他计量单位。计量单位设置结果如图3.6所示。

图3.6　设置计量单位

> **补充提示**
>
> ● 换算率指辅计量单位和主计量单位之间的换算比。例如，一箱内装100盒硅胶，则0.01就是辅计量单位"盒"与主计量单位"箱"之间的换算比。主计量单位的换算率自动设置为1。

二、设置存货档案

（一）理论导航

1. 存货分类

如果企业存货较多，则可以对存货进行分类，以便于对业务数据进行统计与分析。通常，可以按性质、用途、产地等原则进行分类。只有当本账套设置了需要对存货进行分类，且已经设置好存货分类的编码方案时，才可以进行存货分类档案的编辑。设置存货分类主要包括存货分类编码、类别名称及所属经济分类等内容。

2. 存货档案

存货档案主要用于设置企业在生产经营中使用到的各类存货信息，以便于对这些存货进行资料管理、实物管理和业务数据的统计与分析。只有在本账套设置了需要对存货进行分类且必须先设置好存货分类档案、计量单位信息的情况下，才能进行存货档案的编辑；只有在存货分类的末级才能设置存货档案。存货档案设置主要包括存货编码、存货名称、规格型号、计量单位组、税率、ABC 分类、存货属性等内容。

（二）业务资料

【例 3-13】设置存货分类

明天公司的存货分类信息如表 3-12 所示。

表 3-12　存货分类信息

分类编码	存货分类名称	分类编码	存货分类名称	分类编码	存货分类名称
01	原材料	02	库存商品	03	应税劳务
011	原料及主要材料	021	治疗器械	—	—
012	辅助材料	022	诊疗仪器	—	—

【例 3-14】录入存货档案

明天公司的存货档案信息如表 3-13 所示。

表 3-13　存货档案信息

存货编号	存货名称	规格型号	所属分类码	计量单位组	计量单位	税率	属性
001	塑料管	40*10	011	A组	米	13%	外购、生产耗用
002	传感器	C25	011	A组	个	13%	外购、生产耗用
003	硅胶	3M	012	B组	盒	13%	外购、生产耗用
004	呼吸机	001#	021	A组	台	13%	内销、外销、自制
005	血压仪	A26	022	A组	台	13%	内销、外销、自制
006	运输费	—	03	A组	元/公里	9%	外销、服务项目、应税劳务

（三）操作指导

【例 3-13】设置存货分类

（1）在"基础设置"选项卡中，选择"基础档案"→"存货"→"存货分类"选项，打开"存货分类"窗口。

（2）单击上方的"增加"按钮，输入分类编码"01"、分类名称"原材料"，单击上方的 图标。同样操作，按照业务资料（表 3-12）分别输入其他存货分类信息。

【例 3-14】录入存货档案

（1）在"基础设置"选项卡中，选择"基础档案"→"存货"→"存货档案"选项，打开"存货档案"窗口。选中左侧存货分类的"原材料"，单击上方的"增加"按钮，打开"增加存货档案"对话框。

（2）输入存货编码"001"、存货名称"塑料管"等其他信息，将税率修改为"13%"，在下方"存货属性"待选区域选中"外购"和"生产耗用"，单击 图标。同样操作，按照业务资料（表3-13）继续录入其他存货档案。

> **补充提示**
> ● 存货属性决定了存货的性质和用途，必须选择，否则在供应链购销存核算中存货信息无法被调用。

【账套备份】

将账套输出至"D：\020 明天公司\公共基础信息设置"文件夹，备份账套供模块四总账管理系统实验操作使用。

习 题 巩 固

一、单选题

1. 账套建立完成后，对各模块的公共基础信息进行设置应以（　　）身份登录企业应用平台。
   A．账套主管　　　　B．系统管理员　　　C．会计主管　　　　D．企业老总
2. 在实际工作中，不同部门、不同岗位人员的福利、工资不同，需要对不同部门、不同岗位的人员进行分类，需要设置（　　）。
   A．部门档案　　　　B．职员档案　　　　C．人员类别　　　　D．所属部门
3. 供应商档案用于设置供应商基本信息，一般不包括（　　）。
   A．供应商编号　　　B．供应商公司名称　 C．供应商属性　　　D．供应商开户行
4. 在供应商档案中，如要划分各供应商的所属地区，应在建立账套时选择（　　）。
   A．供应商档案　　　B．供应商公司名称　 C．供应商分类　　　D．供应商性质
5. 在设置存货档案时，通常将"运输费"的存货属性设置为（　　）。
   A．内销　　　　　　B．外购　　　　　　C．应税劳务　　　　D．生产耗用
6. 在对存货进行核算之前应设置计量单位组。系统中把计量单位组分成三大类，不包括（　　）。
   A．自动换算率　　　B．无换算率　　　　C．固定换算率　　　D．浮动换算率

二、多选题

1. 在用友 ERP-U8V10.1 中，企业应用平台的主要功能包括（　　）。
   A．增加操作员权限
   B．提供进入用友 ERP-U8V10.1 各模块的公共平台
   C．启用用友 ERP-U8V10.1 中的各系统
   D．控制参数设置

2. 在公共基础信息设置中往来单位信息设置包括（　　）。
A. 客户及供应商分类　　　　　　　　B. 客户档案
C. 供应商档案　　　　　　　　　　　D. 供应商性质
3. 设置收付结算信息包括（　　）。
A. 单位信息　　　B. 结算方式　　　C. 付款条件　　　D. 开户银行

三、判断题

1. 设置基础档案之前应首先确定基础档案的分类编码方案，设置基础档案必须遵循分类编码方案中的级次和各级编码长度的设定。（　　）
2. 只有在建立账套时启用的系统才能在企业应用平台进行业务操作。（　　）
3. 在录入人员档案时，系统默认被选中的部门，如果所属部门不符合要求，则应在删除已选中的部门后，再单击"…"参照按钮重新选择相应的部门。（　　）
4. 部门档案资料一旦被使用，将不能被修改或删除。（　　）
5. 如果需要录入供应商档案，则必须先设置供应商分类才能录入供应商档案。（　　）
6. 所有公共基础信息的设置无先后顺序之分。（　　）
7. 如果企业没有对客户进行分类管理的需求，则在建立账套时可以不选择客户分类。（　　）

四、简答题

1. 企业应用平台的主要功能有哪些？
2. 公共基础信息设置的主要内容有哪些？
3. 公共基础信息设置的作用是什么？

模块四
总账管理系统

▶ **知识目标：**
- 了解用友 ERP-U8V10.1 总账管理系统的功能和操作流程
- 掌握总账管理系统初始化设置，凭证录入、审核、修改、记账的原理和方法
- 掌握银行对账的步骤，以及期末自动转账与结账的方法

▶ **应用目标：**
- 结合企业实际，对总账管理系统进行初始化设置
- 能够根据企业业务发生情况完成填制凭证、审核凭证、出纳签字、修改和删除凭证、冲销凭证等日常凭证处理
- 能够进行记账及账簿的查询，正确进行银行对账并生成银行存款余额调节表，在月末进行自动转账与结账

▶ **思政目标：**
- 培养良好的会计岗位职业道德，坚持准则、诚实守信、客观公正、不做假账
- 养成科学严谨的工作作风，严格按照业务流程规范操作
- 树立法律责任意识，恪守廉洁自律的行为准则，维护会计职业声誉

会计信息系统——用友ERP-U8V10.1

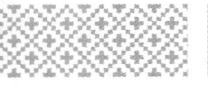

【情景导入】

天津明天医疗器械有限公司（简称明天公司）已经成功建立账套号为"020明天公司"的企业账套并启用了总账管理系统。由财务部门主管刘洋进行总账管理系统初始化设置，并带领其他财务人员根据审核无误的原始凭证填制记账凭证、审核、记账、结账，进行日常业务处理。

1. 前期准备

将计算机系统日期调整为"2023年1月1日"，引入"D:\020明天公司\公共基础信息设置"文件夹里的备份账套。

2. 操作分工

由账套主管刘洋在企业应用平台上进行总账管理系统初始化设置，凭证审核、记账、结账等操作；由会计安娜进行凭证的填制等日常业务处理工作；由出纳马丽签字审核凭证，查询现金日记账和银行存款日记账，进行银行对账处理操作。

3. 企业情况

月初，由账套主管刘洋进行总账管理系统初始化设置，录入期初余额并试算平衡。

1月，对企业发生的购买包装物、进行广告宣传、采购原材料、支付办公费、销售商品、报销差旅费、领料生产等经济活动，由会计安娜处理相关业务，生成凭证传递到总账管理系统。

月底，出纳马丽进行银行账与单位账的核对。会计安娜定义和生成计提短期借款利息、税费结转、销售成本结转和期间损益结转等转账凭证，最后进行总账管理系统结账。

任务一　总账管理系统概述

一、认知总账管理系统

总账管理系统又称账务处理系统，是用友ERP-U8V10.1的核心系统，适用于各行各业的账务核算及管理工作。总账管理系统账务核算是编制财务报表的基础，只有在真实、完整、准确的账务核算前提下，才能形成真实、可靠的财务报表。

总账管理系统账务处理包括初始化设置、日常业务处理和期末处理三个阶段。初始化设置包括控制参数设置、基础信息设置和期初余额录入；日常业务处理是账务核算处理的主要内容，具体包括凭证管理、记账、账簿管理和出纳管理等内容；期末处理是在日常业务处理的基础上，在每期期末进行的费用摊销预提、损益结转等账务处理，以及系统的对账、结账工作。

二、总账管理系统的主要功能

总账管理系统的功能包括初始化设置、凭证管理、出纳管理、账簿管理和期末处理等。

1. 初始化设置

企业需要建立适合本单位的专用账务系统，初始化设置的主要工作包括控制参数设置、基础信息设置、期初余额录入等。为了最大范围地满足不同企业用户的信息化应用需求，总账管理系统作为通用商品化软件的核心系统，通过内置大量的控制参数为不同的企业应用提供解决方案。企业可以根据自身实际业务进行选择，以确定符合个性特点的应用模式。

2. 凭证管理

凭证是记录企业各项经济业务发生的载体。凭证管理是总账管理系统的核心功能，主要包括填制凭证、出纳签字、审核凭证、记账、查询、打印凭证等。凭证是总账管理系统数据的唯一来源，为严把数据源的正确性，总账管理系统设置了严密的制单控制以保证凭证填制的正确性。另外，总账管理系统还提供资金赤字控制、支票控制、预算控制、外币折算误差控制、凭证类型控制、制单金额控制等功能，以加强对业务的及时管理和控制。

3. 出纳管理

总账管理系统中的出纳管理为出纳人员提供一个集成办公环境，以加强对现金及银行存款的管理。出纳管理主要包括支票登记簿管理、日记账的登记和查询、随时生成最新资金日报表，定期进行银行对账并编制余额调节表等。资金收付的核算与管理是企业的重要日常工作，也是出纳的一项重要工作内容。

4. 账簿管理

凭证经审核签字后，可用来登记各类账簿，记账工作由计算机自动进行数据处理，不需要人工干预。总账管理系统提供强大的账证查询功能，可以查询与打印总账、明细账、日记账、发生额余额表、多栏账、序时账等。总账管理系统的账证查询功能，不仅可以查询已记账凭证的数据，而且在查询的账表中还可以包含未记账凭证的数据，可以轻松实现总账、明细账、日记账和凭证的联查。

5. 期末处理

在期末自动完成月末分摊、计提、对应转账、销售成本、汇兑损益、期间损益结转等业务，完成试算平衡、对账、结账等工作并生成月末工作报告。

三、总账管理系统的业务流程

总账管理系统的业务流程主要包括初始化设置、日常业务处理和期末处理三个部分，如图 4.1 所示。

会计信息系统——用友ERP-U8V10.1

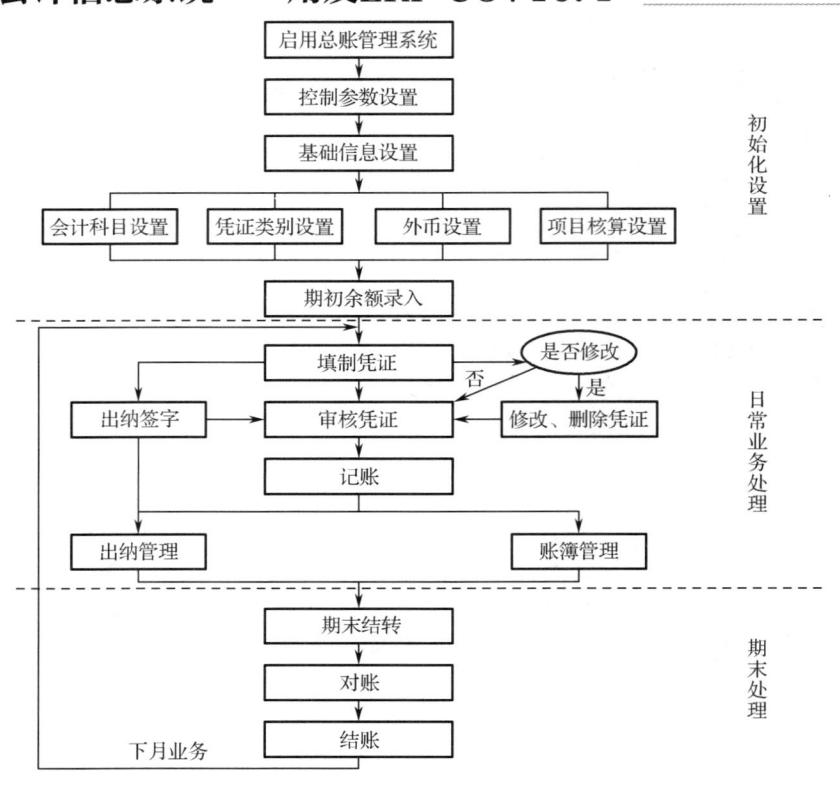

图 4.1 总账管理系统的业务流程

四、总账管理系统与其他系统的关系

总账管理系统是会计信息系统的核心系统，概括反映企业经济业务的综合信息。总账管理系统既可以单独使用，也可以接收薪资管理系统、固定资产管理系统、应收款管理系统、应付款管理系统、成本管理系统、供应链管理系统等业务管理系统生成的凭证数据，同时为 UFO 报表等系统提供账证资料。总账管理系统与其他系统的关系如图 4.2 所示。

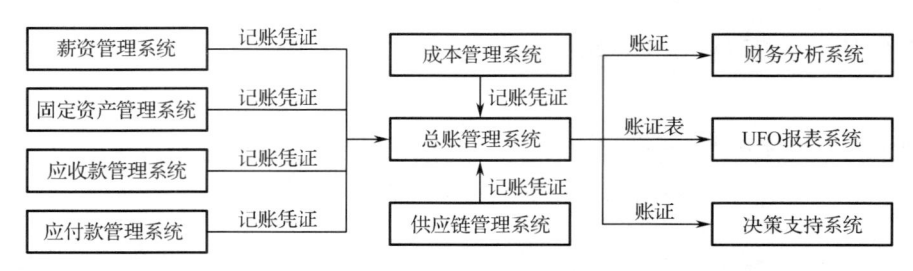

图 4.2 总账管理系统与其他系统的关系

任务二　总账管理系统初始化设置

　　总账管理系统初始化设置包括控制参数设置、基础信息设置、期初余额录入等内容。天津明天医疗器械有限公司已经成功建立账套号为"020 明天公司"的企业账套并启用了总账管理系统。2023 年 1 月 1 日，由账套主管刘洋在企业应用平台上进行总账管理系统初始化设置。

一、控制参数设置

（一）理论导航

　　总账管理系统初始化设置是指由企业根据自身的行业特性和管理需求，将通用的总账管理系统设置为适合企业自身特点的专用系统的过程。

　　软件越通用，系统内置的参数就越多，控制参数的设置决定了企业的应用模式和应用流程。为了明确各项参数的适用对象，软件一般将参数分门别类地进行管理。用友 ERP-U8V10.1 总账管理系统将参数分为凭证、账簿、凭证打印、预算控制、权限、会计日历、其他、自定义项核算这 8 个选项卡。

（二）业务资料

【例 4-1】设置总账管理系统控制参数

设置总账管理系统控制参数如表 4-1 所示。

表 4-1　设置总账管理系统控制参数

选项卡	参数设置
凭证	制单序时控制 支票控制 赤字控制：资金及往来科目 可以使用应收、应付、存货受控科目 取消"现金流量科目必录现金流量项目"
账簿	系统默认
凭证打印	系统默认
预算控制	系统默认
权限	出纳凭证必须经由出纳签字 不允许修改、作废他人填制的凭证
会计日历	会计日历为 1 月 1 日—12 月 31 日，数量小数位和单价小数位设为 2
其他	系统默认
自定义项核算	系统默认

（三）操作指导

【例 4-1】 设置总账管理系统控制参数

（1）以"刘洋"的身份注册企业应用平台（操作员：01；密码：1；账套：020 明天公司；操作日期：2023-01-01）。

（2）在"业务工作"选项卡中，选择"财务会计"→"总账"选项，打开总账管理系统功能向导。选择"设置"→"选项"选项，打开"选项"对话框。单击下方的"编辑"按钮，进入选项编辑状态。

（3）分别打开"凭证"、"权限"、"会计日历"和"其他"选项卡，按照业务资料（表 4-1）的要求进行相应的设置，如图 4.3 所示。设置完成后，单击"确定"按钮退出。

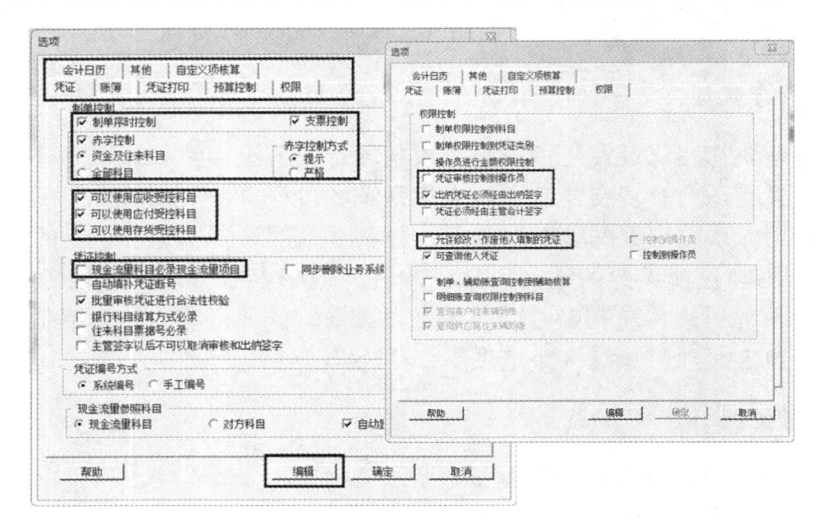

图 4.3　设置总账管理系统控制参数

补充提示

- **制单序时控制**：此项和"系统编号"选项联用。选中该项后，在制单时，凭证编号必须按日期顺序排列。
- **支票控制**：选中此项后，在制单时，使用银行科目编制凭证，系统会针对票据管理的结算方式进行登记。
- **赤字控制**：选中此项后，在制单时，当"资金及往来科目"或"全部科目"的最新余额为负数时，系统将予以提示。
- **可以使用受控科目**：受控系统涉及应收款管理系统、应付款管理系统和存货核算系统。为了防止重复制单，只允许应收款管理等系统使用此科目进行制单，总账管理系统是不能使用此科目制单的。如果希望在总账管理系统中也能使用这些科目填制凭证，则应选中此项。
- **现金流量科目必录现金流量项目**：选中此项后，在录入凭证时如果使用现金流量科目（如库存现金、银行存款、其他货币资金等），则必须输入现金流量项目及金额，否则不用输入。

- 凭证审核控制到操作员：若只允许操作员审核其本部门操作员填制的凭证，则应选中此项。
- 出纳凭证必须经由出纳签字：若要求现金、银行科目凭证必须由出纳人员核对签字后才能记账，则选中此项。
- 允许修改、作废他人填制的凭证：若选中此项，在制单时，可修改或作废他人填制的凭证，否则不能修改、作废他人填制的凭证。

二、基础信息设置

基础信息设置包括会计科目设置、凭证类别设置、项目核算设置等内容。

（一）理论导航

1. 会计科目设置

用友 ERP-U8V10.1 为各单位提供根据国家会计制度规定可以使用的部分总账科目，企业可以根据实际经营核算需要，自行增加、修改、减少、合并一些会计科目。

用友 ERP-U8V10.1 在建立账套功能中提供了预置会计科目的功能，如果现有会计科目不能满足企业核算要求，可以新增部分会计科目。如果需要对已建立会计科目的某些属性进行修改，可以通过系统提供的"修改"功能来完成。可以将会计科目指定为"现金科目"、"银行科目"和"现金流量科目"。在被指定的科目中可以查询现金日记账、银行存款日记账及资金日报，进行银行对账和资金赤字控制等。

2. 凭证类别设置

总账管理系统具有五种常用的凭证分类方式可供企业选择：记账凭证，收款、付款、转账凭证，现金、银行、转账凭证，现金收款、现金付款、银行收款、银行付款、转账凭证，自定义凭证类别。选择"分类方式"后，可以在制单时设置对科目的限制条件。限制类型有无限制、借方必有、贷方必有、凭证必无、凭证必有、借方必无、贷方必无这七个备选项。若科目有限制，则至少输入一个限制科目。

3. 项目核算设置

项目核算是总账管理系统辅助核算管理的一项重要功能。用友 ERP-U8V10.1 设计了项目核算与管理功能，用于满足在建工程、对外投资、技术改造、融资成本、合同订单等经济活动要求。企业既可以将具有相同特性的一类项目定义成一个项目大类，又可以对这些项目大类进行分级管理，在处理总账业务的同时进行项目核算与管理。

（二）业务资料

【例 4-2】新增会计科目

系统预设一级科目不能满足明天公司的账务处理要求，需要增加部分二级科目，新增会计科目如表 4-2 所示。

表 4-2 新增会计科目

一级科目	科目编码	科目名称	科目类型	方向	核算账类
1002 银行存款	100201	工行永乐支行	资产	借	日记账、银行账
	100202	建行逸城支行	资产	借	日记账、银行账
1403 原材料	140301	塑料管	资产	借	数量核算（米）
	140302	传感器	资产	借	数量核算（个）
	140303	硅胶	资产	借	数量核算（盒）
1405 库存商品	140501	呼吸机	资产	借	数量核算（台）
	140502	血压仪	资产	借	数量核算（台）
2211 应付职工薪酬	221101	应付工资	负债	贷	—
	221102	应付福利费	负债	贷	—
	221103	住房公积金	负债	贷	—
2221 应交税费	222101	应交增值税	负债	贷	
	22210101	进项税额	负债	贷	
	22210102	销项税额	负债	贷	
	22210103	转出未交增值税	负债	贷	
	222102	未交增值税	负债	贷	
4104 利润分配	410401	提取法定盈余公积	权益	贷	—
	410405	未分配利润	权益	贷	—
5001 生产成本 （合并单元格）	500101	直接材料	成本	借	项目核算
	500102	直接人工	成本	借	项目核算
	500103	制造费用	成本	借	项目核算
5101 制造费用	510101	人工费	成本	借	项目核算
	510102	折旧费	成本	借	项目核算
6602 管理费用	660201	折旧费	损益	借	部门核算
	660202	差旅费	损益	借	部门核算
	660203	办公费	损益	借	部门核算
	660204	工资及福利费	损益	借	部门核算
	660205	其他	损益	借	部门核算

【例 4-3】修改会计科目

根据账务处理要求，需要设置部分预设科目的辅助核算，修改会计科目如表 4-3 所示。

表 4-3 修改会计科目

科目编码	科目名称	辅助核算	受控系统
1121	应收票据	客户往来	应收系统受控
1122	应收账款	客户往来	应收系统受控
1123	预付账款	供应商往来	应付系统受控

续表

科目编码	科目名称	辅助核算	受控系统
1221	其他应收款	个人往来	—
2201	应付票据	供应商往来	应付系统受控
2202	应付账款	供应商往来	应付系统受控
2203	预收账款	客户往来	应收系统受控
6001	主营业务收入	数量核算（台）	—
6401	主营业务成本	数量核算（台）	—

【例4-4】指定会计科目

指定"1001 库存现金"为现金科目，指定"1002 银行存款"为银行科目。指定"库存现金"、"工行永乐支行"和"建行逸城支行"为现金流量科目。

【例4-5】设置凭证类别

明天公司填制凭证涉及的凭证类别如表4-4所示。

表4-4 凭证类别

类别字	类别名称	限制类型	限制科目
收	收款凭证	借方必有	1001,1002
付	付款凭证	贷方必有	1001,1002
转	转账凭证	凭证必无	1001,1002

【例4-6】设置外币及汇率

币符：USD；币名：美元；1月初的固定汇率为6.25。

【例4-7】设置项目目录

项目大类：产品核算（普通核算）；项目级次：1；项目核算编码：1-1。

项目核算科目：生产成本—直接材料（500101）、生产成本—直接人工（500102）、生产成本—制造费用（500103）；制造费用—人工费（510101）、制造费用—折旧费（510102）。

项目分类定义：1为产成品、2为半成品。

项目目录定义如表4-5所示。

表4-5 项目目录定义

项目编号	项目名称	是否结算	所属分类码
001	治疗器械	否	1
002	诊疗仪器	否	1

（三）操作指导

【例4-2】新增会计科目

（1）进入"企业应用平台"工作界面，在"基础设置"选项卡中，选择"基础档案"→"财务"→"会计科目"选项，打开"会计科目"设置窗口。

（2）单击工具栏上的"增加"按钮（或按 F5 键），打开"新增会计科目"对话框。录入科目编码"100201"，科目名称"工行永乐支行"，辅助核算选中"日记账"和"银行账"前的复选框，单击"确定"按钮。

（3）同样操作，按照业务资料（表 4-2）新增其他会计科目。

> **补充提示**
> - 各级科目编码必须唯一，要遵循先建上级后建下级明细科目的原则。
> - 会计科目编码长度及每级位数要符合预设的编码规则，如表 2-3 中的"4-2-2-2"。
> - 选中"数量核算"复选框，在填制凭证使用该科目操作时，系统会要求输入相应的数量和单价，需要设置计量单位。
> - 用友 ERP-U8V10.1 提供了部门核算、个人往来、客户往来、供应商往来、项目核算等辅助核算项以满足管理需要。

【例 4-3】修改会计科目

（1）在"会计科目"设置窗口中，选中"1121 应收票据"，单击工具栏上的"修改"按钮（或双击"1121 应收票据"），打开"会计科目_修改"对话框。

（2）单击"修改"按钮进入修改状态，选中"客户往来"前的复选框，再单击"受控系统"的下拉三角按钮，选择"应收系统受控"。

（3）单击"确定"按钮。同样操作，按照业务资料（表 4-3）修改其他会计科目。

> **补充提示**
> - 如果科目已有余额，则必须先将科目余额清零，再对科目进行修改，否则会导致试算不平衡。
> - 会计科目如果已设有下级明细科目，则其编码不能被修改。只有删除其下级明细科目编码后，才能修改本级科目的编码。
> - "会计科目"设置窗口的会计科目是按照"全部"、"资产"、"负债"、"共同"、"权益"、"成本"和"损益"选项卡分类列示的。如想快速查找某科目，既可以根据科目所属类别在对应选项卡中找到，也可以选择工具栏的"查找"命令（或按 Ctrl+K 组合键），输入科目编码、名称或助记码，指定查找。

【例 4-4】指定会计科目

（1）在"会计科目"设置窗口中，选择工具栏上的"编辑"→"指定科目"选项，打开"指定科目"对话框。

（2）选中"现金科目"前的复选框，单击">"按钮，将"1001 库存现金"从"待选科目"列表选入"已选科目"列表。

（3）同样操作，指定"银行科目"和"现金流量科目"，单击"确定"按钮返回。

> **补充提示**
> - 指定会计科目是指定出纳的专管科目。
> - 只有指定现金及银行科目才能进行出纳签字。

【例 4-5】设置凭证类别

（1）在"基础设置"选项卡中，选择"基础档案"→"财务"→"凭证类别"选项，打开"凭证类别预置"窗口。

（2）在分类方式中，选中"收款凭证 付款凭证 转账凭证"前的复选框，单击"确定"按钮。打开"凭证类别"对话框，单击"修改"按钮。双击收款凭证的"限制类型"，单击下拉三角按钮选择"借方必有"，在"限制科目"栏中输入"1001,1002"。同样操作，完成付款凭证和转账凭证的限制设置。

> **补充提示**
>
> - 若科目有限制，则至少输入一个限制科目。
> - 已使用的凭证类别不能删除，也不能修改。
> - 输入限制科目之间的逗号要在半角状态或英文状态下录入，否则会出现错误提醒。

【例 4-6】设置外币及汇率

（1）在"基础设置"选项卡中，选择"基础档案"→"财务"→"外币设置"选项，打开"外币设置"窗口。

（2）单击"增加"按钮，输入币符"USD"，币名"美元"，单击"确认"按钮。输入 2023 年 1 月的记账汇率"6.25"，单击"退出"按钮。

【例 4-7】设置项目目录

1. 定义项目大类

（1）在"基础设置"选项卡中，选择"基础档案"→"财务"→"项目目录"选项，打开"项目档案"窗口。

（2）单击工具栏的"增加"按钮，输入新项目大类名称"产品核算"，选择"普通项目"，单击"下一步"按钮。打开"定义项目级次"对话框，默认项目级次为"1"，单击"下一步"按钮。打开"定义项目栏目"对话框，采取系统默认，单击"完成"按钮，返回"项目档案"窗口。

2. 指定项目核算科目

（1）单击"核算科目"选项卡，出现"待选科目"。单击"项目大类"栏的下拉三角按钮，选择"项目大类"为"产品核算"。

（2）单击">>"按钮，将已经预设为"项目核算"辅助项的成本核算科目从"待选科目"列表选入"已选科目"列表，如图 4.4 所示，单击"确定"按钮保存。

3. 项目分类定义

（1）单击"项目分类定义"选项卡，单击"项目大类"栏的下拉三角按钮选择"产品核算"，单击"增加"按钮。输入分类编码"1"、分类名称"产成品"，单击"确定"按钮。

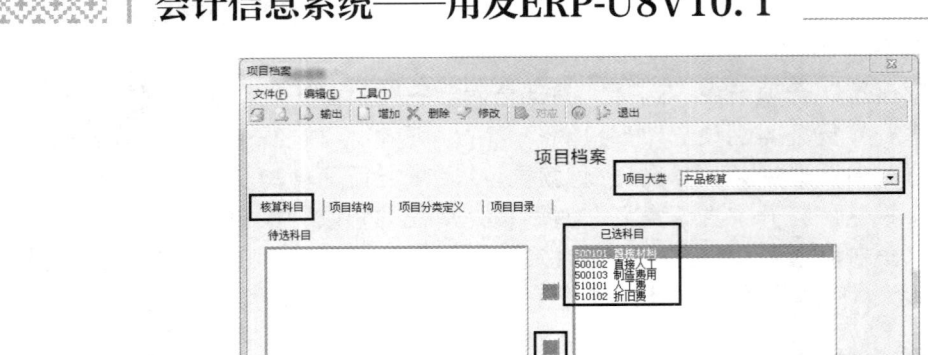

图 4.4　指定项目核算科目

（2）同样操作，增加"半成品"，单击"确定"按钮。

4．项目目录定义

（1）单击"项目目录"选项卡，单击"维护"按钮，打开"项目目录维护"窗口。

（2）单击工具栏上的"增加"按钮，依次输入项目编号"001"、项目名称"治疗器械"、所属分类"1"。同样操作，增加"诊疗仪器"，单击"退出"按钮。

三、期初余额录入

（一）理论导航

为保证会计数据的完整性，在第一次使用用友 ERP-U8V10.1 总账管理系统时，应将手工整理的基础账务信息录入计算机。如果企业初始建账，则期初余额为 0；如果企业之前有手工账数据，使用财务软件在年初建账的期初余额则是年初数，在年中某月启用总账管理系统，期初余额则是截止到上月末各账户借贷方累计余额。期初余额的录入主要分为两个部分：总账期初余额录入和辅助账期初余额录入。在录入有辅助核算项目科目的期初余额时，应整理各辅助项目的发生额明细，汇总后计入该科目期初余额。

在录入期初余额时，录入界面会有三种颜色显示的会计科目。

（1）数据栏为白色，表示该科目是末级科目，可以直接录入期初余额。

（2）数据栏为灰色，表示该科目为非末级科目，不可直接录入数据，由所属下级科目所录金额自动汇总而来。

（3）数据栏为黄色，代表该科目有辅助核算项目，期初余额必须在相应辅助核算项目的期初设置中录入数据，系统将自动计算汇总其辅助核算项目金额。

（二）业务资料

【例 4-8】录入期初余额

初始设置需要录入明天公司之前的基础账务信息，期初余额如表 4-6 至表 4-11 所示。

表 4-6 期初余额

项目	科目编码	科目名称	余额方向	期初余额/元
资产	1001	库存现金	借	112 000
	100201	银行存款—工行永乐支行	借	156 800
	100202	银行存款—建行逸城支行	借	226 400
	1121	应收票据	借	6 600
	1122	应收账款	借	249 200
	122102	其他应收款	借	3 500
	140301	原材料—塑料管	借	174 000（4 350 米）
	140302	原材料—传感器	借	50 000（1 000 个）
	140303	原材料—硅胶	借	240 000（1 200 盒）
	140501	库存商品—呼吸机	借	600 000（300 台）
	140502	库存商品—血压仪	借	176 000（800 台）
	1601	固定资产	借	1 987 500
	1602	累计折旧	贷	392 654
负债	2001	短期借款	贷	15 000
	2202	应付账款	贷	296 400
	2203	预收账款	贷	100 000
	22210101	应交税费—应交增值税—进项税额	贷	-3 117.7
	22210102	应交税费—应交增值税—销项税额	贷	24 716.28
权益	4001	实收资本（或股本）	贷	3 000 000
	4002	资本公积	贷	23 470
	410401	利润分配—提取　法定盈余公积	贷	120 000
	410402	利润分配—未分配利润	贷	12 877.42

表 4-7　应收票据（1121）辅助账期初余额

日期	客户名称	摘要	方向	期初余额/元	业务员	票号
2022-10-25	北京健康医药公司	销货款	借	6 600	杨美娜	3344

表 4-8　应收账款（1122）辅助账期初余额

日期	客户名称	摘要	方向	期初余额/元	业务员	票号
2022-11-05	天津智德体检公司	代垫运费	借	1 200	杨美娜	—
2022-12-28	天津东华商贸公司	销货款	借	248 000	铁男	—

表 4-9　其他应收款（1221）辅助账期初余额

日期	部门	摘要	方向	期初金额/元	个人
2022-12-04	销售部	差旅借款	借	3 500	铁男

表 4-10　应付账款（2202）辅助账期初余额

日期	供应商名称	摘要	方向	期初余额/元	业务员	票号
2022-11-12	上海中原商行	购货	贷	122 400	王志民	—
2022-11-22	沈阳神威塑料制品公司	购货	贷	90 000	李迪	—
2022-12-05	沈阳神威塑料制品公司	购货	贷	84 000	李迪	—

表 4-11　预收账款（2203）辅助账期初余额

日期	客户名称	摘要	方向	期初余额/元	业务员	票号
2022-10-14	威海市第一医院	预收销货款	贷	100 000	铁男	Z002

（三）操作指导

【例 4-8】录入期初余额

（1）进入"企业应用平台"工作界面，在"业务工作"选项卡中，选择"财务会计"→"总账"→"设置"→"期初余额"选项，打开"期初余额录入"窗口。

（2）按照业务资料（表 4-6），直接录入末级科目（底色为白色）的期初余额。例如，在"库存现金"期初余额录入区域中录入"112 000"。

（3）录入非末级科目（底色为灰色）的期初余额。例如，在"银行存款—工行永乐支行"期初余额录入区域中录入"156 800"，在"银行存款—建行逸城支行"期初余额录入区域中录入"226 400"，上级科目"银行存款"的期初余额自动填列。

（4）录入设置辅助核算科目（底色为黄色）的期初余额。例如，双击"应收票据"期初余额录入区域，打开应收票据"辅助期初余额"录入窗口，单击工具栏上的"往来明细"按钮，打开"期初往来明细"窗口，单击"增行"按钮，参照业务资料（表 4-7）修改日期"2022-10-25"，单击"客户"栏的"…"参照按钮，选择"北京健康医药公司"；单击"业务员"栏的"…"参照按钮，选择"杨美娜"，摘要为"销货款"，期初余额为"6 600"，票号为"3344"。单击工具栏的"汇总"按钮，弹出"完成了往来明细到辅助期初表的汇总！"提示框，确定后单击"退出"按钮，返回"辅助期初余额"窗口，单击"退出"按钮，返回"期初余额录入"窗口。

（5）按照业务资料（表 4-6 至表 4-11），录入所有科目余额。之后，单击工具栏的"试算"按钮，系统开始对期初余额进行试算，期初余额录入过程及试算结果如图 4.5 所示。若期初余额试算不平衡，则修改期初余额；若期初余额试算平衡，单击"确定"按钮退出。

405 录入期初余额

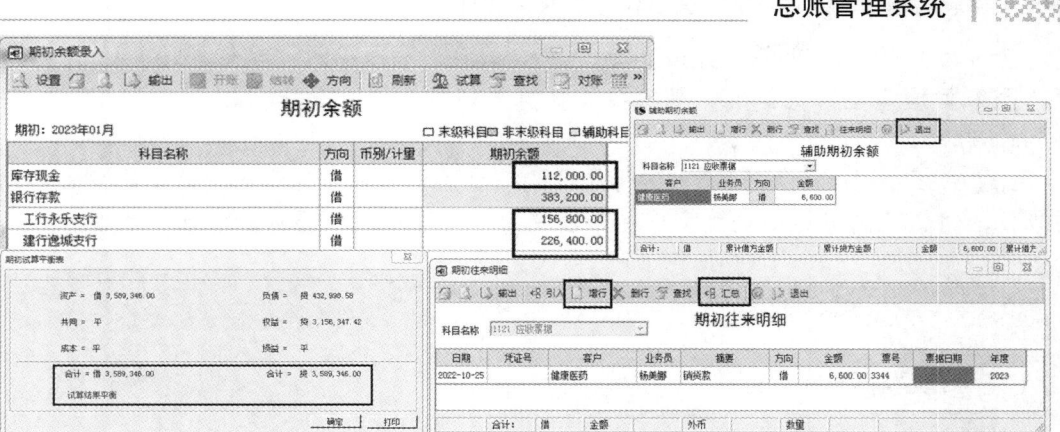

图 4.5　期初余额录入过程及试算结果

> **补充提示**
> - 在录入辅助核算期初余额之前，必须先设置各辅助核算目录。
> - 如果期初余额试算不平衡，系统则不允许记账，但可以填制凭证。
> - 凭证记账后，期初余额变为"浏览、只读"状态，这时不能再修改，只可以查询或打印。
> - 在录入辅助科目期初余额时，如果不显示对应的个人档案信息，则查找录入该人员档案信息或在"人员档案"设置中是否选中"是否业务员"复选框。

> **思考**
>
> 思考　期初余额试算平衡的依据公式是什么？
> - 资产=负债+所有者权益+收入-成本费用

【账套备份】

将账套输出至"D：\020 明天公司\总账管理系统\总账管理系统初始化"文件夹并永久保留，备份账套供模块六 薪资管理系统、模块七 固定资产管理系统、模块八 应收、应付款管理系统实验操作使用。

任务三　凭证和账簿管理

完成总账管理系统初始设置后，就可以开始进行日常业务处理了。总账管理系统日常业务处理主要包括记账凭证的填制、查询、审核、修改和记账等工作。其中，记账凭证的处理是总账管理系统日常业务处理过程中手工业务处理和计算机业务处理的连接点，也是总账管理系统的唯一数据源。因此，凭证管理是总账业务处理的关键环节。企业发生的经济业务，经过制单、审核、记账等程序后，就形成了正式的会计账簿，账簿管理包括凭证记账、基本会计核算账簿的查询和输出，以及各种辅助账的查询和输出。

1月31日，由会计"安娜"进行凭证的填制等日常业务处理工作，由出纳"马丽"对收款、付款凭证进行出纳签字，由账套主管"刘洋"对凭证进行审核并记账。

一、凭证管理

（一）理论导航

1. 填制凭证

在会计信息系统中，电子账簿准确与否完全依赖于记账凭证，因而必须保证记账凭证录入的准确性和完整性，填制凭证也是最基础和最频繁的工作。记账凭证的填制与手工会计类似，它从内容上可分为凭证头和凭证体两个部分。凭证头包括凭证类别、凭证编号、凭证日期和附单据数等内容。凭证体包括摘要、科目名称、辅助信息、方向和金额等内容。

（1）凭证类别：在总账管理系统初始化设置时定义了凭证类别和限制科目，在填制凭证时，系统会自动检查凭证类别的正确性。

（2）凭证编号：系统按月、按凭证类别分别对所填制的凭证进行顺序编号。编号由凭证类别和凭证顺序号组成，如"收0001"和"转0002"等。凭证编号一般由系统自动生成，同一类别的凭证不能重号，如果有被删除的凭证，则会出现凭证断号，可以通过凭证编号整理使其恢复编号的连续性。

（3）凭证日期：凭证日期包括年、月、日，系统是按照凭证日期的顺序登记相关账簿的。如果在总账的选项设置中选择了"制单序时控制"，则凭证日期必须随着凭证号递增，不允许出现凭证号递增而凭证日期倒流的现象。系统也不允许所填制的凭证日期超过系统中会计日历的日期。

（4）附单据数：指所填制凭证所附的原始凭证张数。系统允许该内容空白，表示没有附原始单据。

（5）摘要：用于说明本行分录所反映的业务内容。摘要是表体中每行分录必须填制的内容。摘要内容要求简洁明了，各行分录的摘要内容既可以相同，也可以不同。

（6）科目名称：填制科目名称时必须输入末级科目。既可以在科目空白栏中直接输入科目编码、科目名称，也可以利用系统的参照功能输入相应科目。

（7）辅助信息：指在录入凭证内容时，需向系统说明的凭证表头、表体以外的其他内容，包括结算票据信息、数量核算、部门核算、客商信息等。

（8）方向：指科目的发生额方向，分为借方和贷方。如果输入的金额方向不符，则按空格（Space）键调整金额方向。

（9）金额：指科目的发生额。金额不能为零，但可以是红字金额，红字金额以负数形式（按键盘上的减号键）输入，会计科目的借方金额合计应等于贷方金额合计。

2. 审核凭证

（1）出纳签字。为保证现金总账和银行总账的准确性，出纳应对涉及"库存现金"和"银行存款"的凭证进行检查核对，主要核对出纳凭证的出纳科目金额是否正确。审查认为错误或有异议的凭证，应交给填制人员修改后再核对。

（2）审核凭证。为了保证凭证填写的准确性，应由具有审核权限的操作员对制单员填制的记账凭证进行检查核对，主要审核记账凭证是否与原始凭证相符、会计分录是否正确等，审查认为错误或有异议的凭证，应交给填制人员修改后再审核。

3. 修改凭证

由于凭证是手工录入的，尽管系统提供了多种控制错误的手段，但错误操作在所难免，错误的记账凭证必然影响系统的核算结果。为更正错误，可以通过系统提供的修改功能对错误凭证进行修改。未经审核的错误凭证可通过"填制凭证"功能直接修改；已审核和出纳签字的凭证应在取消审核和出纳签字后进行修改。显然，这种情况下的修改并没有保留审计线索，称为"无痕迹修改"。

如果发现已记账的凭证有错误，不允许直接修改原凭证内容。这类凭证的修改应遵照《企业会计制度》中会计差错更正的有关规定，通过重新填制新的凭证来修正原有错误，称为"有痕迹修改"。有两种方法：一是"补充登记法"，这种方法一般适用于会计科目正确但输入金额小于实际金额的情况，在做法上只需要计算出少计的金额后另补一张凭证；二是"红字冲销法"，即先填制一张与原来错误凭证内容一样的"红字"凭证，与原来的错误凭证相抵消，然后再根据实际业务情况填制一张正确的凭证。

4. 删除凭证

在日常操作过程中，若遇到非法凭证需要作废，则可以使用"作废/恢复"功能，将这些凭证作废，再使用"整理凭证"功能彻底删除凭证。

（二）业务资料

【例4-9】填制凭证

天津明天医疗器械有限公司于2023年1月发生的经济业务如下，由会计"02安娜"填制凭证，要求制单日期与业务发生日期一致。

（1）6日，购买周转包装物，以现金支付1 200元。

  借：周转材料   1 200
    贷：库存现金   1 200

（2）8日，发生产品广告宣传费5 000元，财务部签发工行转账支票（票号：Z003）交给销售部铁男付讫。

  借：销售费用   5 000
    贷：银行存款—工行永乐支行   5 000

（3）10日，采购部王志民采购传感器1 000个，不含税单价为40元/个，增值税税率为13%，原材料直接入库，开具工行转账支票（票号：Z004）支付货款。

  借：原材料—传感器   40 000

应交税费—应交增值税—进项税额　　　　　　　　　　5 200
　　　贷：银行存款—工行永乐支行　　　　　　　　　　　　　　45 200
　（4）17日，收到了天津东华商贸公司的建行转账支票（票号：Z005），偿还前欠货款248 000元。
　　借：银行存款—工行永乐支行　　　　　　　　　　　248 000
　　　贷：应收账款（客户：东华商贸）　　　　　　　　　　　　248 000
　（5）18日，财务部向总务办刘子琪签发工行转账支票（票号：Z006）5 000元支付办公费，其中一车间负担3 000元，总务办负担2 000元。
　　借：生产成本—制造费用（项目：治疗器械）　　　　　3 000
　　　　管理费用—办公费（部门：总务办）　　　　　　　2 000
　　　贷：银行存款—工行永乐支行　　　　　　　　　　　　　　5 000
　（6）18日，销售部铁男向威海市第一医院销售呼吸机25台，每台不含税单价为2 800元，增值税适用税率为13%，货款尚未收到。
　　借：应收账款（客户：威海医院）　　　　　　　　　　79 100
　　　贷：主营业务收入　　　　　　　　　　　　　　　　　　　70 000
　　　　　应交税费—应交增值税—销项税额　　　　　　　　　　9 100
　（7）20日，销售部铁男出差归来报销差旅费3 150元，原借出差旅费3 500元，多余现金交回。
　　借：销售费用　　　　　　　　　　　　　　　　　　　3 150
　　　　库存现金　　　　　　　　　　　　　　　　　　　　350
　　　贷：其他应收款　　　　　　　　　　　　　　　　　　　　3 500
　（8）26日，财务部马丽签发现金支票（X001），从工商银行提取现金21 000元备用。
　　借：库存现金　　　　　　　　　　　　　　　　　　　21 000
　　　贷：银行存款—工行永乐支行　　　　　　　　　　　　　　21 000
　（9）26日，一车间领用传感器100个（单价为40元）、硅胶5盒（单价为200元），用于生产呼吸机。
　　借：生产成本—直接材料（项目：治疗器械）　　　　　5 000
　　　贷：原材料—传感器　　　　　　　　　　　　　　　　　　4 000
　　　　　原材料—硅胶　　　　　　　　　　　　　　　　　　　1 000

【例4-10】删除凭证
　会计"02安娜"删除0001号付款凭证。

【例4-11】出纳签字
　出纳"04马丽"对收款、付款凭证进行出纳签字。

【例4-12】审核凭证
　账套主管"01刘洋"对所有凭证进行审核。

【例4-13】修改凭证
　销售部铁男报销有误，会计"02安娜"将0002号收款凭证"销售费用"金额修改为3 300，"库存现金"金额修改为200。

（三）操作指导

【例 4-9】填制凭证

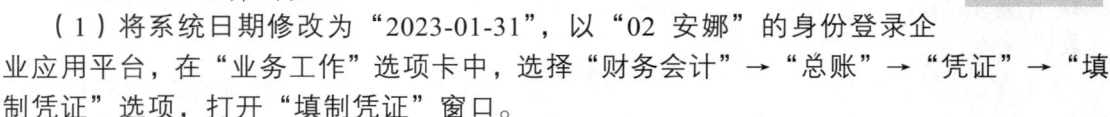

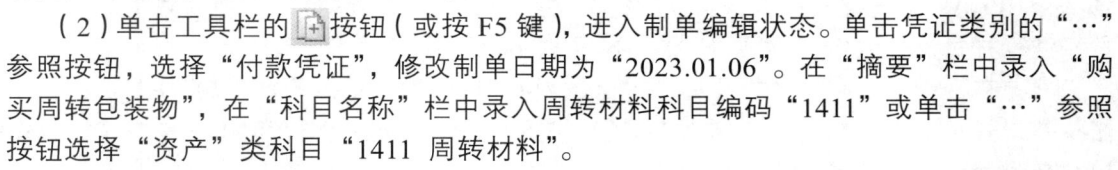

1. 无辅助核算的凭证

（1）将系统日期修改为"2023-01-31"，以"02 安娜"的身份登录企业应用平台，在"业务工作"选项卡中，选择"财务会计"→"总账"→"凭证"→"填制凭证"选项，打开"填制凭证"窗口。

（2）单击工具栏的 按钮（或按 F5 键），进入制单编辑状态。单击凭证类别的"…"参照按钮，选择"付款凭证"，修改制单日期为"2023.01.06"。在"摘要"栏中录入"购买周转包装物"，在"科目名称"栏中录入周转材料科目编码"1411"或单击"…"参照按钮选择"资产"类科目"1411 周转材料"。

（3）在"借方金额"栏中录入"1 200"，按 Enter 键（复制上一行摘要），在"科目名称"栏中录入编码"1001"或单击"…"参照按钮选择"资产"类科目"1001 库存现金"，在"贷方金额"栏中录入"1 200"或直接按=键，如图 4.6 所示。

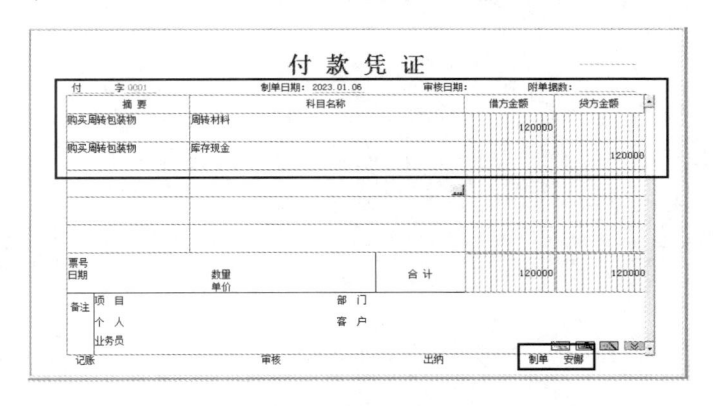

图 4.6　填制 0001 号付款凭证

（4）单击工具栏的 图标，弹出"凭证已成功保存！"提示框，单击"确定"按钮返回。

> **补充提示**
>
> - 凭证类别的选择参照初始化设置。
> - 若在参数设置中选中"制单序时控制"，新增加凭证的填制日期应大于或等于前面录入凭证的日期，即不允许凭证日期逆序。凭证日期应大于或等于启用日期，不能超过系统日期。
> - 科目编码必须为末级科目编码。
> - 金额不能为"零"，红字以"负号"表示。
> - 空格键可以改变金额方向。
> - 可按=键，取当前凭证借贷方金额的差额到当前光标位置。
> - 凭证一旦保存，其凭证类别、凭证编号不能修改。

2. 辅助核算凭证—银行科目

（1）单击工具栏的 ![+] 按钮（或按 F5 键），进入制单编辑状态。单击凭证类别的"…"参照按钮，选择"付款凭证"，修改制单日期为"2023.01.08"。

（2）在"摘要"栏中录入"发生广告宣传费"，在"科目名称"栏中录入科目编码"6601"或单击"…"参照按钮选择"损益"类科目"6601 销售费用"。

（3）在"借方金额"栏中录入"5 000"，按 Enter 键（复制上一行摘要），"科目名称"选择"100201 工行存款—工行永乐支行"。按 Enter 键，系统打开"辅助项"对话框，选择结算方式为"202 转账支票"，录入票号"Z003"，如图 4.7 所示，单击"确定"按钮。

（4）在"贷方金额"栏中录入"5 000"或直接按=键，单击工具栏的 ![] 图标，若此张支票未登记，则弹出"此支票尚未登记，是否登记？"提示框。单击"是"按钮，弹出"票号登记"对话框。

（5）录入领用日期为"2023-01-08"，领用部门为"销售部"，姓名为"铁男"，限额为"5 000"，用途为"支付宣传费"，如图 4.7 所示。单击"确定"按钮，弹出"凭证已成功保存！"提示框，单击"确定"按钮返回。

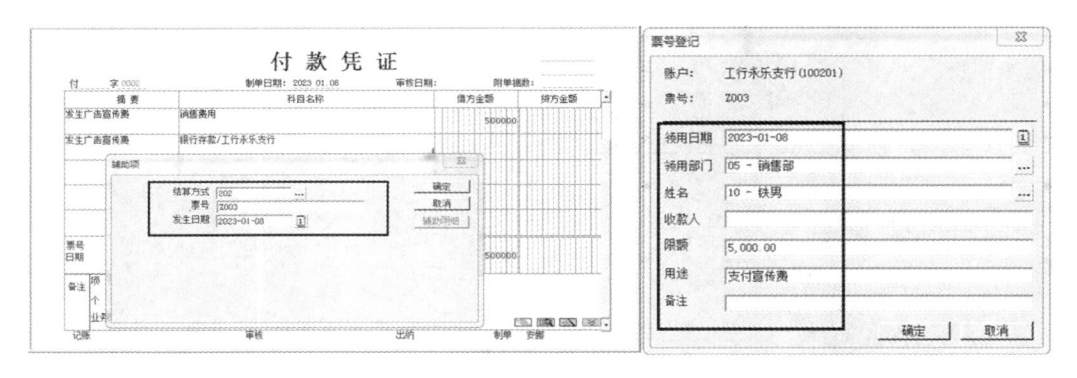

图 4.7 填制 0002 号付款凭证

> **补充提示**
>
> - 若在参数设置中选中"支票控制"选项，且该结算方式已设为"票据管理"，则第一次出现该结算方式的票号时，应在支票登记簿中进行登记。
> - 因为此业务涉及银行存款，属于现金流量科目，在设置参数时，系统允许不录入现金流量项目，故未涉及现金流量项目的填写。

3. 辅助核算凭证—数量核算

（1）单击工具栏的 ![+] 按钮（或按 F5 键），进入制单编辑状态。单击凭证类别的"…"参照按钮，选择"付款凭证"，修改制单日期为"2023.01.10"。

（2）在"摘要"栏中录入"采购传感器"，"科目名称"选择"140302 原材料—传感器"。按 Enter 键，打开"辅助项"对话框，在"数量"栏中录入"1 000"，单价为"40"，如图 4.8 所示，单击"确定"按钮。在"借方金额"栏中录入"40 000"，按 Enter 键（复制上一行摘要），"科目名称"选择"22210101 应交税费—应交增值税—进项税额"，在"借方金额"栏中录入"5 200"。

（3）按 Enter 键（复制上一行摘要），"科目名称"选择"100201 工行存款—工行永乐支行"。按 Enter 键，打开"辅助项"对话框，结算方式选择"202 转账支票"，输入票号"Z004"，单击"确定"按钮。

（4）在"贷方金额"栏中录入"45 200"或直接按=键，如图 4.8 所示，单击工具栏的 图标，若此张支票未登记，则弹出"此支票尚未登记，是否登记？"提示框。单击"是"按钮，弹出"票号登记"对话框。

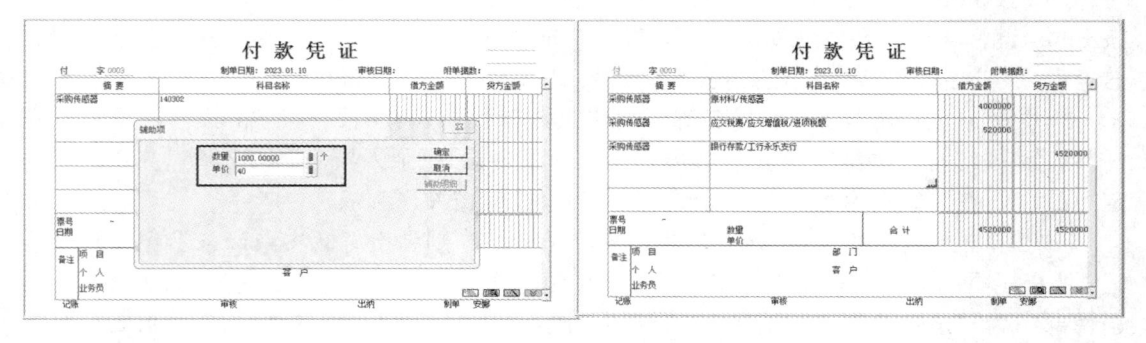

图 4.8　填制 0003 号付款凭证

（5）录入领用日期为"2023-01-10"，领用部门为"采购部"，姓名为"王志民"，限额为"45 200"，用途为"采购材料"，单击"确定"按钮。弹出"凭证已成功保存！"提示框，单击"确定"按钮返回。

补充提示

● 系统根据"数量×单价"自动计算出金额，并将金额先放在借方；如果方向不符，可按空格键调整余额方向。

4．辅助核算凭证—客户往来

（1）单击工具栏的 按钮（或按 F5 键），进入制单编辑状态。单击凭证类别的"…"参照按钮，选择"收款凭证"，修改制单日期为"2023.01.17"。在"摘要"栏中录入"收到东华商贸前欠货款"，在"科目名称"栏中录入编码"100201"。按 Enter 键，系统打开"辅助项"对话框，结算方式选择"202 转账支票"，录入票号为"Z005"，单击"确定"按钮，在"借方金额"栏中录入"248 000"。

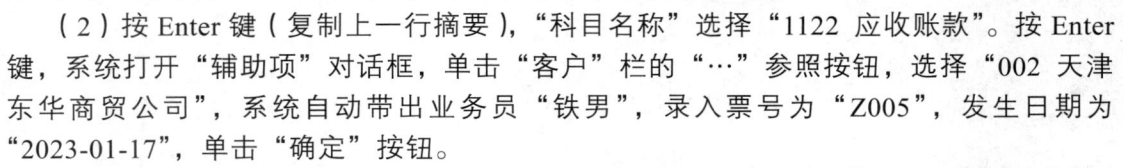

（2）按 Enter 键（复制上一行摘要），"科目名称"选择"1122 应收账款"。按 Enter 键，系统打开"辅助项"对话框，单击"客户"栏的"…"参照按钮，选择"002 天津东华商贸公司"，系统自动带出业务员"铁男"，录入票号为"Z005"，发生日期为"2023-01-17"，单击"确定"按钮。

（3）在"贷方金额"栏中录入"24 800"或直接按=键，单击工具栏的 图标，弹出"凭证已成功保存！"提示框，单击"确定"按钮返回。

5. 辅助核算凭证—项目核算

（1）单击工具栏的 按钮（或按 F5 键），进入制单编辑状态。单击凭证类别的"…"参照按钮，选择"付款凭证"，修改制单日期为"2023.01.18"。

（2）在"摘要"栏中录入"支付办公费"，"科目名称"选择"500103 生产成本—制造费用"。按 Enter 键，系统打开"辅助项"对话框，项目名称选择"001 治疗器械"，单击"确定"按钮，在"借方金额"栏中录入"3 000"。

（3）按 Enter 键（复制上一行摘要），"科目名称"选择"660203 管理费用—办公费"，按 Enter 键，系统打开"辅助项"对话框，单击"部门"栏的"…"参照按钮，选择"01 总务办"，单击"确定"按钮，在"借方金额"栏中录入"2 000"。

（4）按 Enter 键，在"科目名称"栏中录入编码"100201"，按 Enter 键，系统打开"辅助项"对话框，"结算方式"选择"202 转账支票"，录入票号为"Z006"，单击"确定"按钮。在"贷方金额"栏中录入"5 000"或直接按=键。

（5）单击工具栏的 图标，若此张支票未登记，则弹出"此支票尚未登记，是否登记？"提示框。单击"是"按钮，弹出"票号登记"对话框。录入领用日期为"2023-01-18"，领用部门为"总务办"，姓名为"刘子琪"，限额为"5 000"，用途为"支付办公费"，单击"确定"按钮。弹出"凭证已成功保存！"提示框，单击"确定"按钮返回。

（6）同样操作，按照业务资料（【例 4-9】）依次录入其他四笔业务，如图 4.9 所示。

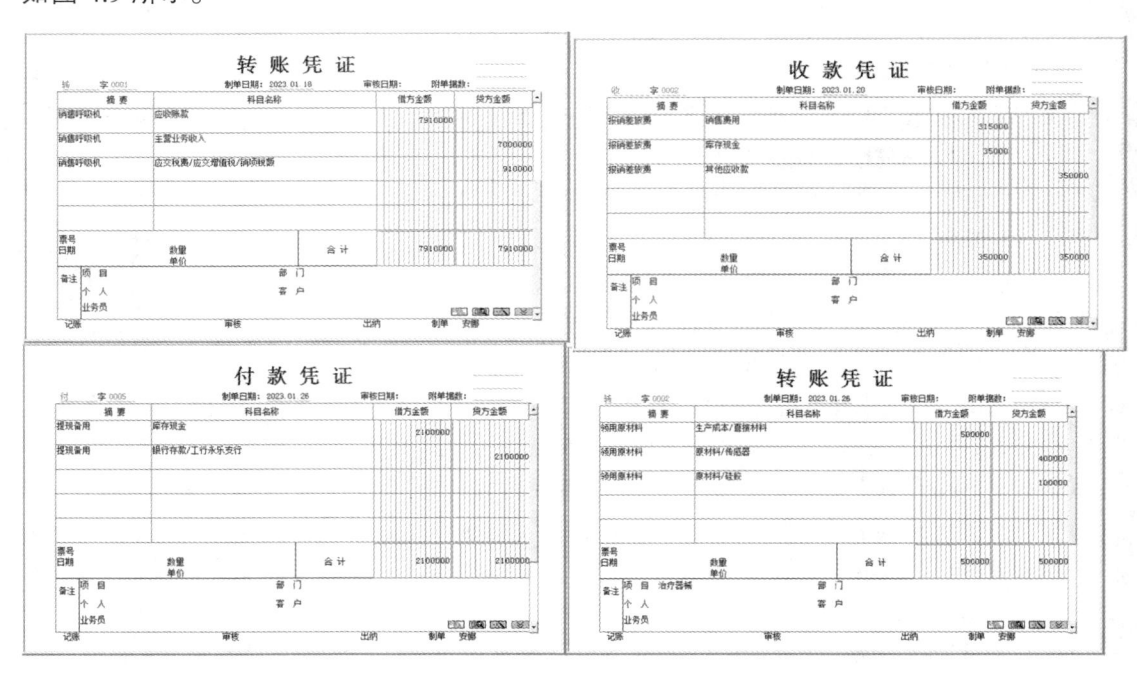

图 4.9 其他四笔业务记账凭证

【例 4-10】删除凭证

1．作废凭证

（1）在"业务工作"选项卡中，选择"财务会计"→"总账"→"凭证"→"填制凭证"选项，打开"填制凭证"对话框。

（2）单击工具栏的 按钮翻页查找，找到"0001 付款凭证"。单击"作废/恢复"按钮，凭证的左上角显示"作废"字样，表示该凭证已作废。

2．整理凭证

（1）承接上步，单击"整理凭证"按钮，打开"凭证期间选择"对话框。系统默认时间为"2023.01"，单击"确定"按钮，打开"作废凭证表"对话框。

（2）单击"全选"按钮，"删除"栏显示"Y"，单击"确定"按钮。系统弹出"是否还需整理凭证断号？"提示框，选择"按凭证号重排"，单击"是"按钮，完成凭证的删除和对凭证号的重新整理工作。

> **补充提示**
> - 不能直接删除已审核或已出纳签字的凭证，需要在取消审核和出纳签字后再删除。
> - 若要删除凭证，则必须在进行"作废"操作后，通过"整理凭证"功能将其彻底删除，并对其余未记账凭证按凭证号、凭证日期或审核日期重新排号。
> - 作废凭证仍保留凭证内容及编号，只显示"作废"字样。作废凭证不能被修改和审核，但可参与记账，查询账簿时找不到作废凭证的数据。
> - 如要撤销作废操作，则单击"制单"菜单中的"作废/恢复"按钮，取消作废标志，将当前凭证恢复为有效凭证。

【例 4-11】出纳签字

（1）以"04 马丽"的身份登录企业平台，在"业务工作"选项卡中，选择"财务会计"→"总账"→"凭证"→"出纳签字"选项，打开"出纳签字"对话框。

（2）单击"确定"按钮，可看到所有待出纳签字的凭证，如图 4.10 所示。

制单日期	凭证编号	摘要	借方金额合计	贷方金额合计	制单人	签字人	系统名	备注	审核日期	年度
2023-01-17	收 - 0001	收到东华商贸前欠货款	248,000.00	248,000.00	安娜					2023
2023-01-20	收 - 0002	报销差旅费	3,500.00	3,500.00	安娜					2023
2023-01-08	付 - 0001	发生广告宣传费	5,000.00	5,000.00	安娜					2023
2023-01-10	付 - 0002	采购传感器	45,200.00	45,200.00	安娜					2023
2023-01-18	付 - 0003	支付办公费	5,000.00	5,000.00	安娜					2023
2023-01-26	付 - 0004	提现备用	21,000.00	21,000.00	安娜					2023

图 4.10　待出纳签字的凭证

（3）单击"确定"按钮，打开"0001 收款凭证"，检查无误后单击工具栏的"签字"按钮，凭证下方"出纳"位置则签上了马丽的名字。单击工具栏上的" "按钮，打开下一张凭证，依次给所有凭证签字。

> **补充提示**
> - 只有指定为现金科目和银行科目的凭证才需要出纳签字。
> - 进行出纳签字的操作员应已在系统管理中被赋予"凭证—出纳签字"的权限。
> - 出纳签字的操作既可以在"凭证审核"后进行，也可以在"凭证审核"前进行。
> - 如果在总账管理系统的"选项"中已经设置了"出纳凭证必须经由出纳签字"，则出纳凭证必须签字，否则不是必须。
> - 在确定凭证无误后，可以使用"批处理/出纳成批签字"的功能，以便加快签字速度，但需要慎用。

【例4-12】审核凭证

（1）以"01 刘洋"的身份登录企业平台，在"业务工作"选项卡中，选择"财务会计"→"总账"→"凭证"→"审核凭证"选项，打开"凭证审核"对话框。单击"确定"按钮，打开"凭证审核列表"，可看到所有待审核的凭证。

（2）双击打开"0001 收款凭证"，检查无误后单击工具栏的"审核"按钮，凭证下方"审核"位置则签上了刘洋的名字。

（3）单击工具栏上的"▷"按钮，打开下一张凭证，依次审核所有凭证或直接选择"批处理"→"成批审核凭证"选项，进行成批审核签字。如果审核后发现凭证有错误，可在取消审核后修改。

> **补充提示**
> - 总账管理系统要求制单人和审核人不能是同一个人，如果是则应更换操作员。
> - 在审核凭证的功能中可以对有错误的凭证进行"标错"处理。
> - 作废凭证既不能被审核，也不能被标错。
> - 凭证一经审核，便不能被修改、删除，只有在取消审核签字后才可被修改或删除。

【例4-13】修改凭证

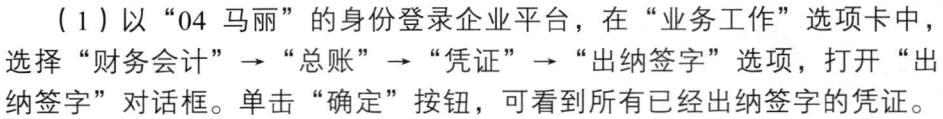

1．取消出纳签字

（1）以"04 马丽"的身份登录企业平台，在"业务工作"选项卡中，选择"财务会计"→"总账"→"凭证"→"出纳签字"选项，打开"出纳签字"对话框。单击"确定"按钮，可看到所有已经出纳签字的凭证。

（2）打开"0002 收款凭证"，单击工具栏的"取消"按钮，取消出纳签字，再单击"退出"按钮返回。

2．取消审核

（1）更换操作员，以"01 刘洋"的身份登录企业平台，在"业务工作"选项卡中，选择"财务会计"→"总账"→"凭证"→"审核凭证"选项，打开"凭证审核"对话框。

413 修改凭证

（2）单击"确定"按钮，可看到所有已审核的凭证。打开"0002 收款凭证"，单击工具栏的"取消"按钮，取消审核，再单击"退出"按钮返回。

3. 修改0002号收款凭证

（1）更换操作员，以"02 安娜"的身份登录企业平台，在"业务工作"选项卡中，选择"财务会计"→"总账"→"凭证"→"填制凭证"选项，打开"填制凭证"窗口。单击工具栏的 按钮，找到0002号收款凭证。

（2）修改销售费用借方金额为"3300"，"库存现金"借方金额为"200"，单击 图标，弹出"凭证已成功保存！"提示框。

（3）再次更换操作员，由"04 马丽"对修改后的凭证进行出纳签字，由"01 刘洋"重新审核。

> **补充提示**
> - 不能修改凭证类别和凭证号。
> - 已进行审核和出纳签字的凭证如果有问题，则需要先取消审核和出纳签字，然后由制单人在"填制凭证"中修改。
> - 若已选择"不允许修改或作废他人填制的凭证"权限控制，则不能修改或作废他人填制的凭证，凭证的修改和作废工作必须由制单人进行。
> - 凭证的辅助项内容如果有错误，可以将鼠标移到错误辅助项所在位置，当出现"笔头状光标"时双击此处，弹出"辅助项"对话框，或者按Ctrl+S组合键调出"辅助项"对话框后修改。
> - 对外部系统传来的凭证不能在总账管理系统中修改，只能在生成该凭证的系统中进行修改。

二、账簿管理

（一）理论导航

1. 凭证记账

记账是以记账凭证为依据，将经济业务全面、系统、连续地记录到具有账户基本结构的账簿中的一种方法。记账一般采用向导方式，由计算机自动进行数据处理，使记账过程更加明确。记账过程一旦被中断或需要撤销记账操作，可以通过调用"恢复记账前状态"恢复数据，然后再重新记账。

2. 账簿查询

总账管理系统提供了强大的账证查询功能，可以查询打印总账、明细账、日记账、发生额余额表、多栏账、序时账等。总账管理系统的账证查询功能，不仅可以查询已记账凭证的数据，而且在查询的账表中还可以包含未记账凭证的数据，可以轻松实现总账、明细账、日记账和凭证的联查。

（二）业务资料

【例 4-14】凭证记账

1月31日，账套主管"01 刘洋"对本月审核无误的记账凭证进行记账。

【例 4-15】冲销凭证

1月31日，发生领料退回，会计"02 安娜"制作红字冲销凭证，冲销 0002 号转账凭证。由"01 刘洋"审核红字凭证并记账。

【例 4-16】账簿查询

账套主管"01 刘洋"查看明天公司 2023 年 1 月的各类账簿。

（1）查询总账：查询"1122 应收账款"总账。

（2）查询余额表：查询"6601 销售费用"余额表。

（3）查询明细账：查询"6602 管理费用"明细账。

（4）查询客户往来辅助账：查询"客户科目明细账"。

（三）操作指导

【例 4-14】凭证记账

（1）以"01 刘洋"的身份登录企业平台，在"业务工作"选项卡中，选择"财务会计"→"总账"→"凭证"→"记账"选项，打开"记账"对话框。

（2）默认选择"2023.01 月份凭证"，单击"全选"按钮，再单击"记账"按钮，打开"期初试算平衡表"对话框，检查无误后单击"确定"按钮，系统开始登记有关的总账、明细账、辅助账等账簿。登记完成后，弹出"记账完毕！"提示框。单击"确定"按钮，记账完毕，再单击"退出"按钮返回。

> **思考**
>
> **如何取消记账？**
>
> （1）以"01 刘洋"的身份登录企业平台，在"业务工作"选项卡中，选择"财务会计"→"总账"→"期末"→"对账"选项，打开"对账"对话框。按 Ctrl+H 组合键，弹出"恢复记账前状态功能已被激活。"提示框，同时在"财务会计"→"总账"→"凭证"菜单下出现"恢复记账前状态"选项。单击"确定"按钮，再单击工具栏的"退出"按钮返回企业应用平台窗口。
>
> （2）选择"凭证"→"恢复记账前状态"选项，打开"恢复记账前状态"对话框。选择"2023 年 01 月初状态"，单击"确定"按钮，输入主管口令"1"。单击"确定"按钮，弹出"恢复记账完毕！"提示框，单击"确定"按钮返回。取消记账过程如图 4.11 所示。取消记账后一定要重新记账。

图 4.11　取消记账过程

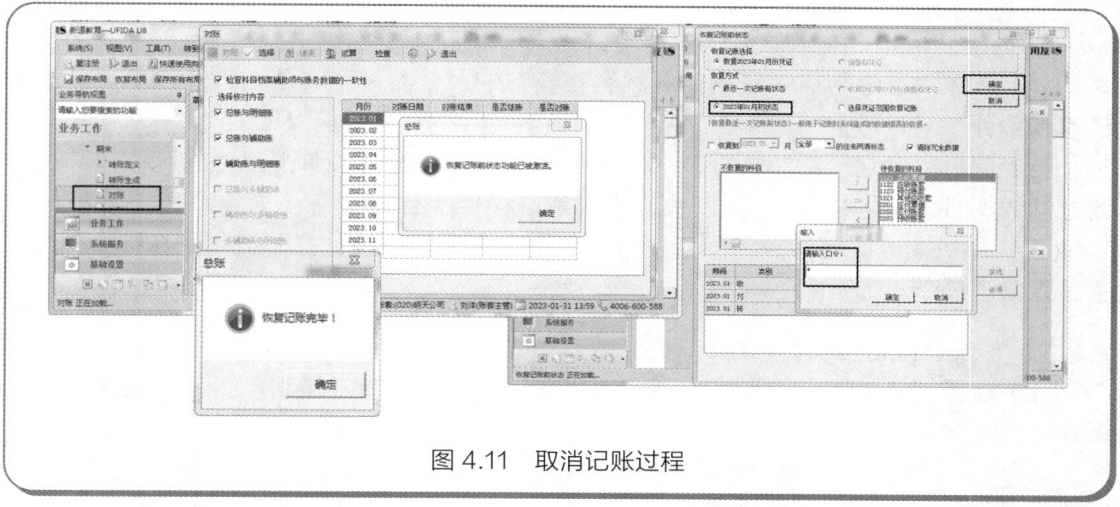

【例 4-15】冲销凭证

（1）以"02 安娜"的身份登录企业平台，在"业务工作"选项卡中，选择"财务会计"→"总账"→"凭证"→"填制凭证"选项，打开"填制凭证"窗口。

414 冲销凭证

（2）单击工具栏的"冲销凭证"按钮，打开"冲销凭证"对话框。选择月份为"2023.01"，凭证类别为"转账凭证"，输入凭证号"0002"。单击"确定"按钮，系统自动生成一张红字冲销凭证，如图 4.12 所示。

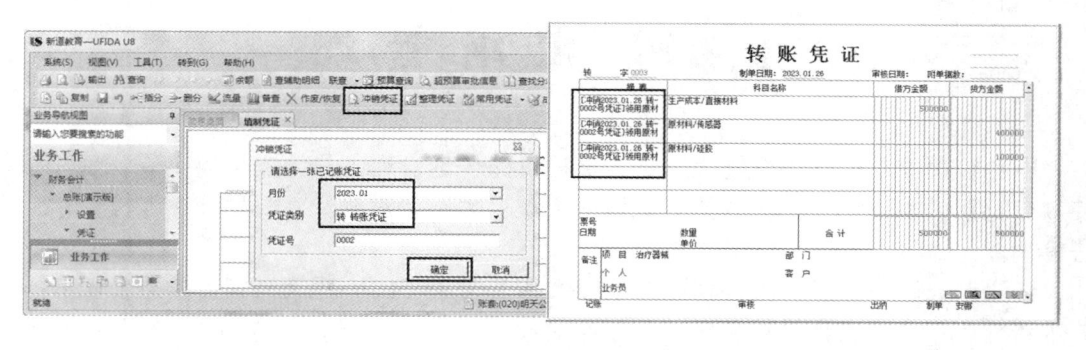

图 4.12　生成红字冲销凭证

（3）单击 图标，弹出"凭证已成功保存！"提示框。由"01 刘洋"对"0003 转账凭证"审核并记账。

【例 4-16】账簿查询

1. 查询"1122 应收账款"总账

（1）选择"财务会计"→"总账"→"账表"→"科目账"→"总账"选项，打开"总账查询条件"对话框。

（2）在"科目"栏中录入编码"1122"，或单击"…"参照按钮选择"资产"类科目为"1122 应收账款"，单击"确定"按钮，打开"应收账款总账"窗口查看。

2. 查询"6601 销售费用"余额表

（1）选择"总账"→"账表"→"科目账"→"余额表"选项，打开"发生额及余额查询条件"对话框。

（2）单击"确定"按钮，打开"发生额及余额表"窗口，单击"过滤"按钮，输入要过滤的科目编码"6601"，可以快速查找到该科目余额。

（3）选中"6601 销售费用"所在行，单击"专项"按钮，打开该科目详细余额表，查看余额表。

3. 查询"6602 管理费用"明细账

（1）选择"总账"→"账表"→"科目账"→"明细账"选项，打开"明细账查询条件"对话框。

（2）在"科目"栏中直接输入编码"6602 管理费用"，单击"确定"按钮，打开"管理费用明细账"窗口，查看明细账。

4. 查询客户科目明细账

（1）选择"总账"→"账表"→"客户往来辅助账"→"客户往来明细账"→"客户科目明细账"选项，打开"查询条件选择"对话框。

（2）单击"确定"按钮，打开"客户科目明细账"窗口，可以看到所有与客户有关的往来账。

任务四　出　纳　管　理

出纳管理是总账管理系统为出纳人员提供的一套管理工具，它可以实现现金和银行存款日记账的输出、查询，支票登记簿的管理，为银行对账及对长期未达账提供审计报告等功能。

天津明天医疗器械有限公司已成功建立账套号为"020 明天公司"的企业账套，账套主管启用了总账管理系统并进行了初始化设置。1月31日，出纳"04 马丽"在企业应用平台查询现金日记账、银行存款日记账、资金日报，登记支票登记簿，并进行银行对账。

一、日记账查询

（一）理论导航

1. 日记账

日记账是指现金和银行存款日记账。在建立会计科目时选中"日记账"前的复选框，即表明该科目要登记日记账。在手工方式下，日记账由出纳员根据审核无误的收、付款凭证逐笔进行登记。在财务软件方式下，日记账在记账时自动登记，出纳人员只需要查看即可。

（1）现金日记账。现金日记账是用来逐日反映库存现金的收入、付出及结余情况的特种日记账。欲查询现金日记账，必须选择“设置”→“会计科目”→“指定科目”选项，指定为现金科目。

（2）银行存款日记账。银行存款日记账是专门用来记录银行存款收支业务的一种特种日记账。欲查询银行存款日记账，必须选择“设置”→“会计科目”→“指定科目”选项，指定为银行科目。

（3）资金日报表。资金日报表是反映现金、银行存款当日的发生额及余额情况的报表。资金日报表以日为时间界限，将企业一天的资金使用情况进行汇总，包括收入和支出，还有昨日结余和今日的结余。

2. 支票登记簿

在手工记账时，出纳通常利用支票领用登记簿，来登记支票领用情况。为此，总账管理系统专门为出纳提供了“支票登记簿”功能，以供其详细登记支票领用人、领用日期、支票用途、是否报销等情况。

（二）业务资料

【例 4-17】查询日记账

查询 1 月现金日记账和银行存款日记账。

【例 4-18】查询资金日报表

查询 1 月 26 日资金日报表。

【例 4-19】登记支票登记簿

1 月 28 日，采购部李迪欲去上海采购，借工行转账支票一张（Z007），金额为 20 000 元。

（三）操作指导

【例 4-17】查询日记账

1. 查询 1 月现金日记账

（1）以“04 马丽”的身份登录企业平台，选择“财务会计”→“总账”→“出纳”→“现金日记账”选项，打开“现金日记账查询条件”对话框。

（2）选择查询条件（本实验要求默认），单击“确定”按钮，打开“现金日记账”窗口，如图 4.13 所示。查询完毕后，单击“退出”按钮返回。

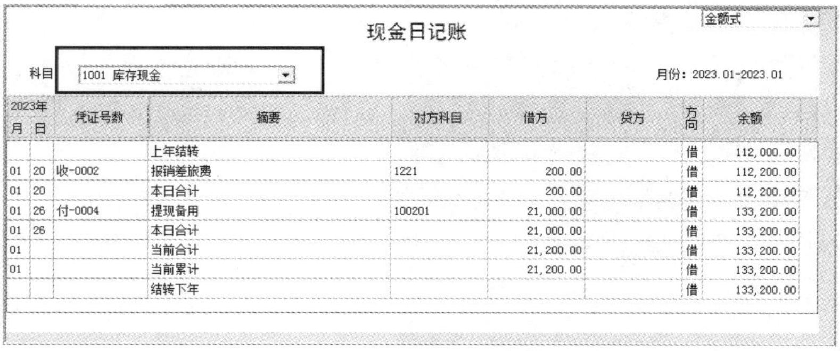

现金日记账

金额式

科目 1001 库存现金　　月份：2023.01-2023.01

2023年 月	日	凭证号数	摘要	对方科目	借方	贷方	方向	余额
			上年结转				借	112,000.00
01	20	收-0002	报销差旅费	1221	200.00		借	112,200.00
01	20		本日合计		200.00		借	112,200.00
01	26	付-0004	提现备用	100201	21,000.00		借	133,200.00
01	26		本日合计		21,000.00		借	133,200.00
01			当前合计		21,200.00		借	133,200.00
01			当前累计		21,200.00		借	133,200.00
			结转下年				借	133,200.00

图 4.13 “现金日记账”窗口

2. 查询1月银行存款日记账

（1）选择"财务会计"→"总账"→"出纳"→"银行日记账"选项，打开"银行日记账查询条件"对话框。

（2）选择查询条件（本实验要求默认），单击"确定"按钮，打开"银行日记账"窗口，如图4.14所示。查询完毕后，单击"退出"按钮返回。

图4.14 "银行日记账"窗口

【例4-18】查询资金日报表

（1）选择"财务会计"→"总账"→"出纳"→"资金日报"选项，打开"资金日报查询条件"对话框。

（2）选择日期为"2023-01-26"，选中"包含未记账凭证"复选框，打开"资金日报表"窗口，如图4.15所示。查询完毕后，单击"退出"按钮返回。

图4.15 "资金日报表"窗口

【例4-19】登记支票登记簿

（1）选择"财务会计"→"总账"→"出纳"→"支票登记簿"选项，打开"银行科目选择"对话框。选择科目为"工行永乐支行（100201）"，单击"确定"按钮，打开"支票登记簿"窗口。

（2）单击"增加"按钮，录入领用日期为"2023.01.28"，领用部门为"采购部"，领用人为"李迪"，支票号为"Z007"，预计金额为"20 000"，用途为"采购"，保存后退出。

415 登记支票登记簿

> **补充提示**
> ● 只有在结算方式设置中选择了"票据管理标志"功能，才能在此选择登记。
> ● 报销日期不能在领用日期之前。

二、银行对账

（一）理论导航

银行对账是出纳管理最基本的工作之一。企业出纳定期将单位银行日记账与银行出具的对账单进行核对，编制银行存款余额调节表，整理汇总未达账和已达账。银行对账能够准确掌握银行存款的实际金额，了解实际可以动用的货币资金数额，防止记账发生差错。银行对账一般通过以下几个步骤完成。

1. 录入银行对账期初数

在第一次利用总账管理系统进行银行对账前，应录入启用时的银行对账期初数据。银行对账期初数据包括银行对账启用日的单位日记账与银行方银行对账单的调整前余额，以及启用日期之前的单位日记账和银行对账单的未达账项。录入期初数据后，应保证单位日记账的调整后余额等于银行对账单的调整后余额，否则会影响以后的银行对账。

2. 录入银行对账单

本功能用于录入银行方提供的客户单位银行对账单，以便于与企业登记的单位日记账进行对账。要实现计算机自动对账，在每月月末对账前，必须将银行提供的银行对账单录入财务软件，存入"对账单文件"。

3. 银行对账

银行对账采用自动对账与手工对账相结合的方式。自动对账指由计算机根据对账依据将单位日记账与银行对账单进行自动核对、勾销。对于已核对一致的银行业务，系统将自动在单位日记账和银行对账单上写上两清标志，并视为已达账项，否则视其为未达账项。手工对账是对自动对账的补充。采用自动对账后，可能还会有一些特殊的已达账没有对出来，而被视为未达账项，为了保证对账更彻底、正确，可通过手工对账进行调整勾销。

4. 生成银行存款余额调节表

对账完成后，系统自动整理汇总未达账和已达账，生成银行存款余额调节表。银行存款余额调节表是月末证实单位日记账与银行实有存款账实相符的主要账表。编制和输出银行存款余额调节表是月末银行对账工作的成果体现。用户在对银行账进行两清勾对后，便可查询并输出系统自动生成的银行存款余额调节表，并检查对账是否正确。

（二）业务资料

【例 4-20】录入银行对账期初数

天津明天医疗器械有限公司银行账的启用日期为 2023 年 1 月 1 日，单位日记账（工行永乐支行）调整前余额为 156 800 元，工行提供的对账单期初余额为 159 000 元，未达账项一笔，系 2022 年 12 月 14 日银行已收企业未收款 2 200 元，转账支票支付（票号：Z008）。

【例 4-21】录入银行对账单

1 月底，工行永乐支行提供给明天公司对账单，2023 年 1 月银行对账单如表 4-12 所示。

表 4-12 2023 年 1 月银行对账单

科目：银行存款—工行永乐支行　　　　　　　　　日期：2023.01.01—2023.01.31

日期	结算方式	票号	借方/元	贷方/元	余额/元
01.08	转账支票	Z003		5 000	154 000
01.10	转账支票	Z004		45 200	108 800
01.17	转账支票	Z005	248 000		356 800
01.18	转账支票	Z006		5 000	351 800
01.26	现金支票	X001		21 000	330 800

【例 4-22】银行对账

进行单位日记账与银行对账单核对，并查询银行存款余额调节表。

（三）操作指导

416 录入银行对账期初数

【例 4-20】录入银行对账期初数

（1）选择"财务会计"→"总账"→"出纳"→"银行对账"→"银行对账期初录入"选项，打开"银行科目选择"对话框。选择银行科目为"工行永乐支行（100201）"，单击"确定"按钮，打开"银行对账期初"对话框。

（2）在单位日记账的"调整前余额"栏中录入"156 800"，在银行对账单的"调整前余额"栏录入"159 000"。单击单位日记账下方的"对账单期初未达项"按钮，打开"银行方期初"窗口。

（3）单击"增加"按钮，录入日期为"2022.12.14"，结算方式为"202"，票号为"Z008"，借方金额为"2 200"，再单击 图标，再单击"退出"按钮返回，如图 4.16 所示。

图 4.16 录入银行对账期初数

【例 4-21】录入银行对账单

（1）选择“财务会计”→“总账”→“出纳”→“银行对账”→“银行对账单”选项，打开“银行科目选择”对话框。选择银行科目为“工行永乐支行（100201）”，日期为系统默认，单击“确定”按钮，打开“银行对账单”窗口。

（2）单击工具栏的“增加”按钮，选择日期为“2023.01.08”，结算方式为“202”，票号为“Z003”，在银行对账单的“贷方金额”栏中录入“5 000”，按 Enter 键，出现余额“154 000”。同样操作，按照业务资料（表 4-12）录入其他工行对账单数据。单击图标，单击“退出”按钮返回。

【例 4-22】银行对账

417 银行对账

1. 将单位日记账与银行账核对

（1）选择“财务会计”→“总账”→“出纳”→“银行对账”→“银行对账”选项，打开“银行科目选择”对话框。选择银行科目为“工行永乐支行（100201）”，日期为系统默认，单击“确定”按钮，打开“银行对账”窗口。

（2）单击工具栏的“对账”按钮，打开“自动对账”对话框。默认系统提供的其他对账条件，单击“确定”按钮，显示自动对账结果，如图 4.17 所示，关闭后退出。

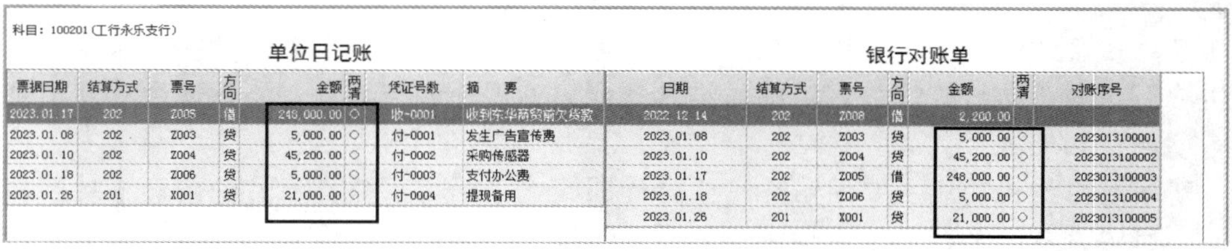

科目：100201（工行永乐支行）

单位日记账

票据日期	结算方式	票号	方向	金额	两清	凭证号数	摘　要
2023.01.17	202	Z005	借	248,000.00	○	收-0001	收到东华商贸前欠货款
2023.01.08	202	Z003	贷	5,000.00	○	付-0001	发生广告宣传费
2023.01.10	202	Z004	贷	45,200.00	○	付-0002	采购传感器
2023.01.18	202	Z006	贷	5,000.00	○	付-0003	支付办公费
2023.01.26	201	X001	贷	21,000.00	○	付-0004	提现备用

银行对账单

日期	结算方式	票号	方向	金额	两清	对账序号
2022.12.14	202	Z008	借	2,200.00		
2023.01.08	202	Z003	贷	5,000.00	○	2023013100001
2023.01.10	202	Z004	贷	45,200.00	○	2023013100002
2023.01.17	202	Z005	借	248,000.00	○	2023013100003
2023.01.18	202	Z006	贷	5,000.00	○	2023013100004
2023.01.26	201	X001	贷	21,000.00	○	2023013100005

图 4.17　自动对账结果

2. 生成银行存款余额调节表

（1）选择“财务会计”→“总账”→“出纳”→“银行对账”→“余额调节表查询”选项，打开“银行存款余额调节表”窗口。

（2）选择“工行永乐支行”一栏，单击“查看”按钮，打开“银行存款余额调节表”对话框，单击“退出”按钮返回。

任务五　期末处理

总账管理系统的期末处理是指将本月所发生的经济业务全部登账之后所做的工作，主要包括期末转账业务、对账、结账等内容。总账管理系统的期末处理要在其他业务管理系统完成期末处理之后才能进行。月底，由总账会计“02 安娜”进行月末转账凭证的定义和生成，由账套主管“01 刘洋”进行对账和结账，结束总账管理系统的工作。

一、期末结转

(一) 理论导航

1. 期末转账定义

第一次使用总账管理系统进行期末业务处理，应先执行转账定义设置自动转账凭证分录和公式，然后在各月只要调用转账生成功能，即可快速生成转账凭证。

总账管理系统的期末转账定义主要包括自定义转账、对应结转、销售成本结转、售价（计划价）销售成本结转、汇兑损益结转、期间损益结转等。

自定义转账功能可以完成费用分配、分摊、提取各项费用、部门核算、客户核算、供应商核算的结转等。

对应结转功能只能结转期末余额。

销售成本结转功能主要辅助没有启用供应链管理系统的企业完成销售成本的计算和结转。

售价（计划价）销售成本结转功能主要按售价（计划价）结转销售成本或调整销售成本。

汇兑损益结转功能主要用于期末自动计算外币账户的汇兑损益，并在转账生成中自动生成汇兑损益转账凭证。汇兑损益结转功能只处理外汇存款户、外币现金、外币结算的各项债权和债务。

期间损益结转功能主要用于在一个会计期间终了后将损益类科目的余额结转到本年利润科目中，从而及时反映企业利润的盈亏情况。

2. 期末转账生成

在定义完成转账凭证后，每月月末只需要执行"转账生成"功能即可快速生成转账凭证，在此生成的转账凭证将自动追加到未记账凭证中。由于转账是按照已记账凭证的数据进行计算的，所以在进行月末转账工作之前，必须先将所有未记账凭证记账，否则将影响生成转账凭证数据的正确性。

(二) 业务资料

【例 4-23】设置自定义转账凭证
计提短期借款利息（月利率为 0.5%）
借：财务费用　　　　　　　　　QM（2001，月）*0.005
　　贷：应付利息　　　　　　　　JG（ ）

【例 4-24】设置对应结转凭证
将"应交税费—应交增值税—销项税额"贷方发生额转入"应交税费—未交增值税"。

【例 4-25】设置销售成本结转凭证
定义结转本月呼吸机销售成本。

【例 4-26】设置期间损益结转凭证
进行期间损益结转，将所有损益类科目余额转入"本年利润（4103）"科目中。

【例 4-27】生成自定义转账凭证

生成计提短期借款利息的自定义转账凭证。

【例 4-28】生成对应结转凭证

生成增值税对应结转凭证。

【例 4-29】生成销售成本结转凭证

生成呼吸机销售成本结转凭证。

【例 4-30】生成期间损益结转凭证

生成"4103 本年利润"损益结转凭证。

（三）操作指导

【例 4-23】设置自定义转账凭证

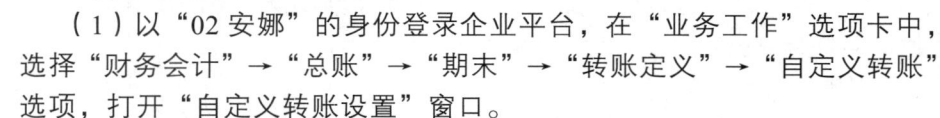

（1）以"02 安娜"的身份登录企业平台，在"业务工作"选项卡中，选择"财务会计"→"总账"→"期末"→"转账定义"→"自定义转账"选项，打开"自定义转账设置"窗口。

（2）单击"增加"按钮，打开"转账目录"对话框。输入转账序号"01"，转账说明为"计提短期借款利息"，选择凭证类别为"转账凭证"，单击"确定"按钮，回到"自定义转账设置"窗口。单击"增行"按钮，"科目编码"选择损益类"6603"，"方向"为"借"，单击金额公式栏"…"按钮，打开"公式向导"对话框。

（3）选择"期末余额"函数，单击"下一步"，打开"公式向导"对话框，将"科目"修改为"2001"。单击"完成"按钮，回到"自定义转账设置"窗口，将光标移至"金额公式"末尾，输入"*0.005"。

（4）单击"增行"按钮，"科目编码"选择负债类"2231"，"方向"为"贷"，点击金额公式栏"…"按钮，打开"公式向导"对话框。选择"取对方科目计算结果"函数，单击"下一步"按钮，打开"取对方科目计算结果"公式向导，"科目"为"空"，单击"完成"按钮，回到"自定义转账设置"窗口，部分步骤如图 4.18 所示，保存并退出。

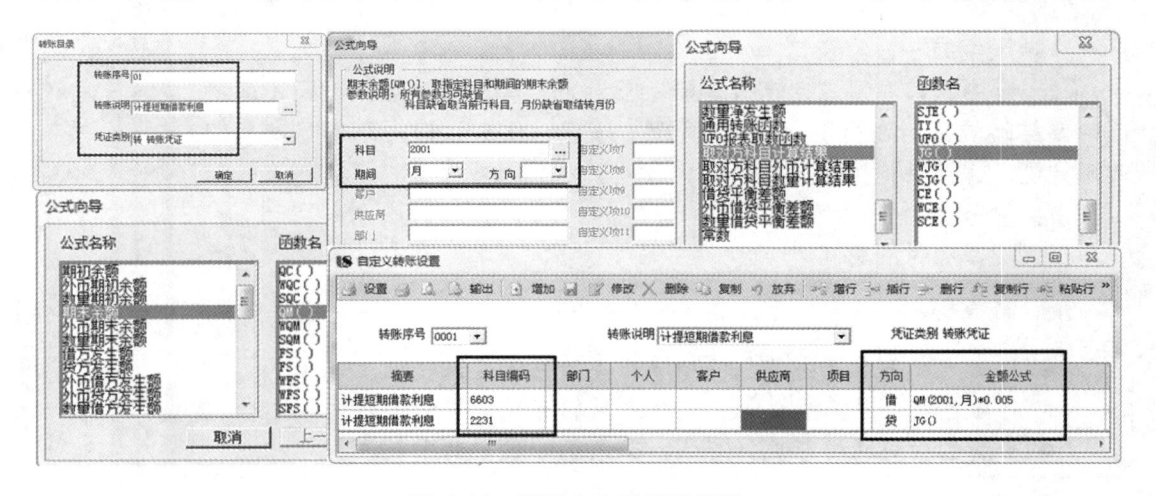

图 4.18 设置自定义转账凭证

补充提示

● 输入转账计算公式除通过公式向导引入公式外,还可以直接输入公式,但是,要注意在英文状态下输入,如 JG( )含义为"取对方科目计算结果",其中"( )"必须为英文符号,否则系统提示"金额公式不合法:未知函数名"。

【例 4-24】设置对应结转凭证

(1)选择"财务会计"→"总账"→"期末"→"转账定义"→"对应结转"选项,打开"对应结转设置"窗口。

(2)输入编号"0002",选择凭证类别为"转账凭证",在"摘要"栏中输入"结转销项税额","转出科目"选择负债类"22210102"。

(3)单击"增行"按钮,在"转入科目编码"栏中选择"222102","转入科目名称"自动生成"未交增值税",结转系数输入"1",单击 图标并退出。

419 设置对应结转凭证

【例 4-25】设置销售成本结转凭证

(1)选择"财务会计"→"总账"→"期末"→"转账定义"→"销售成本结转"选项,打开"销售成本结转设置"窗口。

(2)"凭证类别"选择"转账凭证","库存商品科目"输入科目编码"140501","商品销售收入科目"输入科目编码"6001","商品销售成本科目"输入科目编码"6401",单击"确定"按钮退出。

【例 4-26】设置期间损益结转凭证

(1)选择"财务会计"→"总账"→"期末"→"转账定义"→"期间损益"选项,打开"期间损益结转设置"窗口。

(2)"凭证类别"选择"转账凭证","本年利润科目"选择损益类"4103",单击"确定"按钮退出。

【例 4-27】生成自定义转账凭证

(1)选择"财务会计"→"总账"→"期末"→"转账生成"选项,打开"转账生成"设置窗口。

(2)选中窗口左侧"自定义转账"复选框,单击"全选"按钮(或者选中要结转凭证所在行),单击"确定"按钮,生成计提短期借款利息的转账凭证,保存并退出。

420 生成所有转账凭证

借:财务费用　　　　　　　　　　　　　　　75
　　贷:应付利息　　　　　　　　　　　　　　　　75

补充提示

● 转账生成之前,先将相关经济业务的记账凭证登记入账。
● 转账凭证每月只生成一次。生成的转账凭证仍需审核才能记账。
● 如果已生成的转账凭证有误,必须删除后重新生成。

【例 4-28】生成对应结转凭证

（1）选中"转账生成"窗口左侧的"对应结转"复选框，单击"全选"按钮（或者选中要结转凭证所在行），单击"确定"按钮，系统弹出"2023.01月之前有未记账凭证，是否继续结转？"提示框。

（2）单击"是"按钮，生成结转销项税额的转账凭证。单击 图标，回到"转账生成"窗口。

借：应交税费—应交增值税—销项税额　　　　33 816.28
　　贷：应交税费—未交增值税　　　　　　　　　33 816.28

【例4-29】生成销售成本结转凭证

（1）选择"转账生成"窗口左侧的"销售成本结转"复选框，单击"确定"按钮，系统弹出"2023.01月之前有未记账凭证，是否继续结转？"提示框。

（2）单击"是"按钮，生成"销售成本结转一览表"，单击"确定"按钮，生成销售成本结转的转账凭证。单击 图标，回到"转账生成"窗口。

借：主营业务成本　　　　　　　　　　　　　50 000
　　贷：　库存商品—呼吸机　　　　　　　　　　50 000

（3）账套主管"01 刘洋"对上述三张转账凭证审核并记账。

> **补充提示**
>
> ● 由于销售成本的计算取决于销售数量和单位生产成本两个因素，因此在生成销售成本结转凭证之前，必须将所有销售业务的凭证及产品完工入库凭证全部审核记账后，才能生成正确的销售成本结转凭证。

【例4-30】生成期间损益结转凭证

（1）重新以"02 安娜"登录企业应用平台，选择"财务会计"→"总账"→"期末"→"转账生成"选项，打开"转账生成"窗口。

（2）选中窗口左侧的"期间损益结转"复选框，单击"全选"按钮，单击"确定"按钮，生成期间损益结转凭证，保存并退出。

借：主营业务收入　　　　　　　　　　　　　70 000
　　贷：主营业务成本　　　　　　　　　　　　　50 000
　　　　销售费用　　　　　　　　　　　　　　　8 300
　　　　管理费用—办公费　　　　　　　　　　　2 000
　　　　财务费用　　　　　　　　　　　　　　　　 75
　　　　本年利润　　　　　　　　　　　　　　　9 625

（3）由账套主管"01 刘洋"对新生成的期间损益结转凭证进行审核并记账

> **思考**
>
> 期间损益凭证生成前需要将所有凭证审核记账吗？
>
> ● 是的。由于转账生成凭证的数据是提取已记账凭证的数据，所以在月末进行转账之前，应先将所有涉及损益类科目的记账凭证记账，否则生成的期间损益转账凭证数据可能有误。

二、对账、结账

（一）理论导航

1. 期末对账

对账是对账簿数据进行核对，以检查记账是否正确、账簿是否平衡。它主要是通过核对总账与明细账、总账与辅助账、辅助账与明细账数据来完成账账核对。为了保证账证相符、账账相符，应经常使用"对账"功能进行对账，一般可在月末结账前进行至少一次的对账。

2. 月末结账

每月月底都要进行结账处理，结账实际上就是计算和结转各账簿的本期发生额与期末余额，并终止本期的账务处理工作。结账只能每月进行一次，要正确地完成结账工作必须符合系统对结账工作的要求。

本月结账时，系统会进行下列检查工作。

（1）检查本月业务是否已全部记账，有未记账凭证时不能结账。

（2）检查上月是否已结账，若上月未结账，则本月不能结账。实际上，上月未结账，本月也不能记账，只能填制、复核凭证。

（3）核对总账与明细账、总账与辅助账，账账不符不能结账。

（4）对科目余额进行试算平衡，试算结果不平衡将不能结账。

（5）损益类账户未结转至本年利润不能结账。

（6）当各系统集成应用时，总账管理系统必须在其他各系统结账后才能最后结账。

（二）业务资料

【例4-31】期末对账

1月31日，由账套主管"01刘洋"在期末对总账与明细账、总账与辅助账、辅助账与明细账进行账账核对。

【例4-32】月末结账

1月31日，由账套主管"01刘洋"对总账管理系统进行月末结账。

（三）操作指导

【例4-31】期末对账

（1）选择"财务会计"→"总账"→"期末"→"对账"选项，打开"对账"对话框。

（2）单击"试算"按钮，对各科目类别余额进行试算平衡，单击"确定"按钮返回。单击"选择"按钮，在2023.01"是否对账"栏中出现"Y"标志，再单击"对账"按钮，系统开始对账，"对账结果"栏中显示"正确"，单击"退出"按钮。

【例 4-32】月末结账

（1）选择"基础设置"→"基本信息"→"系统启用"选项，打开"系统启用"对话框，注销"应收款管理系统"和"应付款管理系统"。

（2）在"业务工作"选项卡下，选择"财务会计"→"总账"→"期末"→"结账"选项，打开"结账"对话框。单击"下一步"按钮，打开"核对 2023 年 01 账簿"对话框，单击"对账"按钮，系统开始对账，并显示各账簿相平。

（3）单击"下一步"按钮，打开"2023 年 01 月工作报告"对话框，滑动右侧的滑块查看 2023 年 01 月工作报告，通过工作报告可以查询不允许结账的问题所在。

（4）单击"下一步"按钮，系统弹出"2023 年 01 月，工作检查完成，可以结账！"提示框。单击"结账"按钮，完成结账操作。

补充提示

- 结账后，如果出现由于非法操作或计算机病毒等原因造成数据被破坏的情况，可以使用"反结账"功能取消结账。选择"期末"→"结账"选项，打开"结账"对话框；选择要取消结账的月份，按 Ctrl+Shift+F6 组合键激活"取消结账"功能，输入主管口令可取消结账。

【账套备份】

将账套输出至"D:\020 明天公司\总账管理系统\总账管理系统期末处理"文件夹，备份账套供模块五的 UFO 报表系统实验操作使用。

习 题 巩 固

一、单选题

1. 在用友 ERP-U8V10.1 中，以下（　　）系统与总账管理系统之间不存在凭证传递关系。
   A. 固定资产管理　　B. UFO 报表　　C. 薪资管理　　D. 应收款管理

2. "制单序时控制"在"选项"对话框的（　　）选项卡中。
   A. 凭证　　B. 账簿　　C. 会计日历　　D. 其他

3. 王会计于 8 月 5 日在总账管理系统填制完本日的凭证后，收到一笔在 8 月 2 日发生的经济业务，王会计在总账管理系统填制 8 月 2 日凭证时，系统提示制单不序时，王会计（　　）就可在总账管理系统填制 8 月 2 日发生的凭证。
   A. 在总账管理系统控制参数设置中取消"制单序时控制"
   B. 在总账管理系统控制参数设置中取消"系统编号"
   C. 在总账管理系统控制参数设置中取消"制单权限控制到科目"
   D. 在总账管理系统控制参数设置中勾选"自动填补凭证断号"

4. 在总账管理系统中设置记账凭证类别时，往往对制单所用科目有一定限制，如转账凭证，通常可以限定为（　　）类型。
   A. 凭证必无现金科目或银行科目　　B. 贷方必有现金科目或银行科目
   C. 凭证必有现金科目或银行科目　　D. 借方必有现金科目或银行科目
5. 非末级会计科目余额的录入方法可以是（　　）。
   A. 直接录入　　　　　　　　　　　B. 只需录入其末级科目余额
   C. 将末级科目删除后录入　　　　　D. 通过查找的方式录入
6. 期初余额及累计发生额输入完成后，为了保证期初数据的正确性，必须进行（　　）的操作。
   A. 指定会计科目　　B. 对账　　C. 保存数据　　D. 试算平衡
7. 在凭证中，红色金额数据（　　）输入。
   A. 以"-"输入　　B. 以红色输入　　C. 以"+"输入　　D. 以"="输入
8. 在总账管理系统中，选择下列（　　）选项可以实现自动计提短期借款利息并生成凭证。
   A. "总账"→"凭证"　　　　　　　B. "总账"→"期末"
   C. "总账"→"设置"　　　　　　　D. "总账"→"出纳"

二、多选题

1. 总账管理系统参数设置中的权限控制包括（　　）。
   A. 凭证审核控制到操作员　　　　　B. 出纳凭证必须经由出纳签字
   C. 凭证必须经由主管会计签字　　　D. 操作员进行金额权限控制
2. 新增加一张凭证的方式，可以是（　　）。
   A. 单击"增加"按钮　　　　　　　B. 按 F5 键
   C. 保存完一张凭证后自动增加新凭证　D. 按 Enter 键
3. 如果科目设置了辅助核算属性，录入凭证还需要录入相关辅助核算信息。下列（　　）是会计科目设置备选的辅助核算信息。
   A. 部门核算　　　　　　　　　　　B. 个人往来
   C. 项目核算　　　　　　　　　　　D. 客户、供应商往来
4. 在总账管理系统中，记账凭证的来源有（　　）。
   A. 从外部导入，如通过引入已包含部分经济业务的账套继而引入记账凭证
   B. 系统根据设定的自动转账分录自动生成
   C. 从其他业务系统自动传递输入
   D. 根据审核无误的原始单据人工编制录入
5. 填制凭证页面有下列（　　）功能。
   A. 复制凭证　　B. 冲销凭证　　C. 整理凭证　　D. 作废凭证

三、判断题

1. 总账管理系统在用友 ERP-U8V10.1 中处于中枢地位。（　　）
2. 总账管理系统既可独立运行，也可与其他系统协同运转。（　　）

3. 在用友 ERP-U8V10.1 中，银行对账只能采取系统自动对账，不能手工对账。（　　）

4. 在总账管理系统参数设置中选择"制单序时控制"时，凭证编号必须按凭证号顺序排列。（　　）

5. 输入记账凭证的会计科目时，可以直接输入科目编码，但科目编码必须是末级科目编码。（　　）

6. 新增一行分录完成后，按回车键，系统将摘要自动复制到下一分录行。（　　）

7. 一般只有收款凭证和付款凭证需要经由出纳签字。（　　）

8. 填制红字冲销凭证时，可以用红字填写。（　　）

9. 在总账管理系统中，收款凭证和付款凭证需由出纳来填制。（　　）

四、简答题

1. 简述总账管理系统的操作流程。
2. 简述会计科目的五种辅助核算类型。
3. 简述凭证管理的内容。
4. 如何无痕迹地修改一张已经记账的凭证？
5. 进行银行对账的步骤是什么？
6. 结账前，系统需要做哪些检查？

模块五
UFO 报表系统

▶ **知识目标：**
- 了解 UFO 报表系统的功能
- 掌握自定义报表格式设置方法
- 掌握 UFO 报表公式定义、报表计算及数据管理方法
- 掌握调用报表模板生成报表数据的方法

▶ **应用目标：**
- 结合企业实际，熟练进行 UFO 报表格式设置
- 结合企业实际，熟练进行 UFO 数据处理
- 结合企业实际，利用报表模板生成报表数据

▶ **思政目标：**
- 坚守会计职业道德，确保财务报表信息的客观公正
- 树立法律责任意识，坚守会计职业道德，维护会计职业声誉
- 全面熟悉本单位经营活动和业务流程，积极参与决策管理

模块五 UFO报表系统

【情景导入】

2023年1月31日，天津明天医疗器械有限公司（简称明天公司）完成了总账管理系统的相关工作并已结账，根据财务制度的规定，月末需要编制该月份的货币资金表，调用模板生成资产负债表。

1. 前期准备

将计算机系统日期调整为"2023年1月31日"，引入"D:\020明天公司\总账管理系统\总账管理系统期末处理"文件夹里的备份账套。

2. 操作分工

由账套主管"01刘洋"登录企业应用平台，在UFO报表系统进行编制报表。

3. 企业情况

2023年1月31日，账套主管"01刘洋"登录企业应用平台，在UFO报表系统中创建货币资金表，利用报表模板自动生成资产负债表。

任务一 UFO报表系统概述

一、认知UFO报表系统

财务报表能够全面完整地反映企业的财务状况和经营成果。用友ERP-U8V10.1中的UFO报表系统是报表事务的处理工具。它与总账管理系统等各系统有完善的接口，能够自动调用存放于会计账簿上的信息数据集中反映在财务报表中。UFO报表系统具有方便的自定义报表功能和数据处理功能，内置多个行业的常用财务报表模板，可按预定格式输出各种财务报表。

UFO报表系统生成报表的数据，需要依靠总账管理系统、薪资管理系统、固定资产管理系统、应收款管理系统、应付款管理系统、采购管理系统、销售管理系统、库存管理系统、存货核算系统传递的数据。UFO报表系统将各系统账簿中的片面、零散数据整合，全面、完整地反映企业的财务状况和经营成果。

UFO报表系统有两种工作状态：格式状态和数据状态。通过单击页面左下角的"格式"按钮或"数据"按钮实现状态切换。

（1）格式状态。在格式状态下，主要对报表格式，如表尺寸、行高列宽、组合单元、单元属性、关键字位置定义、可变区等进行设计；定义单元公式、审核公式、舍位平衡公式。在格式状态下所做的操作对本报表所有的表页都起作用。在格式状态下不能进行数据的录入、计算等操作，页面显示的只是报表格式，不显示报表数据。

（2）数据状态。在数据状态下，主要对报表数据进行管理，如输入数据、增加或删除表页、数据审核、舍位平衡、制作图形、汇总、合并报表等。在数据状态下不能修改报表的格式，页面显示报表全部内容，包括格式和数据。

二、UFO 报表系统的主要功能

用友 ERP-U8V10.1 的 UFO 报表系统的主要功能包括文件管理、格式设置、公式设置、数据处理，以及调用模板等。

1. 文件管理功能

UFO 报表系统提供各类文件管理功能，UFO 的数据文件能够以不同文件格式存储，通过"导入"和"导出"功能，可以实现和其他财务软件之间的数据交换。

2. 格式设置功能

UFO 报表系统提供丰富的格式设计功能，可以设置报表尺寸、组合单元、画表格线、调整行高列宽、设置字体和颜色、设置显示比例等。

3. 公式设置功能

UFO 报表系统提供强大的公式设置功能，可以方便、迅速地定义计算公式、审核公式、舍位平衡公式等；通过函数向导的指引，能够轻松地提取总账管理系统及其他系统中的数据，生成财务报表。

4. 数据处理功能

UFO 报表系统的数据处理功能可以管理大量数据不同的表页，并在每张表页之间建立有机的联系；还提供了表页的排序、查询、审核、舍位平衡、汇总功能。

5. 调用模板功能

UFO 报表系统提供 21 个行业的标准财务报表模板，可轻松生成复杂报表；还提供自定义模板的新功能，可以根据本单位的实际需要定制模板。

三、UFO 报表系统的操作流程

对财务报表的操作和管理可分为两个阶段：一是报表初始化编制阶段，包括新建报表、定义报表格式、定义报表公式、调用报表模板、调整报表模板；二是报表日常业务处理阶段，主要任务是处理报表数据、审核报表、打印报表。UFO 报表系统的操作流程如图 5.1 所示。

财务报表的前期编制工作是日常报表管理工作的基础，只有在正确编制财务报表的基础上，才能在日常报表管理中实现对报表数据的正确采集和运算，生成准确的财务报表。通常，财务报表格式按用户需要编制完成后，在日常工作中不需要进行修改，用户可以将其作为报表文件保存起来。

```
                  ┌──────────┐
                  │ 新建报表 │                        报
          ┌───────┴───────┐                          表
          ▼               ▼                          初
   ┌──────────┐     ┌──────────┐                     始
   │定义报表格式│     │调用报表模板│                   化
   └────┬─────┘     └─────┬────┘                    编
        ▼                 ▼                          制
   ┌──────────┐     ┌──────────┐                     阶
   │定义报表公式│     │调整报表模板│                   段
   └──────────┘     └─────┬────┘
  ────────────────────────┼──────────────────
                          ▼                          报
                    ┌──────────┐                     表
                    │处理报表数据│                    日
                    └─────┬────┘                    常
                          ▼                          业
                    ┌──────────┐                     务
                    │ 审核报表 │                     处
                    └─────┬────┘                    理
                          ▼                          阶
                    ┌──────────┐                     段
                    │ 打印报表 │
                    └──────────┘
```

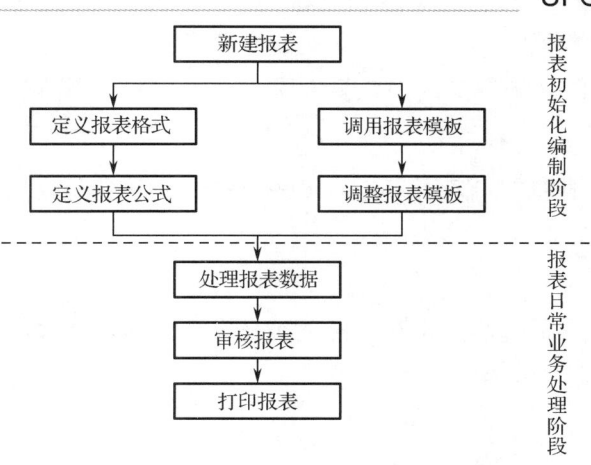

图 5.1　UFO 报表系统的操作流程

四、UFO 报表系统与其他系统的关系

UFO 报表系统主要从其他系统提取编制报表所需的数据。总账管理系统、薪资管理系统、固定资产管理系统、应收管理系统、应付管理系统、采购管理系统、销售管理系统、库存管理系统、存货核算系统均可向 UFO 报表系统传递数据，以生成财务部门所需的各种财务报表。也就是说，其他系统是 UFO 报表系统发挥强大的表格和数据处理功能的基础，而 UFO 报表系统是对其他系统数据进行综合反映的载体。

任务二　编制财务报表

编制财务报表是指在 UFO 报表系统中根据需要创建报表、设置报表格式和对财务报表进行公式编辑，以使 UFO 报表系统在以后的各个会计期间根据所编制的报表，实现根据实际的会计期间和相应的经营业务自动取数、计算与生成报表。

一、报表格式设置

（一）理论导航

用户可以根据企业自身管理需要自行定义报表格式，报表格式设置在"格式状态"下进行，格式对整个报表都有效。报表格式设置主要包括设置报表尺寸，输入表间项目，画表格线，设置行高、列宽，组合单元，设置单元格属性，设置关键字。本节通过自定义一张"货币资金表"，来介绍如何利用 UFO 报表系统设置生成报表格式及定义公式。

1. 设置报表尺寸

设置报表尺寸即定义报表的大小,具体来说就是设置报表的行数和列数。

2. 输入表间项目

报表的表间项目指报表的文字内容,主要包括表题、表头、表体和表尾(关键字除外)等。

3. 画表格线

报表尺寸设置完成后,在实际打印查看时是没有任何表格线的,所以为了满足查询和打印的需要,还需要画表格线。

4. 设置行高、列宽

在一张报表中,出于美观的考虑,对不同的行会设置不同的行高,对列宽的设置也要考虑到相应的单元格内容,尤其是数据单元格,其列宽应能放下本栏中最宽的数据。如果报表中某些单元的行或列要求比较特殊,则需要调整该行的行高或列的列宽。

5. 组合单元

组合单元即把几个单元作为一个单元使用。

6. 设置单元格属性

单元格属性是对单元格性质和表现形式的规定,包括单元格类型、字体图案、对齐、边框等内容。单元格类型分为数值单元格、字符单元格和表样单元格三种类型。对在格式状态下已输入文字内容的单元格,系统自动将其属性设置为表样单元格;对未输入文字内容的单元格,系统自动将其属性设置为数值单元格;对字符单元格则需另行设置。其中,数值单元格的属性设置还包括数值表示方式的内容。

7. 设置关键字

在 UFO 报表中,关键字是连接一张空表和有数据报表的纽带,也可以通过关键字来唯一标识一个表页,用于在大量表页中快速选择表页。关键字主要有六种:单位名称、单位编号、年、季、月、日;另外,企业还可以根据自己的需要自定义关键字。关键字的显示位置在格式状态下设置,关键字的值在数据状态下输入,每个报表可以定义多个关键字。每个单元格中可以设置多个关键字,其显示位置由单元格偏移量控制。负数表示向左移动,正数表示向右移动。

(二)业务资料

【例 5-1】自定义报表格式

自定义明天公司货币资金表,如表 5-1 所示。

表 5-1 货币资金表

编制单位:　　　　　　　　　　　年　月　日　　　　　　　　　　　单位:元

科目	行次	期初数	期末数
库存现金	1		

续表

科目	行次	期初数	期末数
银行存款	2		
其他货币资金	3		
合计			

制表人：

要求如下。

（1）设置报表尺寸：8行4列。

（2）输入表间项目：A1为"货币资金表"，D2为"单位：元"，C8为"制表人："。

表体项目：见表5-1。

（3）画表格线：A3:D7画线类型（网线）。

（4）定义行高、列宽。

行高为A1："9"；A3:D7"7"。

列宽为"30"。

（5）组合单元：A1:D1按行组合。

（6）设置单元格属性。

A1　　黑体、加粗、18号、水平与垂直方向居中、无框线。

A3:D3　宋体、加粗、12号、水平与垂直方向居中。

A4:D7　宋体、12号、水平与垂直方向居中。

D2　　水平方向居右。

C8　　水平方向居右。

（7）设置关键字：A2为单位名称；B2为年、月（偏移40）、日（偏移80）。

（三）操作指导

【例5-1】自定义报表格式

1. 设置报表尺寸

（1）以"01刘洋"的身份注册企业应用平台（操作员：01；密码：1；账套：020明天公司；操作日期：2023-01-31）。在"业务工作"选项卡中，选择"财务会计"→"UFO报表"选项。弹出"日积月累"对话框，单击"关闭"按钮。

（2）选择"文件"→"新建"选项，打开"UFO报表-[report1]"空白表，新表自动进入格式状态。选择"格式"→"表尺寸"选项，弹出"表尺寸"对话框，将"行数"修改为8、"列数"为4。单击"确认"按钮，完成报表尺寸的设置。

2. 输入表间项目

（1）选中"A1"单元格，输入"货币资金表"。选中"D2"单元格，输入"单位：元"。选中"C8"单元格，输入"制表人："。

（2）按照业务资料（表5-1），依次输入其他内容，如图5.2所示。

501 自定义报表格式

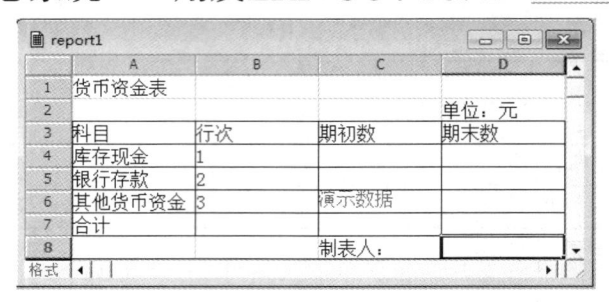

图 5.2 输入表间项目

> **补充提示**
> - 表尺寸是指表的行数和列数。在设置表的行数时，要特别注意加上表头和表尾部分所占的行数。
> - 表间项目是指报表的文字内容，主要包括表头内容、表体项目、表尾项目等，不包括关键字和报表公式。
> - 在输入表间项目时，编制单位、日期一般不需要输入，而应将其单独设置为关键字。

3. 画表格线

（1）选中 A3 单元格，拖动鼠标选到 D7 单元格，单击"格式"→"区域画线"按钮，弹出"区域画线"对话框，默认画线类型为"网线"。

（2）单击"确认"按钮，完成画线。

4. 设置行高、列宽

（1）选中 A1 单元格，单击"格式"→"行高"按钮，输入"行高"为"9"，单击"确认"按钮。选中 A3 单元格，拖动鼠标选到 D7 单元格，单击"格式"→"行高"按钮，输入"行高"为"7"，单击"确认"按钮。

（2）同样操作，选中所有单元格，设置列宽为"30"。

5. 组合单元

（1）选中 A1 单元格，拖动鼠标选到 D1 单元格，单击"格式"→"组合单元"按钮，打开"组合单元"对话框。

（2）单击"按行组合"按钮，完成组合单元设置。

> **补充提示**
> - 行高和列宽的默认单位都是毫米（mm）。
> - 增加的空白表页是没有表格线的，"区域画线"对话框中提供了网线、横线、竖线、框线、正斜线、反斜线 6 种线型。
> - 组合单元可以选择整体组合、按行组合、按列组合，将几个单元合并为一个单元。

6. 设置单元格属性

（1）选中 A1 单元格，单击"格式"→"单元属性"按钮，打开"单元格属性"对话框。打开"字体图案"选项卡，设置 A1 单元格字体为"黑体、粗体、18"。

（2）打开"对齐"选项卡，设置 A1 单元格对齐方式为"水平方向—居中"和"垂直方向—居中"。

（3）打开"边框"选项卡，系统默认"无框线"，单击"确定"按钮，A1 单元格属性设置如图 5.3 所示。同样操作，按照业务资料设置其他单元格的属性。

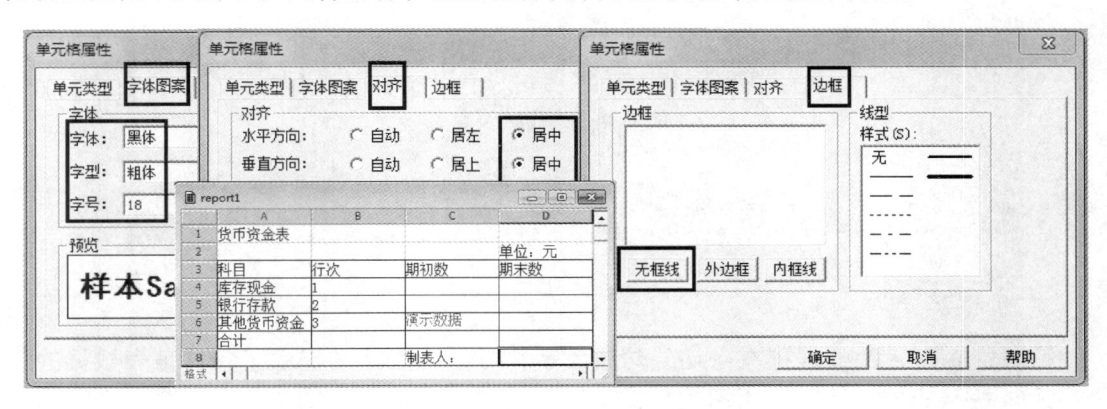

图 5.3　设置 A1 单元格属性

> **补充提示**
> - 格式状态下，对输入内容的单元格，系统默认该单元格类型均为"表样型"。未输入数据的单元格均默认为数值单元格，在数据状态下可输入数值。
> - 字符单元格和数值单元格输入后只对本表页有效，表样单元格输入后对所有的表页有效。

7. 设置关键字

（1）选中 A2 单元格，单击"数据"→"关键字"→"设置"按钮，打开"设置关键字"对话框。默认勾选"单位名称"，单击"确定"按钮，关键字以红字显示。

（2）选中 B2 单元格，单击"数据"→"关键字"→"设置"按钮，打开"设置关键字"对话框，选中"年"，单击"确定"按钮。同样操作，为 B2 单元格再增加关键字"月"和"日"。此时，B2 单元格的关键字是重叠在一起的。

（3）选中 B2 单元格，单击"数据"→"关键字"→"偏移"按钮，打开"定义关键字偏移"对话框。输入"月"的偏移量为"40"，输入"日"的偏移量为"80"，单击"确定"按钮。关键字设置如图 5.4 所示。

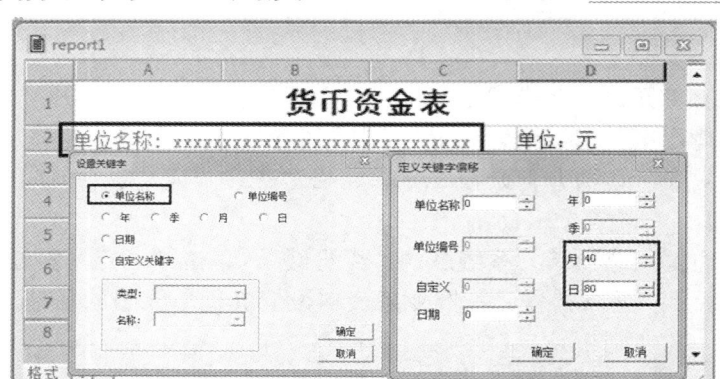

图 5.4　关键字设置

二、报表公式设置

（一）理论导航

财务报表之间的数据存在密切的勾稽关系，UFO 报表系统提供了各种报表数据的采集、运算关系的检测等需要用到的公式。该系统提供的编辑公式功能主要有三个方面：单元公式、审核公式和舍位平衡公式。

1. 定义单元公式

UFO 报表系统的计算公式一般通过函数来实现。企业常用的财务报表函数一般来自总账管理系统或报表本身，取自报表的数据又可以分为从本表取数和从其他报表的表页取数。由于报表绝大部分项目的数据都源自账簿，因此把这种数据来源的表达式称为"账务取数函数"。

在定义公式时，可以直接录入单元公式，也可以利用函数向导定义单元公式。

2. 定义审核公式

审核公式在"格式"状态下设置，用于审核验证数据的正确性。各类财务报表之间的数据通常存在一定的勾稽关系，如资产负债表中的资产合计应等于负债及所有者权益合计。为了保证报表数据的准确性，就需要用这种报表内或报表之间的勾稽关系对报表进行正确性检查，这种检查可以通过审核公式的定义实现。

3. 定义舍位平衡公式

对于数字金额较大的企业，如果报表数据以"元"为单位报送，报表使用者阅读起来就很困难。在这种情况下，就需要把以"元"为单位的报表转换为以"千元"和"万元"为单位的报表。在转换过程中，原报表的平衡关系可能被破坏，因此需要进行调整，使之仍然符合原有的平衡关系。报表经舍位之后，用于重新调整平衡关系的公式称为舍位平衡公式。

（二）业务资料

【例 5-2】设置报表公式

库存现金期初数：C4 = QC（"1001",月）
库存现金期末数：D4 = QM（"1001",月）
银行存款期初数：C5 = QC（"1002",月）
银行存款期末数：D5 = QM（"1002",月）
其他货币资金期初数：C6 = QC（"1012",月）
其他货币资金期末数：D6 = QM（"1012",月）
期初数合计：C7 = C4+C5+C6
期末数合计：D7 = D4+D5+D6

（三）操作指导

【例 5-2】设置报表公式

1. 定义单元公式

（1）在"格式"状态下，选中 C4 单元格，选择"数据"→"编辑公式"→"单元公式"选项，打开"定义公式"对话框。

（2）单击"函数向导"按钮，打开"函数向导"对话框。在"函数分类"列表框中选择"用友账务函数"，在"函数名"列表框中选择"期初（QC）"。单击"下一步"按钮，打开"用友账务函数"对话框。单击"参照"按钮，打开"账务函数"对话框。选择科目"1001"，其余各项均采用系统默认值。单击"确定"按钮，返回"用友账务函数"对话框。单击"确定"按钮，返回"定义公式"对话框，单击"确认"按钮。

（3）同样操作，按照业务资料录入 D4、C5、D5、C6、D6 单元格的公式。选中 C7 单元格，单击工具栏的编辑按钮"fx"，打开"定义公式"对话框，直接录入 C7 单元格的计算公式。单击"确认"按钮，再录入 D7 单元格的公式。

> **补充提示**
> - 在输入单元公式时，凡是涉及数学符号的均须输入英文半角字符。
> - 选中某单元格后，通过"数据"→"编辑公式"→"单元公式"选项可以调出"定义公式"对话框，也可以通过工具栏的编辑按钮"fx"实现。

2. 定义审核公式（选做）

审核公式用于审核报表内或报表之间勾稽关系是否正确。例如，资产负债表中的"资产合计=负债合计+所有者权益"，而举例的"货币资金表"中不存在这种勾稽关系。若要定义审核公式，在格式状态下，选择"数据"→"编辑公式"→"审核公式"选项。

3. 定义舍位平衡公式（选做）

舍位平衡公式主要是在将报表数据进行位数转换时，为了保持报表平衡关系而设置的公式。如生成数据并审核无误后的报表在对外报送时，需按要求将单位"元"转换成

"万元",这时就必须进行舍位和平衡调整操作,并生成舍位平衡报表。若要定义舍位平衡公式,在格式状态下,选择"数据"→"编辑公式"→"舍位公式"选项,打开"舍位平衡公式"对话框。输入舍位表名、舍位范围、舍位位数及平衡公式。

三、报表数据生成

(一)理论导航

完成报表格式设置后,就可以进入报表数据处理阶段,生成表内数据。报表数据处理主要包括输入关键字、生成报表数据、审核报表数据和舍位平衡操作等工作。数据处理工作必须在数据状态下进行。

(二)业务资料

【例 5-3】生成报表数据
单位名称:"明天公司"。
年:"2023",月:"01",日:"31"。
整表重算,生成 1 月份货币资金表数据。

【例 5-4】保存报表
将货币资金表保存至"D:\020 明天公司"文件夹,命名为"明天公司 2023 年 1 月货币资金表"。

(三)操作指导

【例 5-3】生成报表数据
(1)单击报表底部左下角的"格式/数据"切换按钮,使当前为"数据"状态。选择"数据"→"关键字"→"录入"选项,打开"录入关键字"对话框。
(2)输入"单位名称"为"明天公司",时间为系统默认。单击"确认"按钮,系统弹出"是否重算第 1 页?"提示框。单击"是"按钮,系统会自动在初始的账套和会计年度范围内根据单元公式计算生成数据,如图 5.5 所示。

图 5.5 货币资金表数据

模块五　UFO报表系统

【例 5-4】保存报表

（1）选择"文件"→"保存"选项，由于这是第一次保存新表，系统会弹出"另存为"对话框。

（2）将保存文件的名称修改为"明天公司 2023 年 1 月货币资金表"，选择保存地址"D：\020 明天公司"，单击"另存为"按钮，保存成功。

> **补充提示**
> - 报表左下角的"格式/数据"切换按钮，是报表状态的切换按钮。
> - 在系统弹出"是否重算第 1 页？"提示框时，如果单击"否"按钮，则不计算本表页的数据，以后可以通过"表页重算"或"整表重算"功能重新计算。
> - ".rep"为用友 UFO 报表系统文件专用扩展名。

任务三　调用模板生成报表

用友 UFO 报表系统为用户提供了多个行业的标准财务报表模板，利用该报表模板可以迅速建立一张符合需要的财务报表。另外，还可以对调用的报表模板进行格式和公式的修改，以满足特定企业的个性化需求。在定义完这些报表后可以将其存储为报表模板，以后使用时可以直接调用这个报表模板。

一、调用报表模板

（一）理论导航

财务报表包括外部报表和内部报表，资产负债表、利润表和现金流量表是主要的三张对外财务报表，而这些报表的格式是由国家会计制度统一规定的。为了简化用户的报表格式设置工作，一般会预先设置一系列的报表模板以供用户选择使用。报表模板是报表格式和报表公式已经设置好的报表，用户可以利用报表模板迅速建立一张符合其企业需要的财务报表。

灵活运用报表模板无疑可以提高报表处理的效率。如果报表模板与本企业的实际需要存在差异，用户也可以充分利用报表格式和公式设置的功能，对原来的报表模板进行修改，生成新的报表模板。

（二）业务资料

【例 5-5】调用报表模板生成报表

资产负债表是反映企业财务状况的报表，是企业对外报送的标准报表，可以通过调用报表模板生成资产负债表。

报表类型：资产负债表。

所在行业：2007年新会计制度科目。

（三）操作指导

【例5-5】调用报表模板生成报表

（1）在"UFO报表-[report1]"窗口中，单击"文件"→"新建"按钮，打开"UFO报表-[report2]"窗口。

（2）单击"格式"→"报表模板"按钮，打开"报表模板"对话框，选择所在的行业为"2007年新会计制度科目"，财务报表为"资产负债表"。单击"确认"按钮，弹出"模板格式将覆盖本表格式！是否继续？"提示框。单击"确定"按钮，稍等片刻，可打开"资产负债表"模板。

二、生成报表数据

（一）理论导航

调用报表模板后，格式、公式、关键字都已设置完毕，用户就可以计算指定账套、指定报表时间的报表数据，这个过程称为"整表重算"。整表重算既可以在输入报表关键字后的系统提示中进行，也可以由单元公式经过整表重算生成报表数据。

（二）业务资料

【例5-6】生成报表数据

（1）录入关键字。

单位名称："明天公司"。

年："2023"，月："01"，日："31"。

（2）整表重算。

表体数据：明天公司2023年1月财务数据。

（3）保存报表。

保存时命名为："明天公司2023年1月资产负债表"。

（三）操作指导

【例5-6】生成报表数据

（1）在"UFO报表-[report3]"窗口中，输入编制单位为"明天公司"。

（2）单击左下角的"格式"按钮，进入数据编辑状态。选择"数据"→"关键字"→"录入"选项，打开"录入关键字"对话框。输入关键字：年为"2023"，月为"1"，日为"31"。单击"确认"按钮，系统弹出"是否重算第1页？"提示框。单击"是"按钮，稍等片刻，生成报表数据，如图5.6所示。

（3）单击工具栏上的 图标，打开"另存为"对话框，将保存文件的名称修改为"明天公司2023年1月资产负债表，选择保存地址为"D:\020明天公司"文件夹。

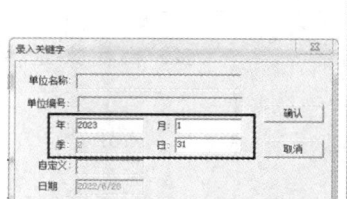

图 5.6　生成报表数据

> **补充提示**
>
> - 调用报表模板时要正确选择"所在行业",不同行业的财务报表格式内容有所不同,若选择错误则可能出现取数不正确。
> - 若调用的报表模板与企业实际需要有差别,如报表格式或公式不完全相同,则可以在"格式状态"下做修改。
> - 在 UFO 报表系统生成财务数据之前,应保证所有的凭证都已经记账,其他系统传递到总账管理系统凭证的相关科目已进行对应结转和期间损益结转。

习 题 巩 固

一、单选题

1. 在报表系统中,编辑报表公式和格式时要处于(　　)状态。
   A. 格式或数据　　　B. 格式　　　　　C. 其他　　　　　D. 数据
2. (　　)不是单元格属性的内容。
   A. 行高　　　　　　B. 边框　　　　　C. 字体颜色　　　D. 对齐方式
3. 组成报表的最小基本单位是(　　)。
   A. 表体　　　　　　B. 组合单元格　　C. 单元格　　　　D. 变动单元格
4. 对在报表的格式状态下所做的操作,以下说法中正确的是(　　)。
   A. 对当前报表的所有表页都不起作用
   B. 对当前报表的所有表页都起作用
   C. 对相关报表的所有表页都起作用
   D. 对当前报表的指定表页起作用
5. 在报表中,关键字的位置可以用(　　)来表示。
   A. 像素　　　　　　B. 偏移量　　　　C. 字符　　　　　D. 表样

6. 选中 A1:A5 区域进行单元组合操作时，应选择以下哪种单元组合方式？（　　）
   A. 按列组合　　　　B. 取消组合　　　　C. 按行组合　　　　D. 自定义组合
7. 在报表中形成的报表文件名的后缀为（　　）。
   A. .rep　　　　　　B. .ba　　　　　　C. .list　　　　　　D. .dbf

二、多选题

1. 以下哪些类型是报表的单元格类型？（　　）
   A. 逻辑型　　　　　B. 数值型　　　　　C. 表样型　　　　　D. 字符型
2. 下列哪些操作必须在数据状态下完成？（　　）
   A. 设置列宽　　　　B. 单元组合　　　　C. 审核操作　　　　D. 表页重算
3. 报表尺寸定义的目的是（　　）。
   A. 定义单元格属性　　　　　　　　　　B. 确定报表的列数
   C. 确定报表的行数　　　　　　　　　　D. 确定单元格风格
4. 在报表系统中，报表公式主要有（　　）。
   A. 报表单元公式　　B. 合并报表公式　　C. 审核公式　　　　D. 舍位平衡公式

三、判断题

1. 报表系统可直接在格式状态下获取总账数据。（　　）
2. 在报表系统中，行高、列宽的单位为厘米。（　　）
3. QC 是取科目的期末余额。（　　）
4. 报表系统编制财务报表和进行有关的财务分析，其数据主要取自报表处理系统。（　　）
5. 若关键字偏移量为负数，则表示关键字的位置向左偏移的距离。（　　）
6. 在数据状态下可以修改 UFO 报表的审核公式。（　　）

四、简答题

1. UFO 报表系统的主要功能有哪些？
2. 自定义报表的基本流程是什么？
3. 格式状态和数据状态的区别是什么？

模块六
薪资管理系统

➡ **知识目标：**
- 了解用友 ERP-U8V10.1 的薪资管理系统的功能和操作流程
- 掌握薪资管理系统基础设置、工资变动、工资计算与汇总的处理方法
- 掌握工资项目设置、计算公式设置、工资分摊及凭证处理的方法

➡ **应用目标：**
- 结合企业实际，建立薪资管理子账套并进行初始化，设置和调整企业薪资管理基础信息
- 能够根据企业人力资源情况进行工资项目设置、计算工资与分摊工资，自动进行个人所得税的计算，轻松实现银行代发功能
- 能够熟练对工资数据进行账表数据处理和分析，完成薪资管理系统期末结账

➡ **思政目标：**
- 树立依法纳税意识，自觉缴纳个人所得税，做好单位代扣税业务
- 树立责任意识，确保会计信息质量，自觉维护职工权益
- 具有较强的语言表达、会计职业沟通和协调能力

会计信息系统——用友ERP-U8V10.1

【情景导入】

天津明天医疗器械有限公司（简称明天公司）已经成功建立账套号为"020 明天公司"的企业账套，准备于2023年1月1日，启用薪资管理系统进行企业员工工资核算与分摊管理。

1. 前期准备

将计算机系统日期调整为"2023年1月1日"，引入"D:\020 明天公司\总账管理系统\总账管理系统初始化"文件夹里的备份账套。

2. 操作分工

由账套主管"刘洋"在企业应用平台进行薪资管理系统初始化设置、日常业务处理和期末处理操作。

3. 薪资业务情况

明天公司新建薪资管理子账套（也称工资账套，简称工资套），按照最新税率基准为企业员工代扣个人所得税，设置两个工资类别：正式在编人员（所有部门）和临时人员（生产车间）。

任务一　薪资管理系统概述

一、认知薪资管理系统

薪资是企业按劳动制度的规定支付给职工的劳动报酬，包括基本工资、奖金及各种津贴。薪资管理系统是企业管理的重要组成部分，在用友 ERP-U8V10.1 中，它作为人力资源管理系统的一个子系统存在，是各企事业单位最经常使用的功能之一。薪资管理系统的主要任务是通过工资费用的计算和分配，为成本核算与账务处理提供依据；并且根据工资制度和职工劳动数量与质量，计算并发放应该支付给职工的工资。薪资核算关系到企业每个职工的切身利益，对于调动职工的工作积极性、正确处理企业与职工之间的经济关系具有重要意义。

二、薪资管理系统的主要功能

薪资管理系统的主要功能包括建立薪资管理子账套、薪资核算管理、计提和分配、薪资报表管理等。

1. 建立薪资管理子账套

结合用户单位的具体需要，个性化建立适合本单位的薪资管理子账套。建立薪资管理子账套包括参数设置、扣税设置、扣零设置及人员编码设置。

2. 薪资核算管理

根据人力资源等部门提供的职工清单、职位及考勤等基本情况，计算每个职工的基本工资和其他报酬，并代扣代缴各种费用，计算个人所得税。结合工资发放形式进行扣零处理或向代发工资的银行传输工资数据。

3. 计提和分配

根据员工的工作部门和工作性质，计算分配职工的工资、福利费、劳动保险费等，管理所有人员的工资数据，并对平时发生的工资变动进行调整。生成相应的记账凭证传递到总账管理系统，工资数据可作为成本核算的基本数据。

4. 薪资报表管理

薪资管理系统数据核算工作完成后，可以生成内容丰富的报表。输出的报表主要包括反映工资数据基本情况的工资表，以及从部门、项目、月份等角度进行统计分析的工资分析表。薪资报表管理提供多层次、多角度的工资数据查询。

三、薪资管理系统的业务流程

薪资管理系统的业务流程主要包括初始化设置、日常业务处理和期末处理三个部分，如图 6.1 所示。

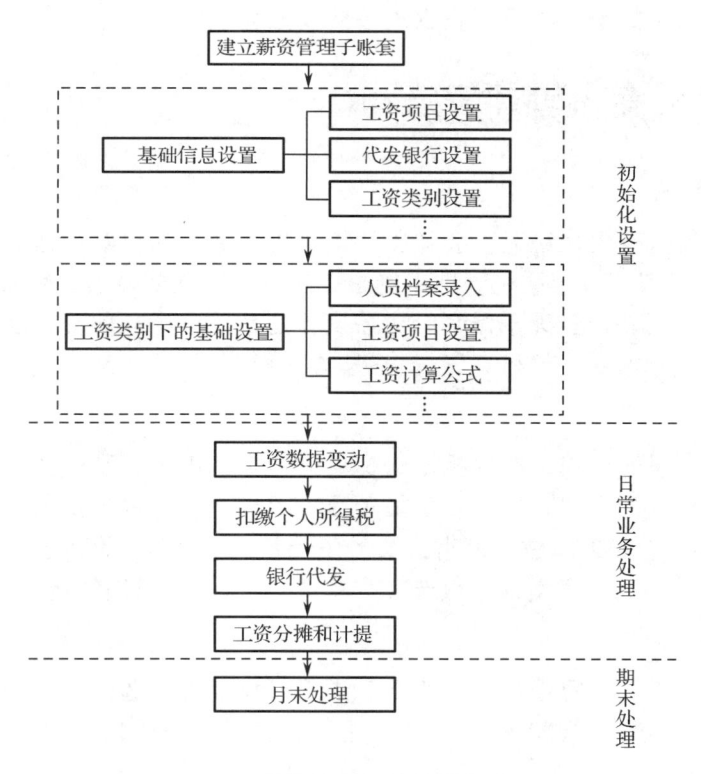

图 6.1 薪资管理系统的业务流程

四、薪资管理系统与其他系统的关系

薪资管理系统与企业应用平台上的各系统共享基础数据。薪资管理系统将通过计算和分摊生成的工资、福利费、工会经费、养老保险金等记账凭证传递到总账管理系统做进一步审核处理。同时，薪资管理系统也可以通过相关的函数和公式从总账管理系统中获取工资、福利费等科目的数据。薪资管理系统向成本管理系统传送职工薪酬方面的数据，以便核算人工成本。

任务二　薪资管理系统初始化设置

薪资管理系统初始化设置是结合用户单位的具体需要，个性化建立适合本单位的薪资管理子账套的过程。在使用薪资管理系统进行工资数据录入和日常业务处理之前，应检查系统是否已经完成了相应的基础设置。薪资管理系统初始化设置包括建立薪资管理子账套、基础信息设置、工资类别下的基础设置等内容。

2023年1月1日，由账套主管"刘洋"在企业应用平台启用"薪资管理系统"，建立该公司薪资管理子账套，进行薪资管理系统初始化设置。

一、建立薪资管理子账套

（一）理论导航

第一次进入薪资管理系统时，会弹出"建立工资套"向导对话框。薪资管理子账套（简称工资账套或工资套）与系统管理中的企业账套是不同的概念：系统管理中的账套针对整个核算系统，而薪资管理子账套针对薪资管理系统。建立薪资管理子账套的前提是在系统管理中先建立本单位的核算账套。在建立薪资管理子账套时可以按下列四步进行。

1. 参数设置

建立薪资管理子账套前，要选择本账套处理所需的工资类别个数。如果单位中有多种不同类别（部门）的人员，则工资发放项目不尽相同，计算公式也不相同，工资类别个数应选择"多个"。如果单位中所有人员的工资被统一管理，而人员的工资项目、工资计算公式全部相同，则工资类别个数选择"单个"，可提高系统的运行效率。

2. 扣税设置

扣税设置指在工资计算中选择是否自动进行扣税处理。选择代扣个人所得税后，系统将自动生成工资项目"代扣税"，并自动进行代扣税金的计算。

3. 扣零设置

扣零设置指每次发放工资时将零头扣下，积累取整，于下次工资发放时补上。系统在计算工资时将依据扣零类型（扣零至元、扣零至角或扣零至分）进行扣零计算。在银行代发工资的情况下，扣零处理没有意义。

4．人员编码

在工资核算中，每个职工都有唯一的编码，人员编码长度应结合企业部门设置和人员数量自行定义，但总长度不能超过系统提供的最高位数。

（二）业务资料

【例 6-1】建立薪资管理子账套

首次打开薪资管理系统需要建立薪资管理子账套。薪资管理子账套控制参数如表 6-1 所示。

表 6-1　薪资管理子账套控制参数

控制参数	内容	控制参数	内容
参数设置	多个工资类别	扣税设置	要求代扣个人所得税
	核算币种：人民币 RMB	扣零设置	不进行扣零处理
	不核算计件工资	人员编码	同公共平台保持一致

（三）操作指导

【例 6-1】建立薪资管理子账套

1．启用薪资管理系统

（1）将计算机系统日期调整为"2023 年 1 月 1 日"，引入"D:\020 明天公司\总账管理系统\总账管理系统初始化"文件夹里的备份账套。

（2）以"01 刘洋"的身份注册企业应用平台（操作员：01；密码：1；账套：020 明天公司；操作日期：2023-01-01）。

（3）在"基础设置"选项卡中，选择"基本信息"→"系统启用"选项，打开"系统启用"对话框。选中"WA 薪资管理"复选框，弹出"日历"对话框，选择薪资管理系统启用日期"2023-01-01"。单击"确定"按钮，薪资管理系统启用成功后，将在"业务工作"选项卡中，出现"人力资源"→"薪资管理"选项。

2．设置薪资管理子账套控制参数

（1）在企业应用平台的"业务工作"选项卡中，选择"人力资源"→"薪资管理"选项，打开"建立工资账"向导对话框。对于"参数设置"，按照业务资料工资类别个数勾选"多个"，币别名称为默认"人民币 RMB"。

（2）单击"下一步"按钮，打开"建立工资套——扣税设置"对话框，选中"是否从工资中代扣个人所得税"复选框。单击"下一步"按钮，打开"建立工资套——扣零设置"对话框，不做选择。单击"下一步"按钮，打开"建立工资套——人员编码"对话框，弹出"本系统要求您对员工进行统一编码，人员编码同公共平台中的人员编码保持一致。"提示框，单击"完成"按钮，完成建立薪资管理子账套过程。

> **补充提示**
> - 因为本实验对正式在编人员和临时人员分别进行核算，所以工资类别应选择"多个"。
> - 建账完毕后，对部分建账参数可通过选择"设置"→"选项"选项进行修改。

二、设置基础信息

设置基础信息包括设置工资项目、设置人员附加信息、设置代发银行、新建工资类别等内容。

（一）理论导航

1. 设置工资项目

设置工资项目是为工资计算、汇总和管理服务的。在设置工资项目时，要定义工资项目的名称、类型、长度、小数位和增减项等参数。在设置工资项目时，不仅要定义日常工资结算单中所列的工资项目，而且要定义工资项目计算和汇总过程中所涉及的项目，如日工资、请假天数等。有些工资项目是固定不变、不可缺少的，如"应发合计"、"扣款合计"和"实发合计"，系统对这三项做了固定设置，并配有计算公式；有些项目是常用项目，如基本工资、奖金等，系统提供了参照项目列表，供用户选择设置；如果有系统未设置的项目，用户还可以自行定义设置，如养老保险。

2. 设置人员附加信息

设置人员附加信息指在基础人员档案上增加人员信息项目，丰富人员档案的内容，便于对人员进行更加有效的管理。例如，增加人员的学历、民族、身份证号等。

3. 设置代发银行

工资薪酬一般通过银行代发直接进入职工个人账户。用友ERP-U8V10.1中预设置了16个银行名称供用户选择，如果不能满足需要，可以在此基础上删除或增加新的银行名称。发放工资的银行可按需要设置多个银行账户，这里的银行名称设置是针对所有工资类别而言的。

4. 新建工资类别

工资类别指在一套工资账中根据不同情况而设置的工资数据管理类别。薪资管理系统按工资类别进行管理。每个工资类别下有职工档案、工资变动、工资数据、报税处理、银行代发等。对工资类别的维护包括新建工资类别、打开工资类别、删除工资类别、关闭工资类别。

（二）业务资料

【例6-2】设置工资项目

薪资管理涉及的工资项目如表6-2所示。

表6-2　薪资管理涉及的工资项目

工资项目名称	类型	长度	小数	增减项	工资项目名称	类型	长度	小数	增减项
基本工资	数字	8	2	增项	病假天数	数字	4	0	其他
岗位工资	数字	8	2	增项	病假扣款	数字	8	2	减项
奖金	数字	8	2	增项	住房公积金	数字	8	2	减项
事假天数	数字	4	0	其他	工龄	数字	4	0	其他
事假扣款	数字	8	2	减项	—	—	—	—	—

【例6-3】设置人员附加信息

增加人员附加信息"学历"。

【例6-4】设置代发银行

银行编码：03001；银行名称：建行逸城支行；账号长度：11位；录入时自动带出的账号长度：8位。

【例6-5】新建工资类别

新建两个工资类别：正式在编人员（所有部门）和临时人员（一车间、二车间）。

（三）操作指导

【例6-2】设置工资项目

（1）选择"人力资源"→"薪资管理"→"设置"→"工资项目设置"选项，打开"工资项目设置"对话框。单击"增加"按钮，单击"名称参照"列表的下拉三角按钮，从中选择"基本工资"，列表中没有的可直接在"工资项目名称"栏中输入，其他为系统默认。

（2）依此方法继续增加其他的工资项目，注意按照资料（表6-2）修改"长度"、"小数"及"增减项"等内容，如图6.2所示。

（3）单击"确定"按钮，出现"工资项目已经改变，请确认各工资类别的公式是否正确，否则计算结果可能不正确"提示框，单击"确定"按钮后退出。

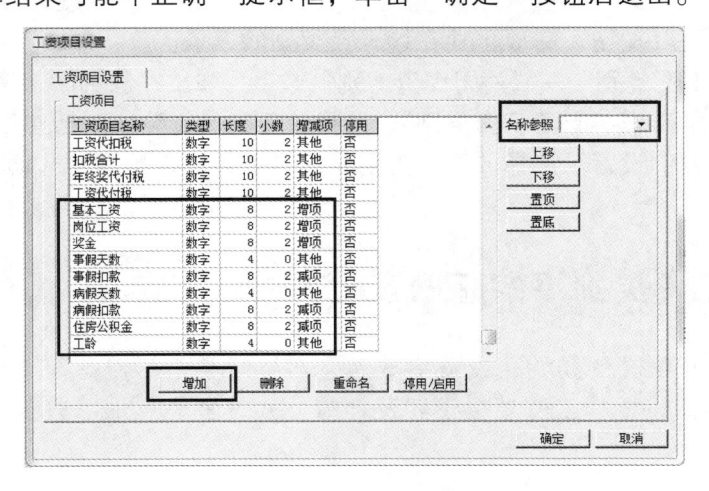

图6.2　设置工资项目

> **补充提示**
> - 用友 ERP-U8V10.1 薪资管理系统自带一些固定工资项目,是核算工资账必不可少的项目,如应发合计、代扣税、扣款合计和实发合计等。这些项目不能被修改和删除,其他项目可根据实际情况定义或增加。
> - 对于"名称参照"列表中没有的项目可以直接输入,如本实验中的"住房公积金"项目。
> - "增项"计入应发合计,"减项"计入扣款合计,"其他"项不直接参与工资计算。

【例 6-3】设置人员附加信息

(1)选择"人力资源"→"薪资管理"→"设置"→"人员附加信息设置"选项,打开"人员附加信息设置"对话框。

(2)单击"增加"按钮,单击"栏目参照"列表的下拉三角按钮,从列表中选择"学历",单击"增加"按钮,单击"确定"按钮返回。

【例 6-4】设置代发银行

(1)回到企业应用平台,在"基础设置"选项卡中,选择"基础档案"→"收付结算"→"银行档案"选项,打开"银行档案"窗口。

(2)单击工具栏的"增加"按钮,打开"增加银行档案"对话框。输入银行编码为"03001",银行名称为"建行逸城支行",设置个人账户账号长度为"11",自动带出账号长度为"8"。保存并退出。

【例 6-5】新建工资类别

(1)选择"人力资源"→"薪资管理"→"工资类别"→"新建工资类别"选项,打开"新建工资类别"对话框。

603 新建工资类别

(2)输入"正式在编人员",单击"下一步"按钮,打开"新建工资类别——请选择部门"对话框。单击"选定全部部门"按钮或分别单击选中各个部门。单击"完成"按钮,弹出"是否以 2023-01-01 为当前工资类别的启用日期?"提示框。单击"是"按钮,完成正式在编人员类别的设置。

(3)选择"工资类别"→"关闭工资类别"选项,弹出"已关闭工资类别"提示框,在"工资类别"下出现"新建工资类别"。选择"工资类别"→"新建工资类别"选项,完成临时人员类别的设置。选择"工资类别"→"关闭工资类别"选项,退出"临时人员"工资类别。

三、工资类别下的基础设置

在薪资管理子账套的初始化设置完成后,需要对某个工资类别进行具体的基础设置,包括人员档案设置、工资项目设置及计算公式设置等。本书以正式在编人员工资类别为例。

（一）理论导航

1. 设置正式在编人员档案

人员档案设置用于登记工资发放人员的姓名、所在部门、人员类别、银行账号、附加信息等。人员档案的操作是针对某个工资类别的，即应先打开相应的工资类别（如本例：正式在编人员）。

2. 设置工资类别下的工资项目

不同的工资类别，其工资发放项目不同，计算公式也不同，因此应对某个指定工资类别所需的工资项目进行设置，并定义此工资类别的工资计算公式。

3. 设置工资计算公式

设置工资计算公式可以直观表达工资项目的实际运算过程，灵活地进行工资计算处理。设置公式时需要注意如下问题。

（1）设置工资计算公式要符合逻辑。系统将对公式进行合法性检查，对不符合逻辑的公式，系统将给出错误提示。

（2）设置公式时要注意先后顺序，对先得到的数据应先设置公式。可通过单击公式框中的上下箭头调整公式顺序。

（3）设置公式时既可以直接输入，也可以使用函数公式向导输入。

（二）业务资料

【例 6-6】录入正式在编人员档案

明天公司共有正式在编人员 14 人，其档案如表 6-3 所示。

表 6-3 正式在编人员档案

部门名称	人员编码	人员姓名	人员类别	学历	银行账号
总务办	001	陈风瑞	企业管理人员	研究生	11111111001
总务办	002	刘子琪	行政人员	本科	11111111002
财务部	003	刘洋	企业管理人员	研究生	11111111003
财务部	004	安娜	行政人员	本科	11111111004
财务部	005	李涛	行政人员	本科	11111111005
财务部	006	马丽	行政人员	专科	11111111006
采购部	007	李迪	采购人员	本科	11111111007
采购部	008	王志民	采购人员	专科	11111111008
仓管部	009	吴秀梅	企业管理人员	高中	11111111009
销售部	010	铁男	销售人员	专科	11111111010
销售部	011	杨美娜	销售人员	专科	11111111011
一车间	012	李姗姗	车间管理人员	本科	11111111012
一车间	013	刘海波	生产人员	高中	11111111013
二车间	014	王贵	生产人员	高中	11111111014

注：全部为中方人员，计税，工资不停发。

【例 6-7】设置正式在编人员工资项目

正式在编人员工资项目如表 6-4 所示，设置时应注意项目顺序。

表 6-4　正式在编人员工资项目

工资项目	长度	小数	增减项	备注	工资项目	长度	小数	增减项	备注
基本工资	8	2	增项	—	扣款合计	8	2	减项	无须增加
岗位工资	8	2	增项	—	实发合计	8	2	增项	无须增加
奖金	8	2	增项	—	代扣税	8	2	减项	无须增加
应发合计	8	2	增项	无须增加	事假天数	4	0	其他	—
事假扣款	8	2	减项	—	病假天数	4	0	其他	—
病假扣款	8	2	减项	—	工龄	4	0	其他	—
住房公积金	8	2	减项	—	—	—	—	—	—

【例 6-8】设置正式在编人员薪资核算公式

正式在编人员薪资核算公式如表 6-5 所示。

表 6-5　正式在编人员薪资核算公式

工资项目	公式定义
奖金	iff(人员类别="企业管理人员",1000,iff(人员类别="销售人员",1500,800))
住房公积金	(基本工资+岗位工资+奖金)*0.12
事假扣款	基本工资/22*事假天数
病假扣款	iff(工龄>=10,基本工资/22*病假天数*0.2,基本工资/22*病假天数*0.5)

【例 6-9】调整个人所得税扣税基数

2019 年 1 月 1 日实施个人所得税七级超额累进税率，扣税基数调整为 5 000 元，附加费用为 0。个人所得税税率表如表 6-6 所示。

表 6-6　个人所得税税率表

级数	应纳税所得额（按月）	税率/%	速算扣除数
1	不超过 3 000 元	3	0
2	超过 3 000 元至 12 000 元的部分	10	210
3	超过 12 000 元至 25 000 元的部分	20	1 410
4	超过 25 000 元至 35 000 元的部分	25	2 660
5	超过 35 000 元至 55 000 元的部分	30	4 410
6	超过 55 000 元至 80 000 元的部分	35	7 160
7	超过 80 000 元的部分	45	15 160

（三）操作指导

【例 6-6】录入正式在编人员档案

（1）选择"工资类别"→"打开工资类别"选项，打开"打开工资类别"对话框，选择"正式在编人员"类别，单击"确定"按钮，打开"正式在编人员"工资类别。

模块六 薪资管理系统

（2）选择"设置"→"人员档案"选项，打开"人员档案"窗口。单击工具栏的"批增"按钮，打开"人员批量增加"对话框。选中所有部门，单击"查询"按钮，调出企业所有人员档案，根据业务资料，全部为正式在编人员，故单击"确定"按钮，将企业基础信息档案设置中所有人员增加到薪资管理系统中。

（3）选中"01 陈风瑞"所在行，单击工具栏的"修改"按钮，打开"人员档案明细"对话框的"基本信息"选项卡。选择"银行名称"为"建行逸城支行"，输入银行账号"11111111001"，单击"附加信息"选项卡，输入"陈风瑞"的学历附加信息"研究生"。单击"确定"按钮，弹出"写入该人员档案信息吗？"提示框，单击"确定"按钮。

（4）同样操作，按照业务资料（表 6-3）继续补充其他人员档案中的银行名称、银行账号及附加信息。

【例 6-7】设置正式在编人员工资项目

（1）选择"设置"→"工资项目设置"选项，打开"工资项目设置"对话框。单击"增加"按钮，单击"名称参照"列表的下拉三角按钮，从列表中选择"基本工资"，依此方法继续增加其他的工资项目。

605 设置在编工资项目

（2）选中"基本工资"，单击"上移"按钮，将"基本工资"移动到"工资项目"栏的第一行，按照表 6-4 的顺序，再继续移动其他工资项目到相应位置，如图 6.3 所示，单击"确定"按钮保存。

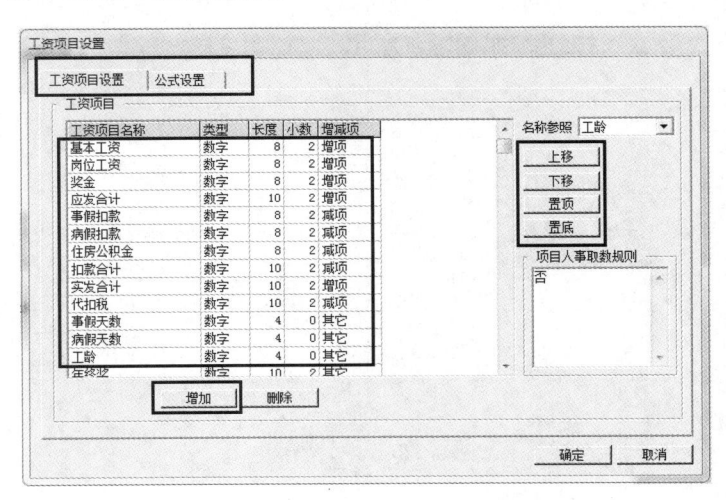

图 6.3　设置正式在编人员工资项目

补充提示

- 工资项目的顺序决定工资变动及工资发放表中项目的排列。
- 在关闭工资类别状态下，选择"工资项目设置"选项，可以进行所有工资类别全部工资项目的设置和修改；在打开某个工资类别的状态下，选择"工资项目设置"选项，只能从已经设置的全部工资项目中选择当前工资类别所需的工资项目。
- 不能删除已输入数据的工资项目和已设置计算公式的工资项目。

【例6-8】设置正式在编人员薪资核算公式

1. 设置"奖金"公式

（1）"正式在编人员"工资类别下，选择"设置"→"工资项目设置"选项，打开"工资项目设置"对话框，单击打开"公式设置"选项卡。

（2）单击"工资项目"区域中的"增加"按钮，单击下拉三角按钮，选择"奖金"。单击"函数公式向导输入"按钮，打开"函数向导——步骤之1"对话框。单击选中"函数名"中的"iff"，单击"下一步"按钮，打开"函数向导——步骤之2"对话框。单击"逻辑表达式"栏的"参照"按钮，打开"参照"对话框。单击"参照列表"中第一行的下拉三角按钮，选择"人员类别"，再单击选中"企业管理人员"。单击"确定"按钮，返回"函数向导——步骤之2"对话框。在"算术表达式1"中输入"1 000"，"算术表达式2"为空，单击"完成"按钮，返回"公式设置"选项卡。

（3）在"奖金公式定义"区域中，将鼠标定位到"1 000,"之后、")"之前，再单击"函数公式向导输入"按钮，打开"函数向导——步骤之1"对话框。选中"函数名"中的"iff"，单击"下一步"按钮，打开"函数向导——步骤之2"对话框。同上操作，单击"参照列表"中第一行的下拉三角按钮，选择"人员类别"，再单击选中"销售人员"。单击"确定"按钮，返回"函数向导——步骤之2"对话框，在"算术表达式1"中输入"1 500"，在"算术表达式2"中输入"800"。单击"完成"按钮，返回"公式设置"选项卡，单击"公式确认"按钮，如图6.4所示。

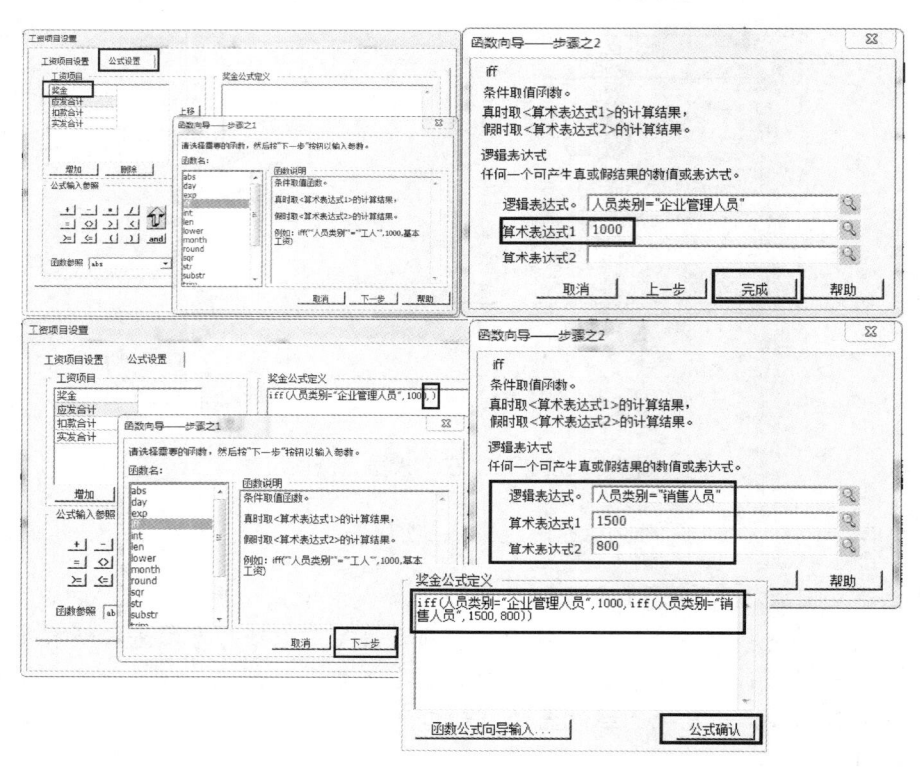

图6.4 设置"奖金"公式

2. 设置其他项目公式

（1）单击"工资项目"区域中的"增加"按钮，单击下拉三角按钮，选择"住房公积金"工资项目。单击"下移"按钮，将"住房公积金"移到"奖金"的下面。

（2）单击"住房公积金公式定义"区域，按照业务资料（表6-4）设置住房公积金公式，在下方公式运算符区域中选择运算符号，在"工资项目"列表中选中"基本工资"、"岗位工资"和"奖金"，在公式的最后输入"0.12"，单击"公式确认"按钮，如图6.5所示。

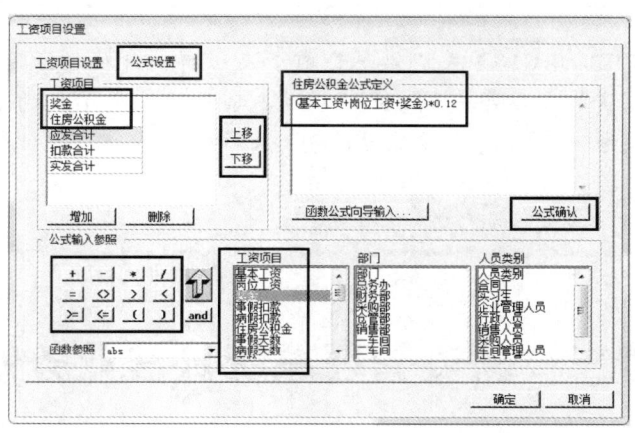

图6.5 设置"住房公积金"公式

（3）同样操作，设置"事假扣款"和"病假扣款"公式，单击"公式确认"按钮，如图6.6所示。单击"确定"按钮保存并返回。

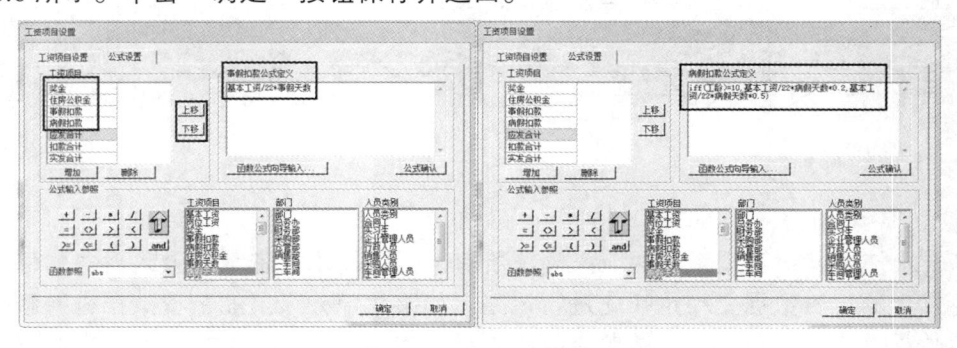

图6.6 设置"事假扣款"和"病假扣款"公式

> **补充提示**
> - 设置公式要注意先后顺序。例如，在本实验中，"住房公积金"的计算以"奖金"作为依据，故"奖金"的公式应在"住房公积金"的公式之上。
> - 设置公式可以利用系统提供的函数、工资项目、部门、人员类别参照进行，若设置的公式不符合逻辑，系统会提示"非法公式定义！"。
> - 工资数据可以通过已设置的公式直接算出。

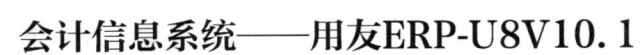

【例6-9】调整个人所得税扣税基数

（1）打开"正式在编人员"工资类别，选择"设置"→"选项"选项，打开"选项"对话框。打开"扣税设置"选项卡，单击"编辑"按钮进入修改状态。

（2）单击"税率设置"按钮，打开"个人所得税申报表——税率表"对话框。将"基数"修改为"5 000"，附加费用修改为"0"，按照业务资料（表6-6）修改税率级次，单击"确定"按钮返回。

> **补充提示**
>
> ● 因为用友ERP-U8V10.1未提供与目前个人所得税计税相适用的完整解决方案，因此核算工资时需要事先调整税率表。本实验只选用了新的个人所得税扣税基数与税率表做一个月的模拟练习，与个人所得税综合征收计税政策要求不完全一致。
>
> ● 系统默认以"实发合计"作为扣税基数。

任务三　薪资管理系统日常业务处理

在完成薪资管理系统初始化设置后，就可以开始进行日常业务处理了。薪资管理系统日常业务处理主要涉及工资数据管理、工资分摊等内容。2023年1月31日，由"01 刘洋"在企业应用平台进行薪资管理系统日常业务操作。

一、工资数据管理

（一）理论导航

1. 工资变动

第一次使用薪资管理系统时，必须将所有人员的基本工资数据录入财务软件，对平时每月发生的工资数据变动也在此进行调整。如果对部分人员的工资数据进行修改，最好采用数据过滤的方法，先将需要修改的人员过滤出来，然后进行工资数据修改，修改完毕后进行"重新计算"和"汇总"。

2. 扣缴个人所得税

鉴于许多企事业单位计算职工工资薪金所得税的工作量较大，本系统特提供个人所得税自动计算功能，用户只需要自定义所得税税率，系统便可自动计算个人所得税。

3. 查看银行代发

银行代发业务处理指单位在每月末将员工工资发放信息提供给开户银行，由银行统一将工资发放到员工个人银行卡中。这样做既减轻了财务部门发放工资的繁重工作，又有效地避免了财务去银行提取大笔款项所承担的风险，同时还提高了对员工个人工资的保密程度。

（二）业务资料

【例 6-10】工资变动

明天公司的 2023 年 1 月工资数据如表 6-7 所示。

表 6-7　明天公司的 2023 年 1 月工资数据

人员姓名	行政部门	基本工资/元	岗位工资/元	事假天数/天	病假天数/天	工龄/年
陈风瑞	总务办	8 000	1 000	0	0	4
刘子琪	总务办	4 600	800	0	0	4
刘洋	财务部	5 800	800	0	0	4
安娜	财务部	4 200	600	2	0	4
李涛	财务部	4 400	600	0	0	2
马丽	财务部	3 200	600	0	4	2
李迪	采购部	5 000	800	0	0	4
王志民	采购部	4 600	800	0	0	3
吴秀梅	仓管部	4 000	600	0	0	2
铁男	销售部	6 000	800	2	0	2
杨美娜	销售部	5 400	600	0	0	2
李姗姗	一车间	4 000	600	0	0	4
刘海波	一车间	3 200	600	0	0	4
王贵	二车间	3 400	600	0	0	3

【例 6-11】数据替换

因 2022 年销售部超额完成销售任务，2023 年 1 月销售部员工的岗位工资每人增加 300 元。

【例 6-12】扣缴个人所得税

扣缴 2023 年 1 月的个人所得税。

【例 6-13】查看银行代发

查看建行逸城支行明天公司账户下工资薪金银行代发表。

（三）操作指导

【例 6-10】工资变动

（1）修改系统日期为"2023-01-31"，以"01 刘洋"的身份重新登录企业应用平台。选择"人力资源"→"薪资管理"→"工资类别"→"打开工资类别"选项，打开"正式在编人员"工资类别。

（2）选择"业务处理"→"工资变动"选项，打开"工资变动"窗口。按照业务资料（表 6-7）依次输入工资项目数据内容。单击工具栏的"计算"按钮，再单击"汇总"按钮，计算全部工资项目的工资数据，如图 6.7 所示，单击"退出"按钮返回。

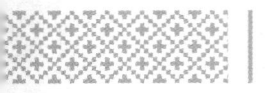

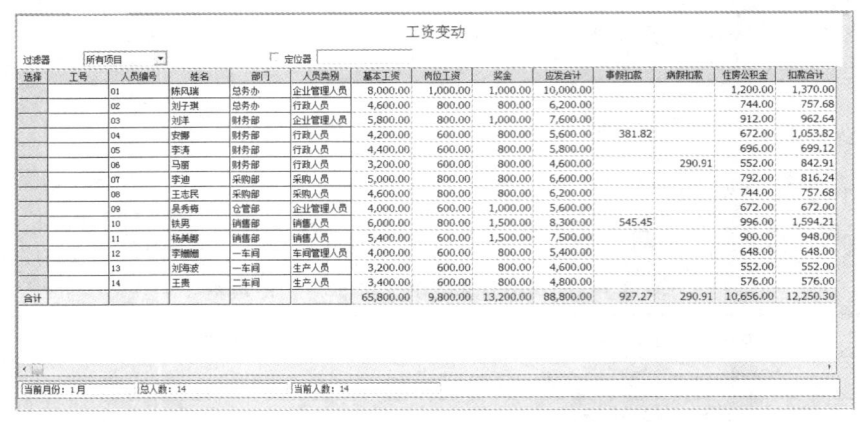

图 6.7 汇总完成的 2023 年 1 月工资数据

【例 6-11】数据替换

（1）在"工资变动"窗口中单击上方的"全选"按钮，再单击"替换"按钮，打开"工资项数据替换"对话框。

（2）选择要替换的工资项目为"岗位工资"，输入替换目标数据"岗位工资+300"。设置替换条件"部门=（05）"销售部。单击"确定"按钮，系统弹出"数据替换后将不可恢复，是否继续？"提示框。

（3）单击"是"按钮，系统弹出"2 条数据被替换，是否重新计算"提示框，单击"是"按钮，销售部两人的岗位工资自动增加 300。

【例 6-12】扣缴个人所得税

（1）选择"业务处理"→"扣缴所得税"选项，打开"个人所得税申报模板"对话框。单击"打开"按钮，打开"所得税申报"条件对话框。

（2）单击"确定"按钮，打开"系统扣缴个人所得税年度申报表"，查看个人所得税扣缴情况，单击"退出"按钮返回。

【例 6-13】查看银行代发

（1）选择"业务处理"→"银行代发"选项，打开"请选择部门范围"对话框。勾选全部部门，单击"确定"按钮，打开"银行文件格式设置"条件对话框。选择"建行逸城支行"，单击"确定"按钮，系统弹出"确认设置的银行文件格式？"提示框。

（2）单击"是"按钮，打开"银行代发一览表"窗口，如图 6.8 所示。

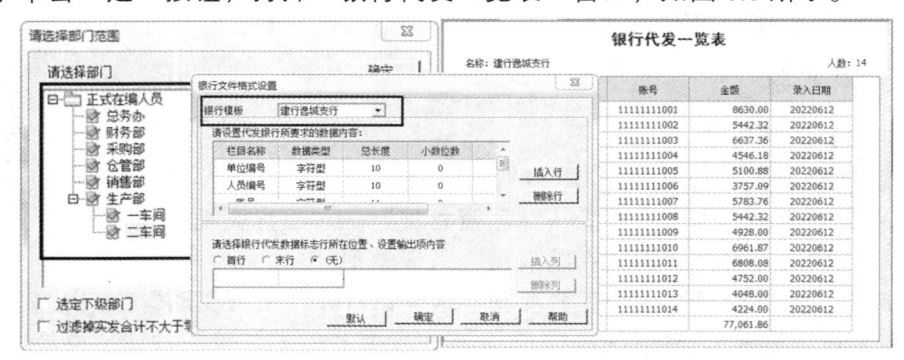

图 6.8 查看银行代发

二、工资分摊

（一）理论导航

通过工资分摊，财务部门将工资费用根据用途进行分配，分别将不同人员的工资计入生产成本、管理费用或制造费用等，并编制转账凭证，传递到总账管理系统供记账使用。

1. 设置工资分摊类型

第一次使用工资分摊功能时，需选择参与本次费用分摊计提的类型、参与核算的部门和计提方式等，应先进行工资分摊的设置。

2. 生成工资分摊凭证

设置好工资分摊类型后，需要对本期工资数据进一步检查、计算、汇总，当确定以上工作无误且都已完成后，可以进行工资分摊的制单处理，根据本月工资数据自动生成有关工资费用的记账凭证。

（二）业务资料

【例 6-14】设置工资分摊

"应付工资"——按"应发合计"的 100%计算应付工资。

"应付福利费"——按"应发合计"的 14%计提福利费。

由公司分摊的"住房公积金"——按"应发合计"的 12%计提。

由个人分摊的"住房公积金"——按"应发合计"的 8%计提。

2023 年 1 月工资分摊如表 6-8 所示。

表 6-8　2023 年 1 月工资分摊

工资分摊项目			应付工资 （100%）	应付福利费 （14%）	住房公积金 公司（12%）	住房公积金 个人（8%）
部门	人员类别	借方科目	贷方科目	贷方科目	贷方科目	贷方科目
总务办	企业管理人员	660204	221101	221102	221103	2241
财务部						
仓管部						
总务办	行政人员	660204				
财务部						
采购部	采购人员	660204				
销售部	销售人员	6601				
一车间、二车间	车间管理人员	510101				
一车间、二车间	生产工人	500102				

注："510101"和"500102"的借方项目大类为："产品核算"，借方项目为：治疗器械。

【例6-15】生成工资分摊凭证

根据本月工资数据自动生成应付工资分摊凭证、计提福利费凭证、由公司承担的住房公积金凭证和由个人承担的住房公积金凭证。

【例6-16】缴纳住房公积金

开出建行转账支票（票号为 Z009），缴纳本月由公司和个人承担的住房公积金共计17 880元。

【例6-17】凭证审核、记账

由"04 马丽"在总账管理系统对薪资管理系统生成的凭证进行出纳签字，由"02 安娜"进行审核并记账。

（三）操作指导

【例6-14】设置工资分摊类型

（1）打开"正式在编人员"工资类别，选择"业务处理"→"工资分摊"选项，打开"工资分摊"对话框。单击"工资分摊设置"按钮，打开"分摊类型设置"对话框。

（2）单击"增加"按钮，打开"分摊计提比例设置"对话框，输入"计提类型名称"为"应付工资"，"分摊计提比例"为"100%"。单击"下一步"按钮，进入"分摊构成设置"窗口。

（3）选择"人员类别"为"企业管理人员"，"部门名称"为"总务办、财务部、仓管部"，自动带出"工资项目"为"应发合计"，借方科目输入"660204"，贷方科目输入"221101"。按照业务资料（表6-8），依次输入其他部门、人员类别的分摊构成设置。注意：项目核算科目需要录入辅助核算内容，输入过程如图6.9所示。单击"完成"按钮，返回"分摊类型设置"对话框。同样操作，按照业务资料（表6-8），输入"应付福利费"进行分摊构成设置。

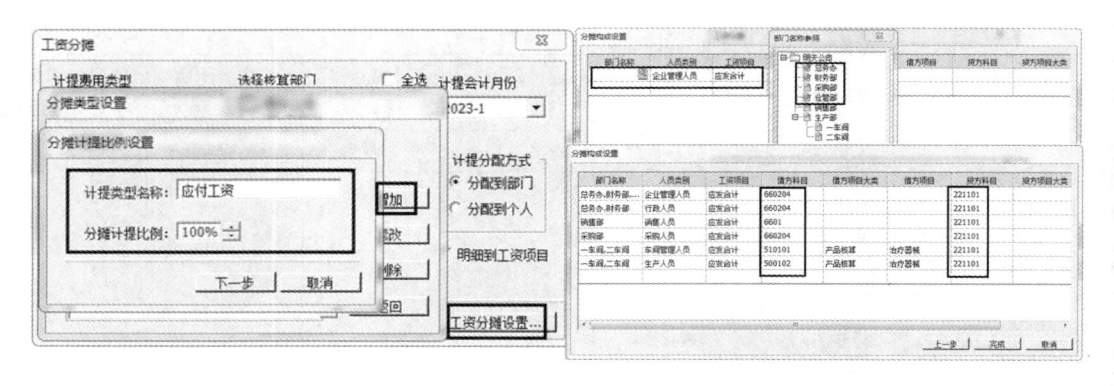

图6.9 "应付工资"分摊构成设置

（4）单击"增加"按钮，打开"分摊计提比例设置"对话框，输入"计提类型名称"为"住房公积金—公司"，"分摊计提比例"为"12%"。单击"下一步"按钮，进入"分摊构成设置"窗口。按照业务资料（表6-8），依次输入"住房公积金—公司"和"住房公积金—个人"进行分摊构成设置。

【例 6-15】生成工资分摊凭证

（1）在"工资分摊"对话框中，选中"计提费用类型"列表框的"应付工资"、"应付福利费"、"住房公积金—公司"和"住房公积金—个人"前的复选框，选中所有部门，勾选"明细到工资项目"。单击"确定"按钮，打开"应付工资一览表"，勾选"合并科目相同、辅助项相同的分录"前的复选框。

（2）单击上方"制单"按钮，生成一张记账凭证，选择凭证类别为"转账凭证"，鼠标指向"生产成本"所在行，按 Ctrl+S 键，填写涉及辅助核算科目的辅助内容（项目：治疗器械），单击 图标，如图 6.10 所示。

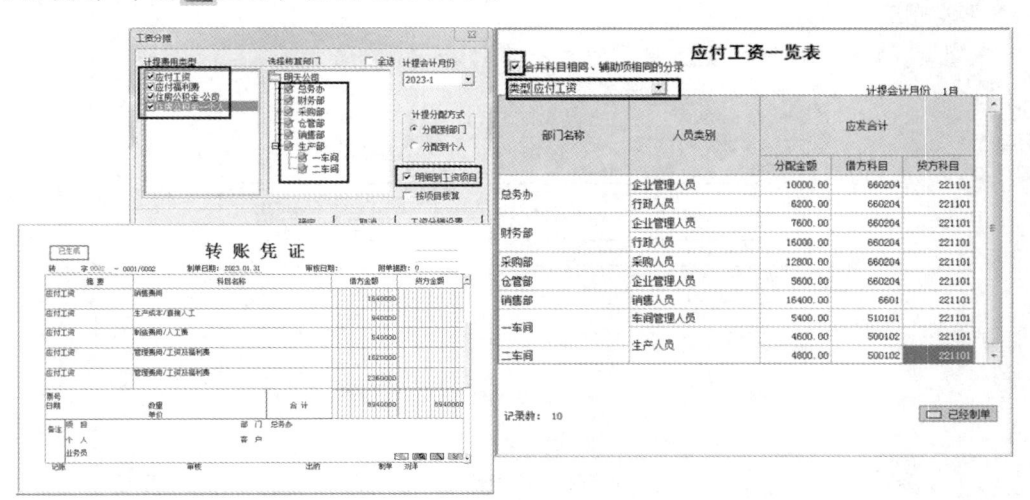

图 6.10　生成"应付工资"记账凭证

（3）返回"应付工资一览表"，重新选择"类型"为"应付福利费"，勾选"合并科目相同、辅助项相同的分录"复选框。单击"制单"按钮，生成转账凭证。同样操作，生成并保存住房公积金计提凭证，三张凭证如图 6.11 所示，退出并返回。

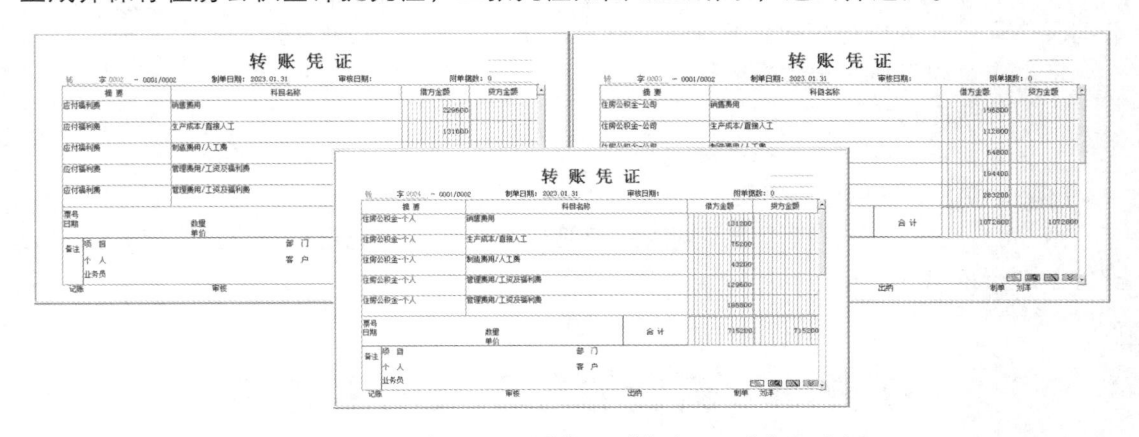

图 6.11　计提"应付福利费"和"住房公积金"记账凭证

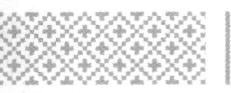

补充提示

- 在"工资分摊明细"窗口中,单击工具栏上的"批制"按钮,可批量生成所有费用分摊类别的凭证,提高工作效率。
- 若涉及某科目设置有辅助核算,应选中该科目所在行,按 Ctrl+S 键,填写涉及辅助核算科目的辅助内容。
- 如果不勾选"合并科目相同、辅助项相同的分录"复选框,则在生成凭证时将每条分录都对应一个贷方科目,如图 6.12 所示。
- 若想要删除或修改已经生成的记账凭证,执行"统计分析"→"凭证查询"功能删除或修改。
- 生成的凭证依然需要总账系统进行审核和记账。

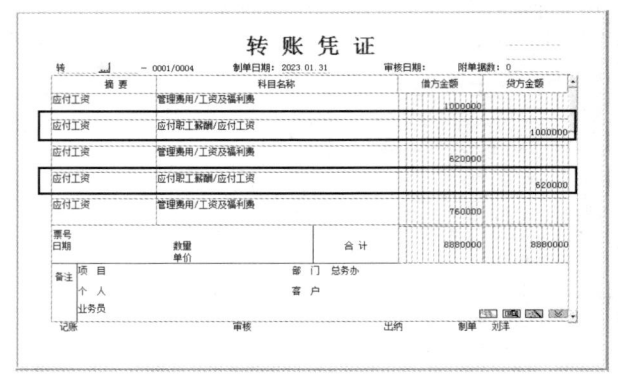

图 6.12 不勾选"合并科目相同、辅助项相同的分录"复选框的记账凭证

【例 6-16】缴纳住房公积金

(1)选择"财务会计"→"总账"→"凭证"→"填制凭证"选项,打开"填制凭证"窗口。

(2)单击"增加"按钮,选择凭证类别"付款凭证",输入缴纳本月由公司及个人承担的住房公积金共计 17 880 元,暂不登记支票登记簿。

借:应付职工薪酬—住房公积金　　　　　　10 728
　　其他应付款　　　　　　　　　　　　　 7 152
　贷:银行存款—建行逸城支行　　　　　　17 880

613 缴纳住房公积金

【例 6-17】凭证审核、记账

由"04 马丽"在总账管理系统对薪资管理系统生成的凭证进行出纳签字,由"02 安娜"进行审核并记账。

任务四　薪资管理系统期末处理

期末处理指将当月数据经过处理后结转至下月。只有主管人员才能执行期末处理功能，每月工资数据处理完毕后均可进行月末结转。

2023年1月31日，主管"01刘洋"已进行薪资管理系统业务操作，在月底进行结账，结束薪资管理系统工作。

一、查看薪资报表

（一）理论导航

工资数据处理结果最终以工资报表的形式反映。薪资管理系统提供了多种形式的报表以反映工资核算的结果。报表的格式是工资项目按照一定的格式由系统设定的。如果对报表提供的固定格式不满意，则可以使用系统提供的修改表、新建表的功能。

（1）工资表。工资表包括工资发放签名表、工资发放条、工资卡、部门工资汇总表、人员类别工资汇总表、条件汇总表、条件统计表、条件明细表、工资变动明细表、工资变动汇总表等。工资表主要用于本月工资的发放和统计，可以修改和重建。

（2）工资分析表。工资分析表是以工资数据为基础的，是用来对部门、人员类别的工资数据进行分析和比较的各种分析表，供决策人员使用。如果系统提供的分析表不能满足需要，用户可以通过选择"统计分析"→"账表"→"我的账表"选项所提供的自定义账表功能进行分析表的修改或重建。

（二）业务资料

【例6-18】查询工资项目分析表

（三）操作指导

【例6-18】查询工资项目分析表

（1）以"01刘洋"的身份注册企业应用平台，打开"正式在编人员"工资类别，选择"统计分析"→"账表"→"工资分析表"选项，打开"工资分析表"对话框。

（2）系统默认所选分析表为"工资项目分析表（按部门）"，单击"确定"按钮。打开"请选择分析部门"对话框，选择所有部门，并选中"选定下级部门"复选框，单击"确定"按钮。打开"分析表选项"对话框，选择全部工资项目，单击"确定"按钮，查看"工资项目分析（按部门）"。查询完毕，单击"退出"按钮。

二、期末处理

（一）理论导航

1. 月末处理

月末处理只有在会计年度的1月至11月进行，且只有在当月工资数据处理完毕后才可进行。月末结转指将当月数据经过处理后结转至下月，在每月工资数据处理完毕后均可进行月末结转。若需处理多个工资类别，则应打开工资类别，分别进行月末结转。对于每月工资有变动的项目，可以选择下月数据清零，此类项目为清零项。

2. 年末结转

年末结转指将工资数据经过处理后结转至下年。进行年末结转后，新年度账将自动建立。只有处理完所有工资类别的工资数据，且关闭所有工资类别，才能在系统中选择"年度账"菜单，进行上年数据结转，其他操作与月末处理类似。

年末结转只有在当月工资数据处理完毕后才能进行。若当月工资数据未汇总，则系统将不允许进行年末结转。进行年末结转后，本年各月数据将不允许变动。

（二）业务资料

【例6-19】薪资管理系统月末处理

当月工资数据处理完毕后，进行薪资管理系统结账，选择"病假天数"、"病假扣款"、"事假天数"、"事假扣款"和"代扣税"为清零项。

（三）操作指导

【例6-19】薪资管理系统月末处理

（1）打开"正式在编人员"工资类别，选择"业务处理"→"月末处理"选项，打开"月末处理"对话框。单击"确定"按钮，弹出"月末处理之后，本月工资将不许变动！继续月末处理吗？"提示框。单击"是"按钮，弹出"是否选择清零项？"提示框。

（2）单击"是"按钮，打开"选择清零项目"对话框，将"事假扣款、病假扣款、事假天数、病假天数、代扣税"移到右侧框区。单击"确定"按钮，弹出"月末处理完毕！"提示框，单击"确定"按钮完成月末处理。

习 题 巩 固

一、单选题

1. 在薪资管理系统中，工资数据的计算是非常重要的工作，工资核算的原始数据源自多个部门。考勤记录源自（　　）部门。
   A. 财务部门　　　　B. 销售部门　　　　C. 生产部门　　　　D. 人力资源部门

2. 在下列会计信息系统中，薪资管理系统需要对其提供人工费用数据的是（　　）。
   A. 应收款管理系统　　　　　　　　　B. 应付款管理系统
   C. 固定资产管理系统　　　　　　　　D. 成本管理系统

3. 薪资管理系统的初始化工作主要是第一次使用薪资管理系统进行的初始化设置和建立的各种档案。下列选项中是初始化工作的是（　　）。
   A. 工资分配　　　　B. 工资计算　　　　C. 公式设置　　　　D. 工资统计

4. 在建立薪资管理子账套时，如果企业实行普通工资管理，企业所有人员的工资项目和工资计算公式是一样的。此时，系统需要（　　）。
   A. 设置单个工资类别　　　　　　　　B. 设置多个工资类别

C. 不设置工资类别　　　　　　　　D. 以上答案都不正确

5. 薪资管理系统的扣零设置指把工资金额的零头扣下，攒成整数时再发放。这样可以减少发放现金工资时的工作量。如果选择"扣零至角"，计算工资金额为 3 679.56 元，实发工资应为（　　）元。

　　A. 3 679.5　　　B. 3 679.6　　　C. 3 679　　　D. 3 680

6. 一般来讲，企业的工资项目中的"缺勤天数"应设置为（　　）。

　　A. 增项　　　B. 减项　　　C. 其他项　　　D. 备注项

7. 在 A 企业中，人员类别为"管理人员"时，其交通补助为 200 元，其余人员一律为 150 元。下列工资公式定义正确的是（　　）。

　　A. if（人员类别="管理人员"，200，150）
　　B. iff（人员类别=管理人员，150，200）
　　C. iff（人员类别=管理人员，200，150）
　　D. iff（人员类别="管理人员"，200，150）

8. 薪资管理系统可以通过工资分摊自动进行工资费用的分配。应计提职工教育经费在设置分摊分录时，贷方科目可能是（　　）。

　　A. 管理费用　　　B. 销售费用　　　C. 生产成本　　　D. 应付职工薪酬

二、多选题

1. 薪资管理系统的初始化设置工作主要包括（　　）两个部分。

　　A. 建立企业账套　　　　　　　　B. 建立薪资管理子账套
　　C. 设置基础信息　　　　　　　　D. 设置日常业务

2. 在初次进入薪资管理系统后，应根据企业的实际情况建立相应的薪资管理子账套。薪资管理子账套的建立分为（　　）步骤。

　　A. 参数设置　　　B. 扣税设置　　　C. 扣零设置　　　D. 人员编码设置

3. 在建立薪资管理子账套时，如果选择了扣税设置，系统还需要设置（　　），薪资管理系统才会自动计算个人所得税。

　　A. 个人所得税计提基数　　　　　　B. 个人所得税税率表
　　C. 个人所得税起征点　　　　　　　D. 工资项目

4. 使用薪资管理系统时，企业发放工资有（　　）形式。

　　A. 现金发放　　　B. 股票发放　　　C. 银行汇票　　　D. 银行代发

5. 薪资管理系统中的工资项目是根据企业的财务制度定义的，企业计算薪资时，（　　）是薪资管理系统中必不可少的项目。

　　A. 应发合计　　　B. 扣款合计　　　C. 实发合计　　　D. 奖金

三、判断题

1. 人工核算职工薪资时，工资项目较多，不仅包括基本工资，还包括职务工资、奖金、各种津贴、各种社会保险和各种扣款。使用薪资管理系统可以大大简化工资项目，不需要设置这么多的工资项目。（　　）

2．薪资管理系统可进行工资费用的汇总与分摊。（　　）

3．在薪资管理系统中，选择了代扣个人所得税后，系统将自动生成工资项目"代扣税"并自动进行代扣税金的计算。（　　）

4．因为薪资管理系统预置了函数向导，所以在公式定义时只能使用函数向导。（　　）

5．工资项目的公式计算是有先后顺序的。（　　）

6．薪资管理系统传输给总账管理系统的记账凭证可以在总账管理系统中修改、审核、记账。（　　）

四、简答题

1．简述薪资管理系统的主要功能。

2．在哪些情况下需要设置多个工资类别？

3．薪资管理系统日常业务处理的内容有哪些？

4．设置工资项目需要注意什么？

模块七
固定资产管理系统

↘ 知识目标
- 了解固定资产管理系统的基本功能、控制参数、基本信息设置
- 熟悉固定资产管理系统的业务处理流程
- 掌握建立固定资产子账套、相应初始设置、资产增减变动、计提折旧、计提资产减值准备、凭证管理、期末处理的方法

↘ 应用目标
- 按照业务要求设置固定资产子账套,熟练进行固定资产类别、部门对应折旧科目、增减方式对应入账科目等基础设置
- 能够正确进行折旧的计算与计提,根据业务发生情况熟练进行资产变动、计提资产减值准备、账表查询等业务处理
- 能够完成固定资产管理系统期末对账与结账

↘ 思政目标
- 增强法律风险防范意识,提高资产管理能力,依法进行固定资产核算
- 培养严谨细致的会计职业素养
- 养成科学、严谨的工作作风,严格按照业务流程规范操作

会计信息系统——用友ERP-U8V10.1

【情景导入】

伴随企业的迅速发展，企业的固定资产数量较多、品种复杂、使用部门多且分散，持有期间需要维修等事项较多，使用用友ERP-U8V10.1的固定资产管理系统，加强固定资产业务的核算、分析和管理，就成了必然的选择。

天津明天医疗器械有限公司（简称明天公司）已经成功建立账套号为"020 明天公司"的企业账套，准备于2023年1月1日启用固定资产管理系统进行企业固定资产管理。

1. 前期准备

将计算机系统日期调整为"2023年1月1日"，引入"D:\020明天公司\总账管理系统\总账管理系统初始化"文件夹里的备份账套。

2. 操作分工

由账套主管"01刘洋"在企业应用平台，进行固定资产管理系统初始化设置、日常业务处理和期末处理操作。

3. 固定资产业务情况

明天公司在2023年启用固定资产管理系统进行核算之前，已经拥有厂房、生产线、流水线、汽车、电脑、办公一体机等固定资产，月初进行初始化设置。

1月发生购进电脑、增加固定资产配置、出售资产、资产变动、计提减值准备、计提折旧等业务，处理相关业务并生成凭证传递到总账管理系统。

任务一　固定资产管理系统概述

用友ERP-U8V10.1的固定资产管理系统是一套供企事业单位进行固定资产核算和管理的软件系统。它帮助企业的财务部门进行固定资产总值、累计折旧数据的动态管理，为总账管理系统提供相关凭证，协助企业进行成本核算，同时还为设备管理部门提供固定资产各项管理信息。

一、认知固定资产管理

固定资产管理是企业财务管理的重要内容。因为企业的实物管理和价值核算通常是分开的，由设备管理部门和财务部门分别负责，所以企业固定资产的核算和管理是一项具体且复杂的工作。

利用固定资产管理系统进行固定资产日常核算和管理，可以帮助用户便捷地实现固定资产增减变动和折旧核算，加快收集信息的速度，通过加强管理保护固定资产完整无缺，充分挖掘潜力，不断改善固定资产利用情况，提高固定资产使用的经济效益。

模块七 固定资产管理系统

> **小贴士**
>
> 固定资产指企业为生产产品、提供劳务、出租或者经营管理而持有的，使用时间超过 12 个月的，价值达到一定标准的非货币性资产，包括房屋、建筑物、机器、机械、运输工具，以及其他与生产经营活动有关的设备、器具、工具等。固定资产是企业开展业务和正常经营必不可少的基本物质要素，也是企业生存和发展的重要资源之一。

二、固定资产管理系统的主要功能

1. 初始化设置

初始化设置指在正式启用固定资产管理系统进行核算前要完成的工作。在首次使用系统时，需要对各种控制参数和基本信息进行设置，将企业现有固定资产的卡片资料录入系统，以保持历史资料的连续性。结合用户单位的具体需要，个性化建立适合本单位的固定资产子账套。初始化设置包括核算单位固定资产子账套的建立、基础信息设置、录入固定资产原始卡片等。

2. 卡片管理

卡片是每项固定资产的全部档案记录，即固定资产从进入企业开始到退出企业的整个生命周期所发生的全部情况，都要在卡片上予以记载。卡片管理是对固定资产管理系统中所有卡片进行综合管理的功能操作，通过制作卡片、变动单及评估单等实现管理。卡片管理主要包括原始卡片录入、卡片修改、卡片查询、卡片删除、资产变动管理、卡片打印等功能。

3. 资产变动

固定资产在日常使用过程中可能会发生一些变动，需要相应地调整卡片上计算和报表汇总有关的项目。资产变动操作包括原值变动、部门转移、使用状况变动、使用年限调整、折旧方法调整、净残值（率）调整、工作总量调整、累计折旧调整、资产类别调整、计提固定资产减值准备、转回固定资产减值准备、变动单管理等。

4. 折旧管理

自动计提折旧是固定资产管理系统的主要功能之一。该系统每月计提折旧一次，根据录入系统的资料自动计算每项资产的折旧，并自动生成折旧分配表，然后制作记账凭证并传递到总账管理系统。

5. 账表管理

固定资产管理系统提供固定资产总账、资产登记簿、部门明细账、类别明细账，以及资产分析表、资产统计表、资产折旧表、资产减值准备表等账表。通过"我的账表"对系统所提供的全部账表进行管理，可供资产管理部门随时查询各种账表，提高了资产管理效率。

6. 月末处理

固定资产管理系统的月末处理主要包括对账和月末结账。月末按照系统初始化设置的账务系统接口，自动与账务系统进行对账。处理完当月全部业务后，便可以进行月末结账，将当月数据处理后结转至下月。

三、固定资产管理系统的业务流程

固定资产管理系统提供企业业务流程应用方案和行政事业单位业务流程应用方案两种选择。以企业使用固定资产管理系统的业务流程为例，固定资产管理系统的业务流程分为系统初始化设置、日常业务处理和期末处理三个阶段，如图 7.1 所示。新用户要进行初始化设置，然后每月进行固定资产的日常业务处理及期末处理，将相关的凭证传递到总账管理系统和成本核算系统并进行必要的数据处理。

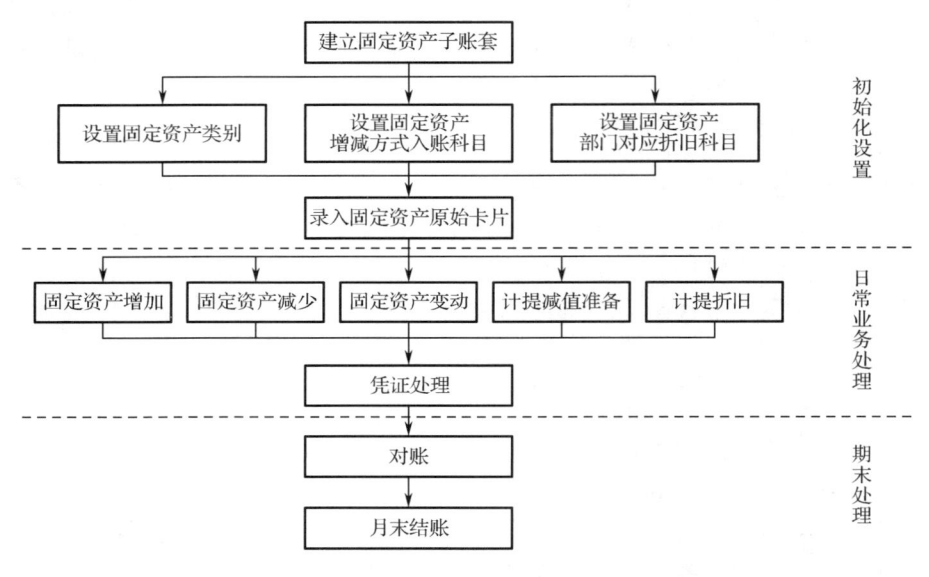

图 7.1 固定资产管理系统的业务流程

四、固定资产管理系统与其他系统的关系

在建立企业账套之初，要在企业门户对各系统共用的基础信息档案进行设置；将固定资产的增加、减少、原值变动和折旧计提生成的凭证传递到总账管理系统并对账；固定资产管理系统为成本管理系统提供核算有关折旧费用的信息，是成本核算的基础数据来源之一；通过调用固定资产管理系统核算结果，向 UFO 报表系统传递数据，编制相关财务报表；向项目管理系统提供项目折旧数据；向设备管理系统提供固定资产卡片信息。

固定资产管理系统与其他系统的关系如图 7.2 所示。

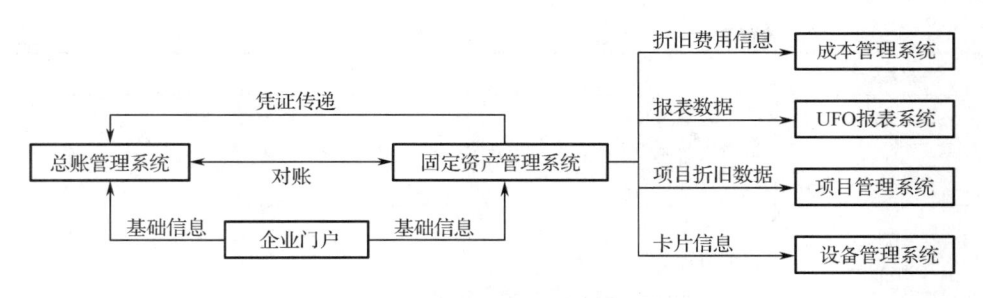

图 7.2 固定资产管理系统与其他系统的关系

任务二 固定资产管理系统初始化设置

固定资产管理系统初始化设置指根据单位的具体情况，建立一个符合企业财务工作要求的固定资产子账套的过程。在初次使用固定资产管理系统时，必须经过初始化设置，检查系统是否已经完成了相应的基础信息设置，才能将该系统用于固定资产的日常管理。初始化设置包括建立固定资产子账套、设置基础信息、录入固定资产原始卡片等内容。2023 年 1 月 1 日，由账套主管"刘洋"启用固定资产管理系统进行初始化设置。

一、建立固定资产子账套

（一）理论导航

建立固定资产子账套指根据企业的实际情况，在已经建立企业财务账套的基础上，建立一个适合企业实际需要的固定资产子账套。初次使用固定资产管理系统打开企业账时，系统自动提示进行账套初始化设置。初始化设置分为五个步骤：约定及说明、启用月份设置、折旧信息设置、编码方式设置和账务接口设置。这些参数在初次使用固定资产管理系统时设置，其他参数可以在"设置"→"选项"中补充，但仅限部分参数。

（二）业务资料

【例 7-1】新建固定资产子账套

初次使用固定资产管理系统需要建立固定资产子账套，初始建账控制参数如表 7-1 所示。

表 7-1 初始建账控制参数

控制参数	参数设置
折旧信息	本账套计提折旧 折旧方法：平均年限法（一） 折旧汇总分配周期：1 个月 当（月初已计提月份=可使用月份-1）时，将剩余折旧全部提足

127

续表

控制参数	参数设置
编码方式	资产类别编码方式：2-1-1-2 固定资产编码方式：按"类别编码+部门编码+序号"自动编码 卡片序号长度：2
账务接口	与账务系统进行对账 对账科目 固定资产对账科目：固定资产（1601） 累计折旧对账科目：累计折旧（1602） 在对账不平情况下允许固定资产月末结账

【例 7-2】补充建账控制参数

部分控制参数在初次建立固定资产子账套时无法设置或设置有误，可以补充和修改，补充建账控制参数如表 7-2 所示。

表 7-2　补充建账控制参数

控制参数	参数设置
补充参数	业务发生后立即制单 固定资产缺省入账科目：1601 累计折旧缺省入账科目：1602 减值准备缺省入账科目：1603 增值税进项税额缺省入账科目：22210101 固定资产清理缺省入账科目：1606

（三）操作指导

【例 7-1】新建固定资产子账套

1. 启用固定资产管理系统

（1）将计算机系统日期调整为"2023 年 1 月 1 日"，引入"D：\020 明天公司\总账管理系统\总账管理系统初始化"文件夹里的备份账套。

（2）以"01 刘洋"的身份注册企业应用平台（操作员：01；密码：1；账套：020 明天公司；操作日期：2023-01-01）。

（3）选择"基础设置"→"基本信息"→"系统启用"选项，打开"系统启用"对话框。选中"FA 固定资产"复选框，弹出"日历"对话框，选择固定资产管理系统启用日期为"2023-01-01"。单击"确定"按钮，弹出"确实要启用当前系统吗？"提示对话框，单击"是"按钮返回。

2. 建立固定资产子账套

（1）在企业应用平台的"业务工作"选项卡中，选择"财务会计"下的"固定资产"选项，弹出"这是第一次打开此账套，还未进行过初始化，是否进行初始化？"提示框，单击"是"按钮。打开固定资产"初始化账套向导——约定及说明"对话框，阅读没有问题后选中"我同意"单选按钮，单击"下一步"按钮。打开"固定资产初始化向导——启用月份"对话框，默认账套启用月份为"2023.01"。

（2）单击"下一步"按钮，打开"初始化账套向导——折旧信息"对话框。选中"本账套计提折旧"复选框；选择主要折旧方法"平均年限法（一）"，折旧汇总分配周期"1个月"；选中"当（月初已计提月份=可使用月份－1）时将剩余折旧全部提足（工作量法除外）"复选框。

（3）单击"下一步"按钮，打开"初始化账套向导——编码方式"对话框。确定资产类别编码长度为2-1-1-2；选中"自动编码"单选按钮，在下拉列表中选择"类别编号+部门编号+序号"，选择序号长度为"2"。

（4）单击"下一步"按钮，打开"初始化账套向导——账务接口"对话框。选中"与账务系统进行对账"复选框；选择固定资产对账科目为"1601，固定资产"，累计折旧对账科目为"1602，累计折旧"；选中"在对账不平情况下允许固定资产月末结账"复选框。单击"下一步"按钮，打开"初始化账套向导——完成"对话框，单击"完成"按钮，完成本账套的初始化设置。

（5）系统弹出"已经完成了新账套的所有设置工作，是否确定所设置的信息完全正确并保存对新账套的所有设置？"提示框。单击"是"按钮，系统弹出"已成功初始化本固定资产账套！"提示框，单击"确定"按钮，固定资产管理系统的初始建账完成。

> **补充提示**
> - 在对账不平情况下允许固定资产月末结账，指当存在对应的财务账套的情况下，固定资产系统在月末结账前自动与总账管理系统执行一次对账，给出对账结果。对账不平，说明两个系统出现偏差，但允许结账。

【例7-2】补充建账控制参数

在"固定资产"系统菜单中，选择"设置"→"选项"选项，弹出"选项"对话框。打开"与账务系统接口"选项卡，单击"编辑"按钮，选中"业务发生后立即制单"复选框。选择"[固定资产]缺省入账科目"为"1601"；"[累计折旧]缺省入账科目"为"1602"；"[减值准备]缺省入账科目"为"1603"；"[增值税进项税额]缺省入账科目"为"22210101"；"[固定资产清理]缺省入账科目"为"1606"，单击"确定"按钮。

702 补充建账控制参数

> **补充提示**
> - 设置缺省入账科目是为了提高日常业务处理中凭证填制的工作效率。固定资产管理系统在制作记账凭证时，会自动按用户所设置的缺省入账科目填制凭证中的有关会计科目。如果缺省入账科目设置为空，则凭证中的相关科目也为空，届时需由操作员手工填制。

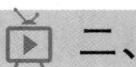

二、设置基础信息

（一）理论导航

1. 设置固定资产类别

固定资产的种类繁多，规格不一。要强化固定资产管理，及时、准确地做好固定资产核算，必须做好固定资产的科学分类，为核算和统计管理提供依据。企业可根据自身的特点和管理要求，确定一个较为合理的资产分类方法，分别执行资产类别的"新增"、"修改"或"删除"。

2. 设置部门对应折旧科目

对应折旧科目指折旧费用的入账科目。资产计提折旧后必须把折旧归入成本或费用，根据不同企业的具体情况，有按部门归集的，也有按类别归集的。设置部门对应折旧科目目的：一是在录入固定资产原始卡片时，由系统自动生成部门对应折旧科目的内容，以减少手工录入的工作量；二是在生成部门折旧分配表时，由系统自动按部门折旧科目汇总，从而制作记账凭证。

3. 设置增减方式对应入账科目

资产增减方式被用以确定资产计价和处理原则，明确资产增减方式可做到对固定资产增减的汇总管理。固定资产增减方式包括增加方式和减少方式两类。增加方式主要有直接购买、投资者投入、捐赠、盘盈、在建工程转入、融资租入，减少方式主要有出售、盘亏、投资转出、捐赠转出、报废、毁损、融资出租等。

在增减方式的设置中可以定义不同增减方式的对应入账科目，配合固定资产和累计折旧的入账科目使用。当发生相应的固定资产增减变动时可以快速生成转账凭证，减少手工输入数据的工作量。

（二）业务资料

【例 7-3】设置部门对应折旧科目

固定资产按照使用部门计提折旧，明天公司部门对应折旧科目如表 7-3 所示。

表 7-3 明天公司部门对应折旧科目

部门	对应折旧科目	部门	对应折旧科目
总务办	管理费用—折旧费（660201）	销售部	销售费用（6601）
财务部	管理费用—折旧费（660201）	生产部	制造费用—折旧费（510102）
采购部	管理费用—折旧费（660201）	一车间	制造费用—折旧费（510102）
仓管部	管理费用—折旧费（660201）	二车间	制造费用—折旧费（510102）

【例 7-4】设置固定资产类别

明天公司固定资产分属多个类别，其固定资产类别如表 7-4 所示。

表 7-4 固定资产类别

编码	类别名称	使用年限	净残值率	计提属性	折旧方法	卡片样式
01	建筑房屋	30	5%	正常计提	平均年限法（一）	含税卡片样式
02	生产设备	10	5%	正常计提	平均年限法（一）	含税卡片样式
03	运输设备	10	5%	正常计提	平均年限法（一）	含税卡片样式
04	办公设备	5	5%	正常计提	平均年限法（一）	含税卡片样式

【例 7-5】设置增减方式对应入账科目

为了便于资产管理，在资产变动时自动生成记账凭证，需要设置固定资产增减方式对应入账科目，如表 7-5 所示。

表 7-5 固定资产增减方式对应入账科目

增加方式	对应入账科目	减少方式	对应入账科目
直接购入	银行存款—工行永乐支行（100201）	出售	固定资产清理（1606）
盘盈	以前年度损益调整（6901）	盘亏	待处理财产损溢（1901）
在建工程转入	在建工程（1604）	毁损	固定资产清理（1606）

（三）操作指导

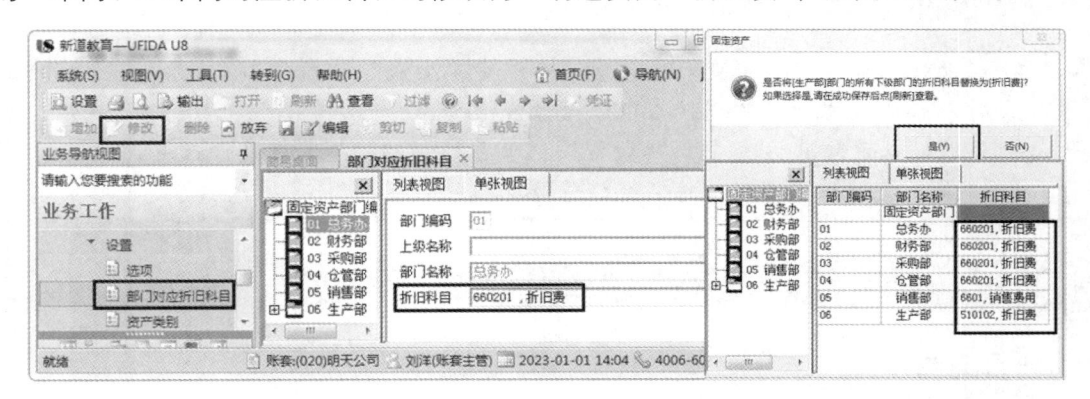

【例 7-3】设置部门对应折旧科目

（1）选择"设置"→"部门对应折旧科目"选项，打开"部门对应折旧科目"窗口。选择部门为"总务办"，单击"修改"按钮。选择折旧科目为"管理费用—折旧费（660201）"，单击 图标。

（2）同样操作，按照业务资料（表 7-3）完成其他部门折旧科目的设置。在设置生产部对应折旧科目时，选择折旧科目为"制造费用—折旧费（510102）"，单击 图标，系统弹出"是否将[生产部]部门的所有下级部门的折旧科目替换为[折旧费]?如果选择是，请在成功保存后点[刷新]查看。"提示框，单击"是"按钮。替换之后，即可将生产部下的一车间、二车间对应折旧科目均修改为"制造费用—折旧费"，如图 7.3 所示。

图 7.3 设置部门对应折旧科目

> **补充提示**
> - 设置上级部门对应折旧科目时，下级部门可以自动沿用，也可以通过"修改"功能选择不同对应折旧科目。
> - 对应折旧科目必须为末级会计科目。

【例7-4】设置固定资产类别

（1）选择"设置"→"资产类别"选项，打开"资产类别"窗口。单击"增加"按钮，打开"固定资产分类编码表—单张视图"窗口。输入类别名称为"建筑房屋"，使用年限为"30 年"，净残值率为"5%"，计提属性为"正常计提"，折旧方法为"平均年限法（一）"，卡片样式为"含税卡片样式"，单击 图标保存。

（2）同样操作，按照业务资料（表7-4）完成其他资产类别的设置。

> **补充提示**
> - 应在建立上级固定资产类别后建立下级类别，单击上级类别名称，单击"增加"按钮，再输入下级类别。
> - 如果在建立上级类别时已经设置了使用年限、净残值率，当增加的下级类别与上级类别相同时，可自动沿用，否则可以修改。
> - 资产类别编码不能重复，同一级的类别名称不能相同。
> - "含税卡片样式"是指在固定资产卡片中不含税单价和增值税是分开填列的，生成固定资产凭证自动带出增值税。

【例7-5】设置增减方式对应入账科目

（1）选择"设置"→"增减方式"选项，打开"增减方式"窗口。选择增减方式为"直接购入"，单击"修改"按钮，打开"增减方式—单张视图"窗口。选择"对应入账科目"为"银行存款—工行永乐支行（100201）"，单击 图标保存。

（2）同样操作，按照业务资料（表7-5）录入其他增减方式对应入账科目。

> **补充提示**
> - 此功能是为了在资产变动制单时，可以直接生成凭证所需科目。如在生成凭证时，对应入账科目不一致，可以修改。
> - 系统默认的增减方式中的"盘盈"、"盘亏"和"毁损"不能修改和删除。
> - 增减方式一旦被使用，将不允许修改和删除。

三、录入固定资产原始卡片

（一）理论导航

固定资产卡片指登记固定资产各种资料的卡片，相当于固定资产的身份证。它是每项固定资产的全部档案记录，即固定资产从进入企业开始到退出企业的整个生命周期所发生的全部情况，都要在卡片上予以记载。固定资产原始卡片指卡片所记录的资产开始使用日期先于录入系统的月份。在使用固定资产管理系统进行核算前，必须将固定资产原始卡片资料录入系统，以保持历史资料的连续性。

一张固定资产原始卡片代表一项固定资产并形成固定资产卡片文件中的一项明细数据，录入完成后应与总账管理系统所记录的期初总数进行核对。例如，每类固定资产卡片原值的合计应等于总账管理系统"固定资产"期初数，每类固定资产卡片已提折旧的合计应等于总账管理系统"累计折旧"期初数。

（二）业务资料

【例7-6】录入固定资产原始卡片

所有固定资产均处于"在用"状态，折旧方法为"平均年限法（一）"，净残值率为"5%"，其他资料如表7-6所示。

表7-6 固定资产原始卡片

卡片编号	00001	00002	00003	00004	00005	00006
资产编号	01060101	02060101	02060201	030501	040101	040201
资产名称	厂房	A生产线	流水线	长城汽车	电脑	一体机
类别编号	01	02	02	03	04	04
类别名称	建筑房屋	生产设备	生产设备	运输设备	办公设备	办公设备
使用部门	一车间50%、二车间50%	一车间	二车间	销售部	总务办	财务部
增加方式	在建工程转入	直接购入	直接购入	直接购入	直接购入	直接购入
使用年限	30年	10年	10年	10年	5年	5年
使用日期	2018-03-25	2020-08-16	2020-08-08	2019-08-30	2020-08-26	2020-08-26
原值	1 020 000元	480 000元	210 000元	270 000元	4 500元	3 000元
累计折旧	151 164元	106 400元	46 452元	85 320元	1 990.8元	1 327.2元
入账科目	制造费用/折旧费	制造费用/折旧费	制造费用/折旧费	销售费用	管理费用/折旧费	管理费用/折旧费

（三）操作指导

【例7-6】录入固定资产原始卡片

（1）选择"卡片"→"录入原始卡片"选项，打开"固定资产类别档案"对话框。选择固定资产类别为"01 建筑房屋"，单击"确定"按钮，打开"固定资产卡片[录入原始卡片：00001]"窗口。

（2）录入固定资产名称为"厂房"；单击"使用部门"按钮，在打开的"固定资产"对话框的"本资产部门使用方式"下选中"多部门使用"单选按钮，单击"确定"按钮，打开"使用部门"对话框。单击"增加"按钮，分别选择"一车间"和"二车间"，录入使用比例为"50%"，单击"确定"按钮；选择"增加方式"为"在建工程转入"；选择

"使用状况"为"1001 在用";录入开始使用日期为"2018-03-25";录入原值为1 020 000;累计折旧为151 164;其他信息由系统自动带出。

（3）单击 图标，弹出"数据成功保存!"提示框，单击"确定"按钮。同样，按照业务资料（表7-6）完成其他固定资产原始卡片的录入。

（4）期初对账。选择"处理"→"对账"选项，弹出"与账务对账结果"提示框，如图7.4所示。对账结果如果不平衡，则应检查总账管理系统期初余额和固定资产原始卡片录入情况。对账结果显示平衡方可进行日常业务处理。

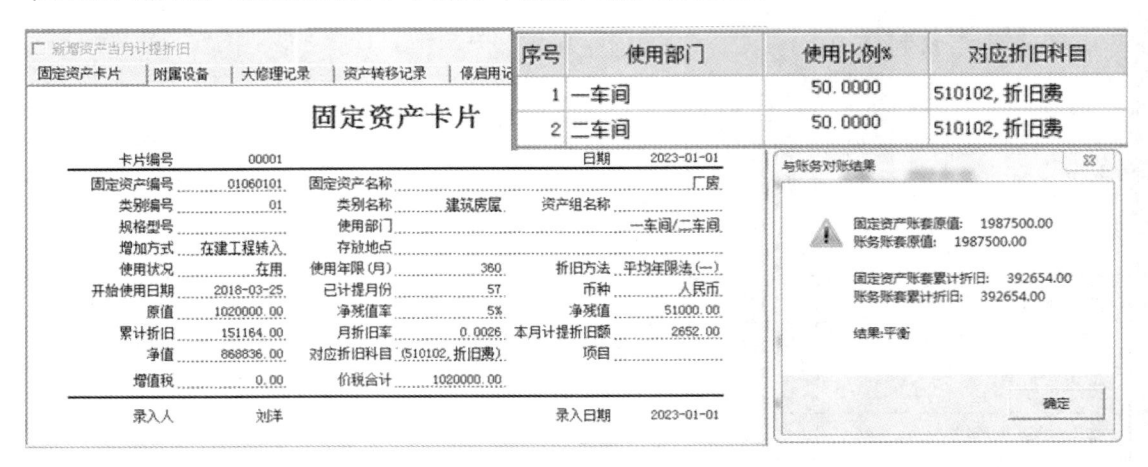

图7.4 录入固定资产原始卡片

> **补充提示**
>
> - 录入固定资产原始卡片时，卡片中的"录入人"自动显示为当前操作员，"录入日期"为当前登录日期。
> - 由于在固定资产管理系统初始化设置时对固定资产编码设定了按"类别编码+部门编码+序号"自动编码，序号长度为2位，所以在录入固定资产卡片时，"固定资产编码"栏不可编辑，编号由系统自动生成。
> - 开始使用日期必须采用"YYYY-MM-DD"形式录入。
> - 固定资产的使用部门可以选择"单部门使用"和"多部门使用"，当资产为多部门使用时，原值和累计折旧等数据可以在多部门之间设置分摊比例。
> - 资产使用状况分为在用、季节性停用、经营性出租、大修理停用、未使用、不需用。资产在使用过程中可能会因为某种原因，使得资产的使用状况发生变化，这种变化会影响设备折旧的计算，因此应及时调整。
> - 如果在资产类别设置中已经设置了使用年限和净残值率，在录入固定资产原始卡片时，这两个项目将随着所属资产类别的选择自动填写，若与实际不一致，则可以修改。

模块七 固定资产管理系统

> **思考**
>
> **如何修改原始卡片？**
>
> - 在"卡片管理"窗口中修改：选择"卡片"→"卡片管理"选项，打开"查询条件选择—卡片管理"对话框，将"开始使用日期"选择框中的"√"去掉，单击"确定"按钮。在"卡片管理"窗口中，选择要修改的卡片，单击"修改"按钮，即可进行修改。
> - 在"固定资产卡片"窗口中修改：选择"录入原始卡片"选项，打开"固定资产类别档案"对话框，选择固定资产类别，单击"确定"按钮，打开"固定资产卡片"窗口。单击"放弃"按钮，系统弹出"是否取消本次操作"提示框，单击"是"按钮，单击上方页码翻转按钮，找到要修改的卡片，单击"修改"按钮，进行修改并保存。

任务三 固定资产管理系统业务处理

固定资产管理系统和总账管理系统之间存在数据自动传输关系，这种传输是通过记账凭证来完成的。固定资产管理系统日常业务包括资产增减、资产变动、计提固定资产减值准备、计提折旧、批量制单等工作。

天津明天医疗器械有限公司已经成功建立账套号为"020"的企业账套，启用固定资产管理系统并已进行初始化设置。2023年1月31日，由"01 刘洋"在企业应用平台进行固定资产管理系统业务处理。

一、固定资产增减

（一）理论导航

1. 固定资产增加

企业通过购买或其他方式取得固定资产时，要进行固定资产增加处理。资产增加需要填制一张新的固定资产卡片，与固定资产原始卡片录入相对应，本月新增的固定资产通过"资产增加"录入。

2. 固定资产减少

固定资产减少指资产在使用过程中由于各种原因，如毁损、出售、盘亏等退出企业，此时需要进行固定资产减少处理，通过"资产减少"功能录入资产减少记录，并说明减少的原因。

（二）业务资料

【例7-7】资产增加

1月3日，明天公司从京东商城购进电脑3台，取得增值税专用发票。每台电脑的不含税价格为 5 000 元，增值税税率为 13%，价税合计 16 950 元，从工行永乐支行转账支付款项（Z010）；预计可使用 5 年，净残值率为 5%，采用"平均年限法（一）"计提折旧，财务部、采购部、销售部各使用一台电脑，暂不制单。

【例 7-8】资产减少

1 月 23 日，经批准将不能满足办公需要的打印复印一体机（卡片编号为 00006）售出，取得现金收入 650 元，未发生其他清理费用。

> **思考**
>
> 可以现在进行"资产减少"操作吗？
> - 由于固定资产在减少当月仍需要计提折旧，所以资产减少的操作必须在计提完当月的固定资产折旧之后才能进行。

（三）操作指导

【例 7-7】资产增加

（1）调整系统日期为 2023-01-31，由主管"01 刘洋"重新登录固定资产管理系统。选择"固定资产"→"卡片"→"资产增加"选项，打开"固定资产类别档案"对话框。选择资产类别为"办公设备（04）"，单击"确定"按钮，进入"固定资产卡片[新增资产：00007 号卡片]"窗口。

（2）输入"固定资产名称"为"电脑"，"使用部门"选择"单部门使用"选项，"部门基本参照"为"财务部"，"增加方式"为"直接购入"，"使用状况"为"在用"，"开始使用日期"为"2023-01-03"，"原值"为"5 000"，"增值税"为"650"，"使用年限（月）"为"60"。

（3）单击 图标，系统自动生成一张记账凭证，并弹出"数据成功保存！"提示框。因该企业同时购买 3 台电脑，批量增加固定资产以减少录入工作量，故暂不制单。在"填制凭证"窗口中单击"填制凭证×"按钮，弹出"还有 1 张凭证没保存"提示框，单击"确定"按钮。弹出"还有没保存的凭证，是否退出？"提示框，单击"是"按钮。

（4）单击"复制"按钮，打开"固定资产"对话框，输入起始资产编号为"040203"、终止资产编号为"040204"，卡片复制数量为"2"张，单击"确定"按钮，弹出"卡片批量复制完成"提示框，单击"确定"按钮。

（5）打开卡片编号为"00008"的固定资产卡片，单击"修改"按钮，将使用部门修改为"采购部"，单击 图标。单击 按钮，打开卡片编号为"00009"的固定资产卡片，修改部门为"销售部"，同样不生成凭证，待后续批量制单合并生成。

> **思考**
>
> 新增固定资产如何制单？
> - 如果在参数设置时选中了"业务发生后立即制单"复选框，则在保存后直接弹出"填制凭证"窗口，可执行制单功能。

- 卡片输入完后，也可以不立即制单，在月末进行批量制单。
- 如果仅新增一项固定资产，则可立即制单生成凭证；如果同时新增多项固定资产且一并结算，则不应在此逐项生成凭证，而应通过批量制单合并生成凭证。

二、固定资产变动

（一）理论导航

固定资产变动包括原值变动、部门转移、使用状况变动、使用年限调整、折旧方法调整、净残值（率）调整、工作总量调整、累计折旧调整、资产类别调整、变动单管理等。对资产变动要求输入相应的"变动单"来记录资产调整结果，变动单是资产在使用过程中由于固定资产卡片上某些项目调整而编制的原始凭证，属于"有痕迹修改"。固定资产卡片在录入当月可以以修改卡片方式做"无痕迹修改"。在实际业务中，一般的变动操作需要留下审计线索，故需填写变动单。

（二）业务资料

【例7-9】资产原值变动—填写变动单

1月13日，为提高总务办电脑（卡片编号：00005）配置，增加内存条一条，价值为200元，以现金支付。

【例7-10】资产使用年限调整—填写变动单

1月18日，A流水线（卡片编号：00002）出现故障，将折旧年限由120个月变更为72个月。

【例7-11】资产部门转移—直接修改卡片

1月26日，因仓储管理需要，将财务部新购入的电脑（卡片编号：00007）移交给仓管部使用。

（三）操作指导

【例7-9】资产原值变动—填写变动单

（1）选择"固定资产"→"卡片"→"变动单"→"原值增加"选项，弹出"固定资产变动单"窗口。

（2）录入00001号变动单："卡片编号"选择"00005"，填写"增加金额"为"200"，"变动原因"为"提高配置"，如图7.5所示，单击 图标，弹出"数据成功保存！"提示框，单击"确定"按钮。

（3）打开"填制凭证"窗口，"凭证类别"选择"付款凭证"，补充贷方科目为"1001库存现金"，单击 图标。

借：固定资产　　　　　　　　　　　　　　200
　　贷：库存现金　　　　　　　　　　　　　　　200

图 7.5 资产原值变动

【例7-10】资产使用年限调整——填写变动单

（1）选择"固定资产"→"卡片"→"变动单"→"使用年限调整"选项，弹出"固定资产变动单"窗口。

（2）"卡片编号"选择"00002"，填写"变动后使用年限"为"72"，"变动原因"为"出现故障"，保存后退出。

> **补充提示**
> - 对进行"使用年限调整"填写变动单的固定资产，当月就按照调整后的使用年限计提折旧。
> - 变动单生成后如需修改，则选择"变动单"→"变动管理"选项进行。

【例7-11】资产部门转移——直接修改卡片

（1）选择"固定资产"→"卡片"→"卡片管理"选项，打开"查询条件选择—卡片管理"对话框，单击"确定"按钮，弹出"卡片管理"窗口。

（2）在"卡片编号"备选项目里选中"卡片00007"所在行，单击"修改"按钮，弹出"固定资产卡片[编辑卡片：00007卡片]"窗口。

（3）在"使用部门"栏中删除"财务部"，重新选择"仓管部"，保存后退出。

> **思考**
> 发生资产变动，是填"变动单"，还是直接修改资产卡片？
> - 对当月新增的资产，不允许在录入当月做变动单业务，如果需要做资产变动修改，则打开该资产卡片直接修改即可。
> - 对之前购入的资产变动，不允许直接修改资产卡片，只能通过填制"变动单"进行有痕迹修改。

三、计提资产减值准备

（一）理论导航

企业应当在月末或至少在每年年度终了时，对固定资产进行逐项检查。如果由于市价持续下跌或技术陈旧等原因，使其可回收金额低于账面增加值的，应当将可回收金额低于账面价值的差额作为固定资产减值准备。如果已计提减值的固定资产价值又得以恢复，应在原计提的减值准备范围内转回。

（二）业务资料

【例 7-12】计提减值准备

1月31日，由于技术更新迭代，对卡片编号为00003的流水线计提30 000元减值准备。

（三）操作指导

【例 7-12】计提减值准备

（1）选择"卡片"→"变动单"→"计提减值准备"选项，弹出"固定资产变动单"窗口。

（2）输入"卡片编号"为"00003"，"减值准备金额"为"30 000"，"变动原因"为"技术更新迭代"。单击 图标，弹出"数据成功保存！"提示框。

（3）单击"确定"按钮，进入"填制凭证"窗口。选择"凭证类别"为"转账凭证"，借方科目补充"6701 资产减值损失"，单击 图标，凭证上出现"已生成"标志，如图 7.6 所示。

图 7.6　计提减值准备并制单

四、计提折旧

（一）理论导航

计提折旧的处理是固定资产管理系统的基本处理功能之一，主要包括累计折旧的计提与分配。

1. 折旧计提

根据固定资产卡片中的信息，系统对各项固定资产每期计提折旧一次，自动计算所有资产当期累计折旧，将当期累计折旧额累加到累计折旧项中，并自动生成折旧清单。

对当月增加的固定资产，当月不提折旧，从下月起计提折旧；对当月减少的固定资产，当月照提折旧，从下月起不提折旧。固定资产提足折旧后，不管是否继续使用，均不再提折旧，对提前报废的固定资产，也不再补提折旧。

2. 折旧分配

计提工作完成后，进行折旧分配生成折旧分配表。固定资产的使用部门不同，其折旧费用分配的去向也不同，折旧费用与资产使用部门间的对应关系主要通过部门对应折旧科目来实现。系统根据折旧分配表，自动生成折旧凭证并传递到总账管理系统。

（二）业务资料

【例7-13】计提折旧

1月31日，计提1月份固定资产折旧，并生成凭证传递到总账管理系统。

（三）操作指导

【例7-13】计提折旧

（1）选择"固定资产"→"处理"→"计提本月折旧"选项，弹出"是否要查看折旧清单？"提示框，单击"是"按钮。弹出"本操作将计提本月折旧，并花费一定时间，是否要继续？"提示框，单击"是"按钮。弹出"折旧清单"窗口，单击"退出"图标，系统开始计提折旧，并弹出"计提折旧完成！"提示框，单击"确定"按钮，打开"折旧分配表"窗口。

（2）单击上方"凭证"按钮，进入"填制凭证"窗口，选择"转账凭证"类别，鼠标指向"制造费用"所在行，按Ctrl+S键，填写涉及辅助核算科目的辅助内容（项目：治疗器械），保存凭证计提折旧完成。

借：管理费用—折旧费（总务办）　　　　　71.1
　　管理费用—折旧费（财务部）　　　　　47.4
　　销售费用　　　　　　　　　　　　　2 133
　　制造费用—折旧费（治疗器械）　　　　7 662
　　制造费用—折旧费（治疗器械）　　　　2 985
贷：累计折旧　　　　　　　　　　　　12 898.5

> **补充提示**
>
> ● 在一个期间内可以多次计提折旧，每次计提折旧后，只将计提的折旧累加到月初的累计折旧上，不会重复累计。
> ● 计提折旧后又进行影响折旧计算分配的操作，必须重新计提折旧，否则系统不允许结账。
> ● 若上次计提折旧已制单并传递到总账管理系统，则必须删除该凭证才能重新计提折旧。

【例7-8】资产减少

由于固定资产减少当月需计提折旧，故只有当账套开始计提折旧后才可以使用资产减少功能，否则减少资产只能通过删除卡片来完成。承接【例7-8】进行资产减少操作。

（1）选择"卡片"→"资产减少"选项，弹出"资产减少"窗口。"卡片编号"选择"00006",自动带出资产编号"040201"。单击工具栏的"增加"按钮,"减少方式"选择"出售",单击"确定"按钮,弹出"所选卡片已经减少成功!"提示框。

(2)进入"填制凭证"窗口,选择"转账凭证"类别,保存并退出。

借:累计折旧　　　　　　　　　1 374.6
　　固定资产清理　　　　　　　1 625.4
　　　贷:固定资产　　　　　　　　　　3 000

(3)选择"总账"→"凭证"→"填制凭证"选项,弹出"填制凭证"窗口,单击"增加"按钮,选择"凭证类别"为"收款凭证",输入出售一体机的会计分录并保存。

(4)单击"增加"按钮,选择"凭证类别"为"转账凭证",输入结转固定资产清理(一体机)的会计分录并保存,两张凭证如图7.7所示。

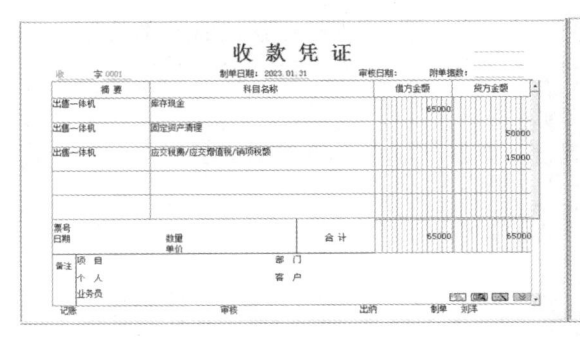

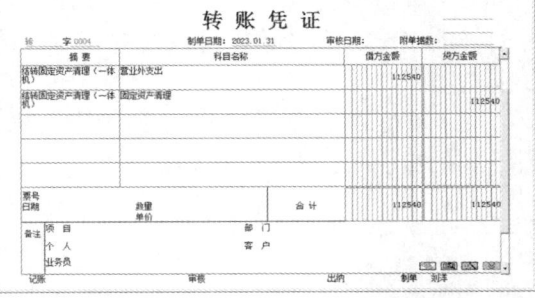

图7.7　资产减少制单

补充提示

- 对于误减少的资产,可以使用系统提供的纠错功能来恢复,通过在"卡片管理"窗口中查询"已减少资产"项实现。只有当月减少的资产才可以恢复。如果资产减少并已制作凭证,必须删除凭证后才能恢复。
- 只要卡片未被删除,就可以通过"卡片管理"窗口中的"已减少资产"项来查看减少的资产。

五、批量制单

(一)理论导航

制作记账凭证可以采取立即制单和批量制单两种方法实现。若在"选项"对话框中选中了"业务发生后立即制单"复选框,则需要在制单的相关业务发生后,系统自动调出凭证进行修改;如果在"选项"对话框中未选中该复选框,则可采用批量制单功能完成制单工作。批量制单功能可同时将一批需要制单的业务连续制作凭证并传递到总账管理系统,避免了多次制单的烦琐。凡是在业务发生时没有制单的,该业务自动排列在批量制单表中,表中列示应制单的业务发生日期、类型、原始单据号、默认的借贷方科目和金额,以及制单选择标志。

（二）业务资料

【例 7-14】批量制单

1月31日，将上述未执行制单的所有业务进行批量制单。

（三）操作指导

【例 7-14】批量制单

1. 对购入的三台电脑进行批量制单

（1）选择"处理"→"批量制单"选项，打开"查询条件选择—批量制单"对话框，单击"确定"按钮，打开"批量制单—制单选择"窗口。

（2）单击"全选"按钮或双击要制单的一栏，选中要制单的业务。由于本月购进三台同样的电脑，多张单据可以合并制单，故单击"合并"按钮，切换到"制单设置"选项卡。

（3）单击"凭证"按钮，生成一张记账凭证。修改凭证类别为"付款凭证"，单击 🖫 图标。批量制单如图7.8所示。

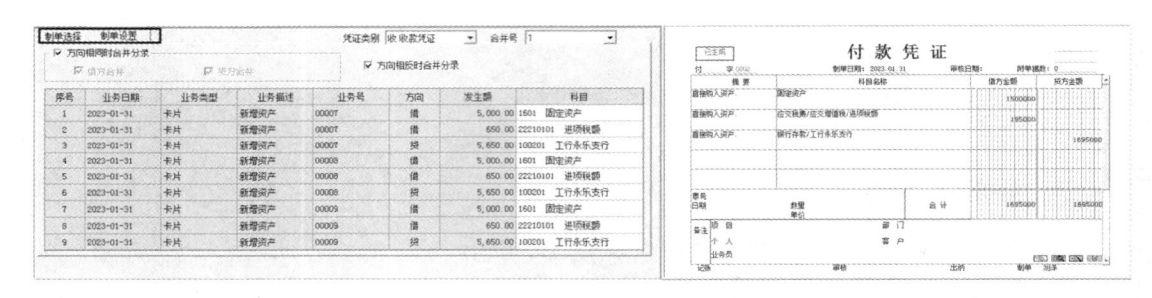

图 7.8　批量制单

2. 批量制单完毕后的总账处理

固定资产管理系统生成的凭证自动传递到总账管理系统。在总账管理系统中，对传递来的凭证进行审核和记账，才能保证月末对账平衡。

（1）以出纳"04 马丽"的身份登录总账管理系统，对涉及"1001，1002"的三张凭证进行出纳签字。

（2）以会计"02 安娜"的身份登录总账管理系统，对固定资产管理系统传来的所有凭证进行审核并记账。

任务四　固定资产管理系统期末处理

在完成本月固定资产管理系统日常业务处理后，进行期末处理，包括账表查询和对账、结账工作。已经完成1月份固定资产的业务处理，现在要进行期末结账，结束本月业务操作。1月31日，由主管"刘洋"在企业应用平台进行固定资产管理系统期末处理操作。

一、账表查询

（一）理论导航

固定资产管理系统的证、账、表查询包括凭证查询、固定资产账簿查询、固定资产统计表查询和固定资产分析表查询等。在固定资产管理的过程中，需要及时掌握资产的统计、汇总和其他各方面的信息。在固定资产管理系统中，根据用户对系统的日常操作自动提供这些信息，以报表的形式提供给财务人员和资产管理人员。本系统提供的报表分为四类：固定资产账簿、折旧表、汇总表、固定资产分析表。

1. 凭证查询

固定资产管理系统制作的传输到总账管理系统的记账凭证，可通过固定资产管理系统的"凭证"→"查询"功能查看、修改和删除。

2. 固定资产账簿查询

固定资产账簿一般用于提供资产管理所需要的基本信息，主要包括固定资产总账、单项固定资产明细账、固定资产登记簿、（部门、类别）明细账等基础报表。

3. 固定资产统计表查询

固定资产统计表用于提供各种统计信息，主要包括评估汇总表、评估变动表、固定资产统计表、逾龄资产统计表、役龄资产统计表、盘盈盘亏报告表、固定资产原值统计表等报表。

4. 固定资产分析表查询

固定资产分析表从资产的构成情况、分布情况、使用状况等角度提供分析数据，为管理人员进行决策提供信息。固定资产分析表主要包括固定资产部门构成分析表、固定资产使用状况分析表、固定资产价值结构分析表、固定资产类别构成分析表等报表。

（二）业务资料

【例7-15】查询1月固定资产管理系统生成的凭证
【例7-16】查询1月固定资产价值结构分析表
【例7-17】查询1月固定资产管理系统原值一览表
【例7-18】查询1月固定资产总账

（三）操作指导

【例7-15】查询1月固定资产管理系统生成的凭证
（1）选择"处理"→"凭证查询"选项，打开"凭证查询"对话框。
（2）单击需要查询的凭证所在行，单击工具栏的"编辑"按钮实现对凭证的修改操作，单击"删除"按钮实现凭证的删除，单击"查看"按钮看到相关原始卡片等。

【例 7-16】查询 1 月固定资产价值结构分析表

（1）选择"账表"→"我的账表"选项，打开"报表"窗口。

（2）选择"分析表"→"价值结构分析表"选项，打开"条件—价值结构分析表"对话框。

（3）选择查询的"期间"，单击"确定"按钮，打开"价值结构分析表"进行查看。

【例 7-17】查询 1 月固定资产管理系统原值一览表

（1）选择"账表"→"我的账表"选项，打开"报表"窗口。

（2）选择"统计表"→"（固定资产原值）一览表"选项，打开"条件—（固定资产原值）一览表"对话框。选择查询的"期间"和"部门级次"，单击"确定"按钮，打开"（固定资产原值）一览表"进行查看。

【例 7-18】查询 1 月固定资产总账

（1）选择"账表"→"我的账表"选项，打开"报表"窗口。

（2）选择"账簿"→"固定资产总账"选项，打开"条件—固定资产总账"对话框。

（3）选择查询的"类别名称"和"部门名称"，单击"确定"按钮，打开"固定资产总账"进行查看。

二、对账、结账

（一）理论导航

1. 对账

为保证固定资产管理系统的资产价值与总账管理系统中固定资产科目的数值相等，可随时使用对账功能对两个系统进行审查。系统在执行月末结账时自动对账一次，并给出对账结果。只有在固定资产管理系统进行初始化设置时勾选了"与账务系统进行对账"复选框，才可使用本系统的对账功能。

2. 结账

因为固定资产的月末结账是在完成当期业务核算的基础上进行的，所以在结账前，系统会自动检查当月是否进行折旧计提核算，以及所有核算业务是否都已制单生成凭证，经检查符合结账的基本条件后，才能进行月末结账。如果在固定资产管理系统初始化设置时没有勾选"在对账不平情况下允许固定资产月末结账"复选框，则需要在完成对账检查平衡后，才能办理月末结账。

结账后，当期数据不能被修改。如果有错误必须修改，则可通过系统提供的"恢复月末结账前状态"功能反结账，再进行修改。

（二）业务资料

【例 7-19】月末对账

【例 7-20】月末结账

（三）操作指导

【例 7-19】月末对账

在固定资产管理系统中选择"处理"→"对账"选项，弹出"与财务对账结果"提示框，对账结果如图 7.9 所示，单击"确定"按钮退出。

【例 7-20】月末结账

（1）选择"处理"→"月末结账"选项，打开"月末结账"对话框。

（2）单击"开始结账"按钮，弹出"与账务对账结果平衡"提示框。

图 7.9 对账结果

（3）单击"确定"按钮，弹出"月末结账成功完成！"提示框。

（4）单击"确定"按钮，弹出"结账后您不能对此账套任何数据进行修改"提示框。此时，不能对 2023 年 1 月固定资产业务进行任何处理。单击"确定"按钮，完成 2023 年 1 月固定资产管理系统结账工作。

> **思考**
>
> **在结账后发现结账前操作有误，如何修改？**
>
> - 如果在结账后发现结账前操作有误，必须修改结账前的数据，则可以使用"恢复结账前状态"功能，又称"反结账"，即将数据恢复到月末结账前状态，结账时所做的所有工作都被无痕迹删除。

习 题 巩 固

一、单选题

1. 在固定资产管理系统中，固定资产及累计折旧的期初明细数据应该通过（　　）功能录入。

　　A．原始卡片　　　　B．资产增加　　　　C．资产减少　　　　D．资产管理

2. 在固定资产管理系统中，设置部门对应折旧科目所指的科目是（　　）。

　　A．成本或费用科目　B．累计折旧科目　　C．固定资产科目　　D．任意科目

3. 已知固定资产编码方式为"类别编号+部门编号+序号"，序号长度为"3"，当录入系统的第一张原始卡片时，若类别编码为"012"，部门编号为"02"，则该原始卡片的固定资产编号会自动生成为（　　）。

　　A．01202001　　　　B．02102001　　　　C．02012001　　　　D．01202002

4. 下列选项中，不属于固定资产增加方式的是（　　）。

　　A．直接购入　　　　B．投资者投入　　　C．盘盈　　　　　　D．融资租出

5. 在系统预置的折旧方法中，每年的折旧额不变的是（　　）。
   A. 双倍余额递减法　　　　　　　　B. 工作量法
   C. 平均年限法　　　　　　　　　　D. 年数总和法

6. 某企业于 2019 年 6 月以 20 万元购入一辆轿车，其使用状况为在用。2021 年 1 月，该企业启用固定资产管理系统时，需要将此固定资产以（　　）方式录入系统。
   A. 原始卡片　　　B. 资产增加　　　C. 资产减少　　　D. 资产变动

7. 在固定资产管理系统中，计提折旧后，将根据（　　）生成记账凭证。
   A. 折旧清单　　　B. 折旧分析表　　C. 折旧统计表　　D. 折旧分配表

8. 固定资产管理系统生成的凭证（　　）进行修改。
   A. 只能在固定资产管理系统
   B. 只能在总账管理系统
   C. 在固定资产管理系统和总账管理系统都可以
   D. 在固定资产管理系统和总账管理系统都不可以

二、多选题

1. 下列选项中，与固定资产管理系统有数据传递联系的有（　　）。
   A. 薪资管理系统　　　　　　　　　B. 账务分析系统
   C. 成本管理系统　　　　　　　　　D. 应收款管理系统

2. 固定资产管理系统与账务管理系统的对账，主要通过设置对账科目（　　）进行。
   A. 产品生产成本　　B. 固定资产　　C. 累计折旧　　D. 在建工程

3. 下列选项中，属于系统预置的固定资产使用状况的有（　　）。
   A. 在用　　　　　　B. 经营性出租　　C. 未使用　　　D. 大修理停用

4. 下列选项中，属于固定资产变动管理的有（　　）。
   A. 原值变动　　　　B. 部门转移　　　C. 使用状况变动　D. 使用年限调整

5. 在固定资产管理系统中，对计提折旧有影响的选项有（　　）。
   A. 增加方式　　　　B. 资产原值　　　C. 折旧方法　　　D. 使用年限

三、判断题

1. 固定资产管理系统与总账管理系统对账不平衡时，固定资产管理系统一定不能结账。（　　）

2. 固定资产卡片编码方式既可以是手工编号，也可以是系统自动编号。（　　）

3. 在固定资产管理系统中，同一固定资产既可以被单个部门使用，也可以被多个部门使用。（　　）

4. 通过"资产增加"和"原始卡片录入"新增的卡片信息，都需要在本期进行折旧计提。（　　）

5. 如果勾选了"业务发生后立即制单"复选框，则在需要制单的业务发生后必须立即制单，否则此凭证无法完成制作工作。（　　）

6. 月末结账完成后，不能修改当期数据。（　　）

7. 只有在总账管理系统将固定资产传递过去的凭证记账完毕后,固定资产管理系统才能与总账管理系统对账。(　　)

四、思考题

1. 固定资产管理系统的主要功能有哪些?
2. 固定资产管理系统初始化、日常业务处理和期末处理主要包括哪些操作内容?
3. 计提固定资产折旧需要注意哪些内容?
4. 固定资产增加和减少业务的处理方法是什么?
5. 固定资产管理系统与总账管理系统对账平衡的前提是什么?

模块八
应收、应付款管理系统

➡ **知识目标**
- 了解应收、应付款管理系统的基本功能、控制参数和基本信息设置
- 熟悉应收、应付款管理系统的业务处理流程
- 掌握应收、应付款管理系统日常业务处理中的单据录入、审核、核销、转账、制单、坏账处理等内容

➡ **应用目标**
- 按照业务要求设置应收、应付款管理系统控制参数，进行客户往来基本科目、控制科目、结算方式、坏账准备等基础设置
- 能够熟练录入应收单据（应收单）、收款单据（收款单）、应付单据（应付单）、付款单据（付款单）并审核制单
- 能够根据业务发生情况熟练进行票据管理、转账冲销及转账处理相关操作，完成应收、应付款管理系统业务查询与期末结账

➡ **思政目标**
- 做人诚信，企业立信，有助于企业做好信用管理
- 具有较强的语言表达、会计职业沟通和协调能力
- 以严谨细致的态度对待财务工作，做好往来款项结算工作

模块八 应收、应付款管理系统

【情景导入】

天津明天医疗器械有限公司（简称明天公司）往来业务以订单为主，围绕客户订单组织原材料采购和产品生产。随着生产能力的扩大，该公司的客户规模也在增大，与更多的供应商建立了合作关系，使用应收、应付款管理系统进行往来款项业务的管理和核算，可以在供应商管理、客户管理、业务核算管理等方面显著提高效率。

明天医疗器械有限公司已经成功建立账套号为"020 明天公司"的企业账套，准备于 2023 年 1 月 1 日启用应收、应付款管理系统，并进行初始化设置。

1. 前期准备

将计算机系统日期调整为"2023 年 1 月 1 日"，引入"D:\020 明天公司\总账管理系统\总账系统管理初始化"文件夹里的备份账套。

2. 操作分工

由账套主管"01 刘洋"在企业应用平台，进行应收、应付款管理系统初始化设置、日常业务处理和期末处理操作。

3. 应收、应付款往来业务情况

月初，由账套主管进行应收、应付款管理系统初始化设置，录入期初余额并试算平衡。

1月，销售部销售呼吸机等商品，填制销售专用发票、应收单；收到客户前欠货款，填制收款单；收到商业承兑汇票，登记票据，进行商业汇票贴现；完成应收冲应收，预收冲应收等转账处理；进行坏账处理并计提坏账准备。采购部购入传感器，填制应付单据、付款单。对上述业务进行处理，生成凭证传递到总账管理系统。

任务一　应收、应付款管理系统概述

在用友 ERP-U8V10.1 中，应收款管理系统主要用于核算和管理客户往来款项，应付款管理系统主要用于核算和管理供应商往来款项。

一、认知应收、应付款管理系统

1. 应收款管理系统

应收款管理系统以销售发票、收款单、其他应收单等原始单据为依据，记录销售业务及其他业务所形成的往来款项，处理应收款项收回、坏账、转账等情况，提供票据管理及统计分析功能。

在实际经营活动中，企业与其他单位和个人发生的应收款是非常频繁的，收款工作量比较大，拖欠款情况也时有发生，因此对应收款的管理是一项相当繁杂的工作。应收款管理系统可以使企业管理好应收款项，及时收回欠款，从而使企业开展正常的经营活动。应收款管理系统可直接根据销售管理系统产生的发票和定金自动生成凭证，记入总账管理系统。客户交款时，可冲抵客户应收款，并自动计算现金折扣，生成收款凭证。该系统可追踪客户的交款情况、拖欠款情况，及时提供客户的信用信息；还可以实现对已形成的应收款进行账龄分析和估算坏账损失的功能。

2. 应付款管理系统

应付款管理系统以采购发票、其他应付单、付款单等原始单据为依据，记录采购业务及其他业务所形成的往来款项，处理应付款项、支付转账等情况，提供票据处理和统计分析的功能。

应付款是企业的流动负债项，这些应付款在未来某时点都是要偿还的。如果企业应付款是无序、无规划的，产生时间全由采购人员决定，企业没有合理的材料采购规范规定，则会造成材料积压，导致企业的资金浪费和资金紧张。通过应付款管理系统对企业的应付款进行合理的管理控制是十分必要的，不仅可以降低应付款给企业带来的财务风险与融资风险，而且还会提高企业的资金利用率，加强企业对材料的控制，降低企业的风险且帮助企业更好地发展。

二、应收、应付款管理系统的主要功能

应收、应付款管理系统在初始化设置、系统功能、系统应用方案、业务流程上都极为相似，主要差别是应收款管理系统负责坏账处理，而应付款管理系统不负责。应收、应付款管理系统的主要功能如下。

1. 初始化设置

初始化设置包括控制参数设置、基础信息设置和期初余额录入。

2. 日常业务处理

日常业务处理是对应收、应付款业务的处理，主要包括单据处理、票据管理、转账处理和坏账处理等内容。

（1）单据处理。包括应收单据和收款单据的录入、审核、核销、转账、汇兑损益、坏账、制单处理；应付单据和付款单据的录入、审核、核销、转账、汇兑损益、制单处理。

（2）票据管理。主要对银行承兑汇票和商业承兑汇票进行管理。票据管理可以提供票据登记簿，记录票据的利息、贴现、背书、结算和转出等信息。

（3）转账处理。包括对应收款管理系统的日常业务处理中可能发生的应收冲应付、应收冲应收、预收冲应收及红票对冲的业务处理；应付款管理日常业务处理中可能发生的应付冲应付、应付冲应收、预付冲应付及红票对冲的业务处理。

（4）坏账处理。包括计提应收坏账准备的处理、坏账发生后的处理、坏账收回后的处理等。其主要作用是自动计提应收款的坏账准备，当坏账发生时进行坏账核销，当被核销的坏账又收回时进行相应处理。

3. 期末处理

期末处理指用户在月末进行的结算汇兑损益及月末结账工作。如果企业有外币往来，则在月末需要计算外币单据的汇兑损益并对其进行相应的处理。如果当月业务已全部处理完毕，则需要执行月末结账处理，只在月末结账后，才可以开始下月工作。月末处理主要包括汇兑损益结算和月末结账。

三、应收、应付款管理系统的应用方案

由于各个企业对应收、应付款核算管理的要求不同，所以可选择的应用方案也是灵活的。根据启用系统模块和往来款项管理的要求不同，应收、应付款管理系统提供以下三种应用方案。

1. "总账管理系统核算应收、应付往来款"的应用方案

如果企业应收、应付往来款业务比较简单，或者现销业务比较多，则可以选择由总账管理系统核算应收、应付往来款的应用方案。此方案不能打印生成应收、应付款单据和收款、付款单据等票据，功能简单，只适用于客户往来、供应商往来业务不多的企业。此应用方案已在模块四中介绍。

2. "应收、应付款管理系统核算往来款，但不使用供应链管理系统"的应用方案

这种方案适用于客户、供应商往来业务量大且往来关系较为复杂的企业。由于不使用供应链管理系统进行业务管理，所以销售业务中的有关发票单据均在应收款管理系统中录入，并生成应收款，进而生成会计凭证；同样，采购业务中的有关发票单据均在应付款管理系统中录入，并生成应付款，进而生成会计凭证。本模块按此方式处理应收、应付款的核算和管理。

3. "应收、应付款管理系统和供应链管理系统核算往来款"的应用方案

此方案适用于信息化基础较好、充分应用用友ERP-U8V10.1进行业务管理的企业。与仅使用应收款管理系统、应付款管理系统核算往来账款的模式相比，供应链的运用使销售业务和应收款管理紧密关联、采购业务和应付款管理紧密关联。销售发票在销售管理系统中生成并传递到应收款管理系统，应收款管理系统据此生成应收单据并进行后续的管理和核算；采购发票在采购管理系统中生成并传递到应付款管理系统，应付款管理系统据此生成应付单据并进行后续的管理和核算。此应用方案将在本书模块九中介绍。

四、应收、应付款管理系统的业务流程

应收、应付款管理系统的业务流程主要包括初始化设置、日常业务处理和期末处理三个部分，如图8.1所示。

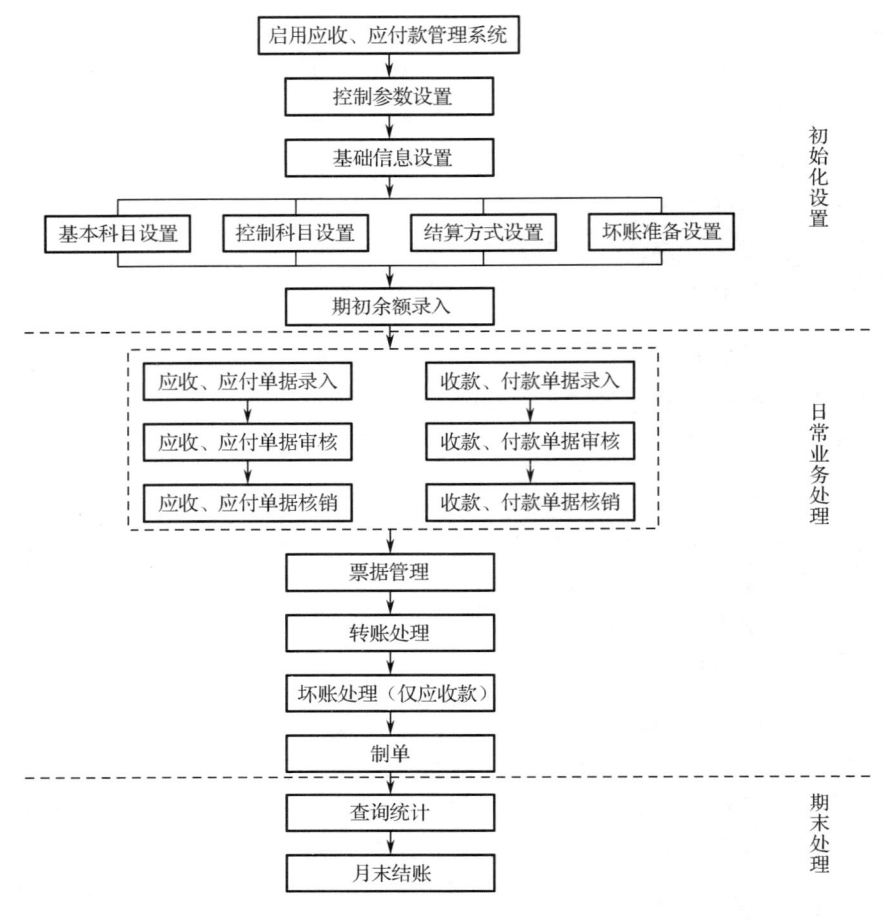

```
┌─────────────────────────┐
│  启用应收、应付款管理系统  │
└─────────────────────────┘
            │
    ┌───────────────┐
    │  控制参数设置  │
    └───────────────┘                    初
            │                            始
    ┌───────────────┐                    化
    │  基础信息设置  │                    设
    └───────────────┘                    置
            │
┌────────┬────────┬────────┬──────────┐
│基本科目│控制科目│结算方式│坏账准备  │
│  设置  │  设置  │  设置  │  设置    │
└────────┴────────┴────────┴──────────┘
            │
    ┌───────────────┐
    │  期初余额录入  │
    └───────────────┘
    ┌─────────────────────────────────┐
    │  ┌────────────┐ ┌────────────┐  │
    │  │应收、应付单│ │收款、付款单│  │  日
    │  │  据录入    │ │  据录入    │  │  常
    │  └────────────┘ └────────────┘  │  业
    │  ┌────────────┐ ┌────────────┐  │  务
    │  │应收、应付单│ │收款、付款单│  │  处
    │  │  据审核    │ │  据审核    │  │  理
    │  └────────────┘ └────────────┘  │
    │  ┌────────────┐ ┌────────────┐  │
    │  │应收、应付单│ │收款、付款单│  │
    │  │  据核销    │ │  据核销    │  │
    │  └────────────┘ └────────────┘  │
    └─────────────────────────────────┘
            │
    ┌───────────────┐
    │   票据管理    │
    └───────────────┘
    ┌───────────────┐
    │   转账处理    │
    └───────────────┘
    ┌─────────────────┐
    │坏账处理（仅应收款）│
    └─────────────────┘
    ┌───────────────┐
    │     制单      │
    └───────────────┘
                                        期
    ┌───────────────┐                    末
    │   查询统计    │                    处
    └───────────────┘                    理
    ┌───────────────┐
    │   月末结账    │
    └───────────────┘
```

图 8.1 应收、应付款管理系统的业务流程

五、应收、应付款管理系统与其他系统的关系

  应收款管理系统为销售管理系统提供各种单据的收款结算情况，以及代垫费用的核销情况。销售管理系统向应收款管理系统提供已复核的销售发票、销售调拨单，应收款管理系统对发票进行审核并进行收款结算处理，生成凭证。

  应付款管理系统为采购管理系统提供各种单据的付款结算情况。采购管理系统向应收款管理系统提供已复核的各种发票，应付款管理系统对发票进行付款结算处理，生成凭证。

  应收款管理系统和应付款管理系统之间可以进行转账处理。应收、应付款管理系统向总账管理系统传递凭证，向财务分析系统提供各种分析数据，向 UFO 报表系统提供应用函数。应收、应付款管理系统与其他系统的关系如图 8.2 所示：

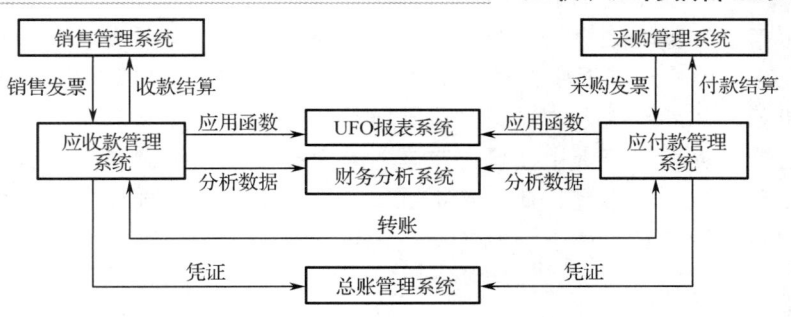

图 8.2　应收、应付款管理系统与其他系统的关系

任务二　应收、应付款管理系统初始化设置

应收、应付款管理系统初始化设置是根据单位的具体情况，建立一个符合企业财务工作要求的往来款项核算系统的过程。应收、应付款管理系统在初次使用时必须经过初始化设置，检查系统是否已经完成了相应的基础信息设置，才能用于单位日常核算和实际业务。应收、应付款管理系统初始化设置包括控制参数设置、基础信息设置和期初余额录入。

天津明天医疗器械有限公司于 2023 年 1 月 1 日，由账套主管"刘洋"启用应收款管理系统和应付款管理系统进行初始化设置。

一、控制参数设置

（一）理论导航

通过应收、应付款管理系统进行业务管理，首先要为业务处理制定基本的规则，如坏账处理方式、汇兑损益的处理方式、系统制单方式等。这一过程通过设置控制参数的方式完成。

1．"常规"选项卡

（1）单据审核日期依据。系统提供"单据日期"和"业务日期"两种依据。如果选择"单据日期"，则在进行单据审核时，系统自动将单据的审核日期记为该单据的单据日期。如果选择"业务日期"，则在进行单据审核时，系统自动将单据的审核日期记为当前业务日期（登录日期）。在账套使用过程中，选择按"单据日期"进行单据审核较为灵活。

（2）坏账处理方式（仅应收款管理系统）。系统提供的坏账处理方式有两种，即备抵法和直接转销法。如果选择备抵法，则需要选择具体的备抵方法，即应收余额百分比法、销售收入百分比法、账龄分析法。

（3）应收（应付）账款核算模型。系统提供"简单核算"和"详细核算"两种应用模型。建议选择"详细核算"，以便于对客户、供应商及往来款项进行更加详细的管理和核算。

153

（4）是否自动计算现金折扣。若选择自动计算，则需在发票或应收（收款）单中输入付款条件，在核销处理界面中，系统就会依据付款条件自动计算该发票或应收（收款）单可享受的折扣，用户可输入本次折扣进行结算。

（5）是否登记支票。若选中"登记支票"复选框，则系统自动将具有票据管理的结算方式的付款单登记到支票登记簿。若不选中"登记支票"复选框，则用户也可以单击付款单上的"登记"按钮，手工填制支票登记簿。

2."凭证"选项卡

（1）受控科目制单方式。系统提供两种制单方式，即"明细到客户"和"明细到单据"。在将一个客户（供应商）的多笔业务合并生成一张凭证时，如果核算多笔业务的控制科目相同，则选择"明细到客户"后，系统自动将其合并成一条分录；若选择"明细到单据"，则系统会将每笔业务形成一条分录。

（2）控制科目依据。系统提供"按客户（供应商）分类"、"按客户（供应商）"和"按地区"等控制科目依据。

（3）核销生成凭证。如果勾选"核销生成凭证"复选框，系统会判断核销双方的单据与当时的入账科目是否相同，若不相同，则需要生成一张调整凭证；如果不勾选此复选框，则不论核销双方单据的入账科目是否相同均不需要对这些记录进行制单。

（4）预收（预付）冲应收（应付）生成凭证。如果勾选"预收（预付）冲应收（应付）生成凭证"复选框，则对于该类业务，当预收（预付）、应收（应付）科目不相同时，系统生成一张转账凭证，并且在期末结账时对是否已生成凭证记录进行检查；如不勾选此复选框，则无须对此制单和进行期末检查。

3."权限与预警"选项卡

企业根据往来款管理需要设置提前预警天数。

4."核销设置"选项卡

（1）应收（应付）款核销方式。核销是指收款（付款）对冲应收款（应付款）的操作。系统提供"按单据"和"按产品"两种核销方式。如果企业在付款时，没有指定具体支付的是哪个存货的款项，则可以采用"按单据"方式核销。对于单位价值较高的存货，企业可以采用"按产品"方式核销，即付款指定到具体存货上。

（2）核销规则。系统默认为按客户（供应商）核销，可按客户（供应商）+其他项进行组合选择。例如，选择客户+部门表示核销时，需要客户相同且部门相同。

（3）收付款单审核后核销。对此选项，系统默认为不选择，表示收付款单审核后不立即进行核销操作。可修改为选择，并默认为"自动核销"，表示收付款单审核后立即进行自动的核销操作；选择"手工核销"，则表示收付款单审核后，立即自动进入手工核销界面，由用户手工完成核销。

（二）业务资料

【例8-1】设置应收、应付款管理系统控制参数

首次使用应收款管理系统和应付款管理系统，需要设置控制参数，如表8-1所示。

模块八 应收、应付款管理系统

表 8-1　应收、应付款管理系统控制参数

控制参数	应收款管理系统控制参数	应付款管理系统控制参数
常规	单据审核日期依据：单据日期 坏账处理方式：应收余额百分比法 其他选项按默认值	单据审核日期依据：单据日期 自动计算现金折扣 其他选项按默认值
凭证	受控科目制单方式：明细到单据 控制科目依据：按客户 取消"核销生成凭证" 其他选项按默认值	受控科目制单方式：明细到单据 采购科目依据：按存货分类 其他选项按默认值
权限与预警	按默认值	按默认值
核销设置	按默认值	按默认值
收付款控制	按默认值	按默认值

（三）操作指导

【例 8-1】设置应收、应付款管理系统控制参数

1. 设置应收款管理系统控制参数

（1）将计算机系统日期调整为"2023 年 1 月 1 日"，引入"D:\020 明天公司\总账管理系统\总账管理系统初始化"文件夹里的备份账套。

（2）以"01 刘洋"的身份注册企业应用平台（操作员：01；密码：1；账套：020 明天公司；操作日期：2023-01-01）。

（3）在"业务工作"选项卡中，选择"财务会计"→"应收款管理"→"设置"→"选项"选项，打开"账套参数设置"对话框。单击下方的"编辑"按钮，弹出"选项修改需要重新登录才能生效"提示框，单击"确定"按钮。

（4）在"常规"选项卡中，"单据审核日期依据"选择"单据日期"，"坏账处理方式"选择"应收余额百分比法"，其他为默认。

（5）在"凭证"选项卡中，"受控科目制单方式"选择"明细到单据"，取消"核销生成凭证"前的复选框，其他为默认。设置完成后，单击"确定"按钮返回。

2. 设置应付款管理系统控制参数

（1）在"业务工作"选项卡中，选择"财务会计"→"应付款管理"→"设置"→"选项"选项，打开"账套参数设置"对话框。单击下方的"编辑"按钮，弹出"选项修改需要重新登录才能生效"提示框，单击"确定"按钮。

（2）在"常规"选项卡中，"单据审核日期依据"选择"单据日期"，勾选"自动计算现金折扣"复选框，其他为默认。在"凭证"选项卡中，"受控科目制单方式"选择"明细到单据"，其他为默认。设置完成后，单击"确定"按钮返回。

> **补充提示**
>
> - 控制参数设置对整个账套的使用效果影响很大，有些选项在系统使用后将无法修改，因此一定要慎重选择。如应收款管理系统的核销方式一旦确定，则不允许调整。
> - 如果当年已经计提过坏账准备，则本年度的坏账处理方式不允许修改。

二、基础信息设置

基础信息设置包括科目设置、坏账准备设置、账龄区间设置、报警级别设置、单据设置等。其他公共信息设置（会计科目、部门档案、职员档案、外币及汇率、结算方式、付款条件、地区分类、客户分类及档案）已在企业基础信息设置和总账管理系统初始化设置中完成。

（一）理论导航

1. 科目设置

如果企业应收业务类型较固定，生成的凭证类型也较固定，为了简化凭证生成操作，可以将各业务类型凭证中的常用科目预先设置好。在系统中设置了基本科目、控制科目、产品科目等常用科目，系统在生成凭证时会自动填制相关的会计科目。还可以为每种结算方式设置一个默认的科目，以便在应收账款核销时，直接按不同的结算方式生成相应的账务处理中所对应的会计科目。

2. 坏账准备设置

坏账准备设置是指对坏账准备期初余额、坏账准备科目、对方科目及提取比率进行设置。在第一次使用系统时，应直接输入期初余额。在以后年度使用系统时，坏账准备的期初余额由系统自动生成且不能进行修改。坏账提取比率可分别按销售收入百分比法和应收账款余额百分比法，直接输入计提的百分比。按账龄百分比法提取，可直接输入各账龄期间计提的百分比。

3. 账龄区间设置

为了对应收账款进行账龄分析，需设置账龄区间。在进行账龄区间设置时，直接输入账龄区间总天数和起始天数，系统根据输入的总天数自动生成相应的区间。

4. 报警级别设置

通过报警级别设置，系统将按照往来单位欠款余额与其受信额度的比例分为不同的类型，以便于掌握各个往来单位的信用情况。

5. 单据设置

单据是记录企业经济业务发生的原始证明，单据设置包括设置单据类型和设置单据格式等。用友 ERP-U8V10.1 的单据设置包括单据格式设置、单据编号设置和单据打印控制三项功能。用友 ERP-U8V10.1 中已经预置了企业常用的单据，称为单据模板。每个企业可根据自身业务情况，在系统提供的单据模板的基础上定义本企业所需要的单据格式。

（二）业务资料

【例8-2】设置客户往来基本科目

应收科目：1122；预收科目：2203；商业承兑科目：1121；票据利息科目：6603；现金折扣科目 6603；税金科目：22210102；销售收入科目：6001。

【例 8-3】设置客户往来控制科目
所有客户的控制科目均相同。应收科目：1122；预收科目：2203。

【例 8-4】设置客户往来结算方式科目
明天公司客户往来结算方式科目如表 8-2 所示。

表 8-2　明天公司客户往来结算方式科目

结算方式	币种	科目
现金	人民币	1001
现金支票	人民币	100201
转账支票	人民币	100201
商业承兑汇票	人民币	100201
银行承兑汇票	人民币	100201
其他结算方式	人民币	100202

【例 8-5】设置坏账准备
明天公司坏账准备参数如表 8-3 所示。

表 8-3　明天公司坏账准备参数

控制参数	参数设置
提取比例	0.5%
坏账准备期初余额	0
坏账准备科目	坏账准备（1231）
坏账准备对方科目	资产减值损失（6701）

【例 8-6】设置供应商往来基本科目
应付科目：2202；预付科目：1123；采购科目：1402；税金科目：22210101；现金折扣科目：6603。

【例 8-7】设置供应商往来控制科目
所有供应商的控制科目均相同。应付科目：2202；预付科目：1123。

【例 8-8】设置供应商往来结算方式科目
明天公司供应商往来结算方式科目与客户往来结算方式科目相同，如表 8-2 所示。

【例 8-9】设置单据格式
删除销售管理系统中销售专用发票的"销售类型"项目；将销售订单的表头项目"汇率"替换为"预计完工日期"。

【例 8-10】设置单据编号
允许手动修改"其他应收单"、"收款单"、"销售专用发票"和"采购专用发票"的编号。

（三）操作指导

【例 8-2】设置客户往来基本科目

（1）在"业务工作"选项卡中，选择"财务会计"→"应收款管理"→"设置"→"初始设置"选项，打开"初始设置"窗口。

（2）选择"设置科目"→"基本科目设置"选项，单击"增加"按钮，按照业务资料录入其他科目编码，如图 8.3 所示。

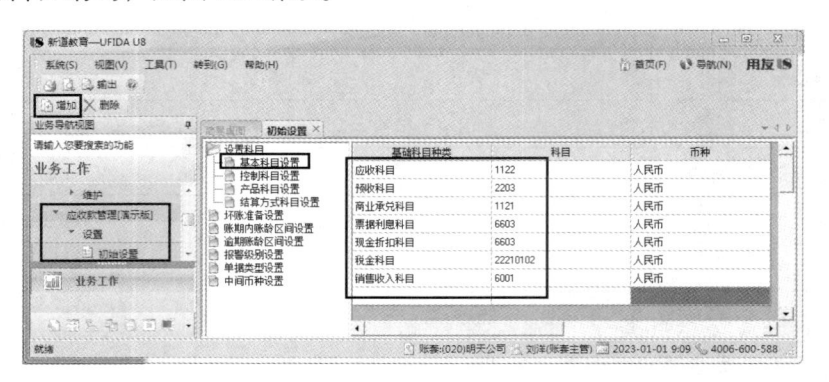

图 8.3 设置客户往来基本科目

> **补充提示**
> - 基本科目设置中所设置的应收、预收科目，只有在总账管理系统中设置辅助核算为"客户往来"、受控系统为"应收系统"，才能被选中。
> - 基本科目设置完成后，在制单时能够在凭证中出现会计科目，否则需要重新填写会计科目。

【例 8-3】设置客户往来控制科目

（1）在"初始设置"窗口中，选择"设置科目"→"控制科目设置"选项。

（2）在"应收科目"一列中录入"1122"，在"预收科目"一列中录入"2203"。

【例 8-4】设置客户往来结算方式科目

（1）在"初始设置"窗口中，选择"设置科目"→"结算方式科目设置"选项，右侧出现"结算方式科目设置"窗口。

（2）单击"增加"按钮，选择"结算方式"为"1 现金"，选择"币种"为"人民币"，在"科目"栏中录入或选择"1001"，按回车键。按照业务资料（表 8-3），录入其他结算方式科目。

【例 8-5】设置坏账准备

（1）在"初始设置"窗口中，选择"坏账准备设置"选项，右侧出现"坏账准备设置"窗口。

（2）录入提取比例为"0.5"，坏账准备期初余额为"0"，坏账准备科目为"1231"，坏账准备对方科目为"6701"。单击"确定"按钮并退出。

模块八 应收、应付款管理系统

> **补充提示**
> - 在设置账套参数时，选择的坏账处理方式不同，相应的坏账准备内容也不同。
> - 在第一年使用应收款管理系统时，直接输入坏账准备的期初余额，以后年度由系统自动生成。
> - 计提坏账准备后的各参数将不允许修改，只能查询。
> - 坏账准备金额取决于在设置账套参数时所选取的坏账处理方式。

【例 8-6】 设置供应商往来基本科目

（1）在"业务工作"选项卡中，选择"财务会计"→"应付款管理"→"设置"→"初始设置"选项，打开"初始设置"窗口。

（2）选择"设置科目"→"基本科目设置"选项，单击"增加"按钮，按照业务资料[例 8-6]录入其他科目编码。

【例 8-7】 设置供应商往来控制科目

（1）在"初始设置"窗口，选择"设置科目"→"控制科目设置"选项。

（2）在"应付科目"一列中录入"2202"，在"预付科目"一列中录入"1123"。

【例 8-8】 设置供应商往来结算方式科目

（1）在"初始设置"窗口中，选择"设置科目"→"结算方式科目设置"选项，右侧出现"结算方式科目设置"窗口。

（2）单击"增加"按钮，选择"结算方式"为"1 现金"，"币种"为"人民币"，在"科目"栏中录入或选择"1001"，按回车键。按照业务资料（表 8-2）录入其他结算方式科目。

【例 8-9】 设置单据格式

（1）启用销售管理系统。

（2）在企业应用平台的"基础设置"选项卡中，选择"单据设置"→"单据格式设置"选项，打开"单据格式设置"窗口。选择"U8 单据目录分类"→"销售管理"→"销售专用发票"→"显示"→"销售专用发票显示模板"选项，打开"单据格式设置"对话框。在"销售专用发票"的编辑区域中单击鼠标右键，单击表头部分的"销售类型"选项，单击"删除"按钮，弹出"是否删除当前选择项目？"提示框，如图 8.4 所示，单击"是"按钮，保存并退出。

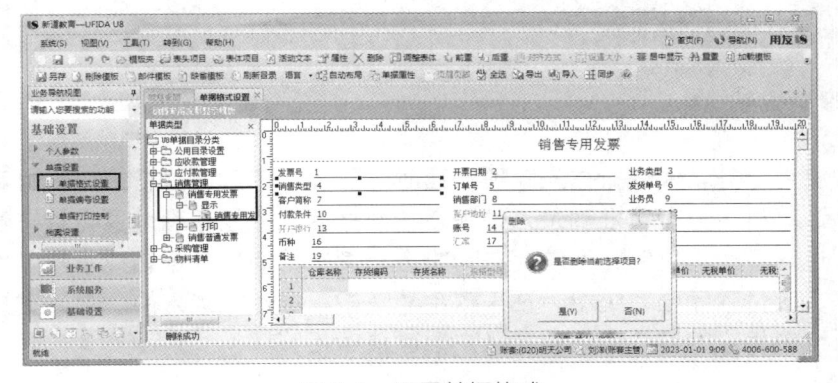

802 设置单据格式

图 8.4 设置单据格式

| 159 |

（3）选择"单据设置"→"单据格式设置"选项，打开"单据格式设置"窗口，选择"销售管理"→"销售订单"→"显示"→"销售订单显示模板"选项，单击鼠标右键，单击"表头项目"，取消选中"汇率"复选框，选中"预计完工日期"复选框，单击"确定"按钮，调整"预计完工时间"的位置，保存并退出。

【例8-10】设置单据编号

（1）在企业应用平台的"基础设置"选项卡中，选择"单据设置"→"单据编号设置"选项，打开"单据编号设置"对话框。

（2）选择左侧区域的"单据类型"→"应收款管理"→"其他应收单"选项，单击"修改"图标，选中"手工改动，重号时自动重取（T）"复选框，如图8.5所示。

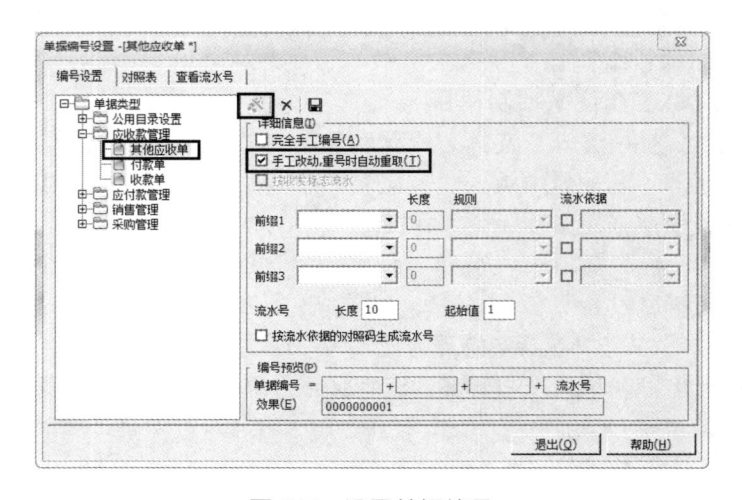

图 8.5　设置单据编号

（3）保存后同样操作设置"收款单"、"销售专用发票"和"采购专用发票"为手工改动。

（4）注销销售管理系统。

三、录入期初余额

（一）理论导航

第一次使用财务软件进行往来款项管理时，需要以手工方式把尚未支付和结清的往来款项录入计算机。只有在准确录入往来期初数据后，才能正确地进行往来账的各种统计和分析。进入下一年度时，系统会自动将上年度未结清的单据转成下一年度的期初余额。在应收、应付款管理系统中，往来款余额是按单据形式录入的。录入完成后，要与总账管理系统中相应的客户和供应商账户余额核对相符。

（二）业务资料

【例 8-11】录入应收款管理系统期初数据

系统初始化设置需要录入应收款管理系统期初数据。应收款管理系统期初数据如表 8-5 所示。

表 8-5　应收款管理系统期初数据　　　　　　　　　　　　　　单位：元

单据类型	开票日期	单据编号	客户名称	部门	业务员	科目	存货名称	数量	价税合计
商业承兑汇票 销售专用发票	10.25	5678 3344	健康医药	销售部	杨美娜	1121	血压仪	20 台	6 600.00
销售专用发票	12.28	2255	东华商贸	销售部	铁男	1122	呼吸机	800 台	248 000.00
其他应收单	11.05	1231	智德体检	销售部	杨美娜	1122	代垫运费		1 200.00
收款单	10.14	2231	威海医院	销售部	铁男	2203	预收货款		100 000.00

注：存货税率均为 13%，开票日期均为 2022 年。2022-10-25，收到北京健康医药开来的 6 个月商业承兑汇票，票号为 "5678"，签发日期和收到日期为 2022-10-25，到期日为 2023-4-25。

【例 8-12】录入应付款管理系统期初数据

系统初始化设置需要录入应付款管理系统期初数据。应付款管理系统期初数据如表 8-6 所示。

表 8-6　应付款管理系统期初数据　　　　　　　　　　　　　　单位：元

单据类型	开票日期	客户名称	部门	业务员	科目	存货名称	数量	价税合计
采购专用发票	11.12	中原商行	采购部	王志民	2202	硅胶	1200 盒	122 400.00
采购专用发票	11.22	沈阳神威	采购部	李迪	2202	塑料管	2 250 米	90 000.00
采购专用发票	12.05	沈阳神威	采购部	李迪	2202	塑料管	2 100 米	84 000.00

注：存货税率均为 13%，开票日期均为 2022 年。

（三）操作指导

【例 8-11】录入应收款管理系统期初数据

1. 录入期初商业汇票

（1）选择"财务会计"→"应收款管理"→"设置"→"期初余额"选项，打开"期初余额—查询"对话框。单击"确定"按钮，打开"期初余额明细表"窗口。

（2）单击"增加"按钮，选择单据名称为"应收票据"，单据类型为"商业承兑汇票"，单击"确定"按钮，打开"期初票据"窗口。单击"增加"按钮，录入票据具体内容：票据编号为"5678"，开票单位为"健康医药"，票据面值为"6 600"，签发日期为"2022-10-25"，收到日期为"2022-10-25"，到期日为"2023-04-25"，如图 8.6 所示。

（3）录入完毕单击 图标并退出，返回"期初余额"窗口。单击"刷新"按钮。此时，"期初余额"窗口将显示商业承兑汇票的记录。

804 录入期初商业汇票

图 8.6　录入期初商业汇票

2. 录入期初销售专用发票

（1）在"期初余额明细表"窗口中，单击"增加"按钮，打开"单据类别"对话框。选择单据类型为"销售专用发票"，单击"确定"按钮，打开"销售专用发票"窗口。

（2）单击"增加"按钮，修改开票日期为"2022-10-25"，修改发票号为"3344"，客户名称为"003 健康医药"，系统自动带出相关销售信息；录入税率为"13"，修改科目为"1121"；在下方"货物编号"栏中选择"005"，系统带出货物相关信息，如图 8.7 所示；在"数量"栏中录入"20"，在"价税合计"栏中录入"6 600"，其他数据系统自动带出。

（3）单击 图标。同样操作按照业务资料（表 8-6）录入第 2 张销售专用发票。

805 录入期初销售专用发票

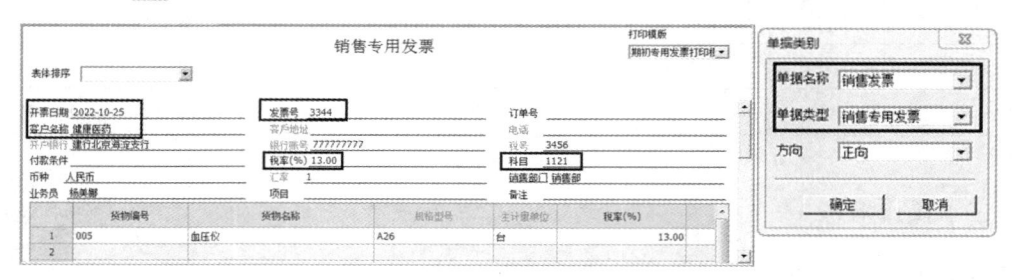

图 8.7　录入期初销售专用发票

3. 录入期初应收单

（1）返回"期初余额明细表"窗口，单击"增加"按钮，打开"单据类别"对话框。选择单据名称为"应收单"，单据类型为"其他应收单"，单击"确定"按钮，打开"应收单"窗口，如图 8.8 所示。

（2）单击"增加"按钮，修改单据编号为"1231"，修改单据日期为"2022-11-05"，客户为"004 智德体检"，系统自动带出相关销售信息；在"金额"栏中录入"1 200"，在"摘要"栏中录入"代垫运费"，单击 图标并退出。

806 录入期初应收单

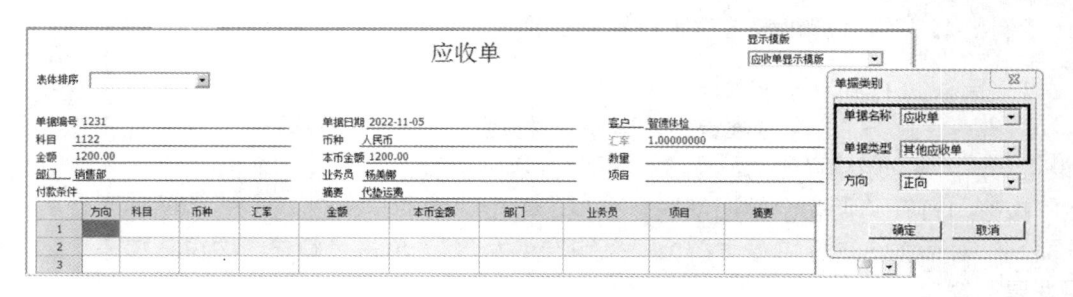

图 8.8　录入期初应收单

4. 录入期初收款单

（1）返回"期初余额明细表"窗口，单击"增加"按钮，打开"单据类别"对话框。选择单据名称为"预收款"，单据类型为"收款单"，单击"确定"按钮，打开"收款单"窗口。

（2）单击"增加"按钮，修改单据编号为"2231"，修改开票日期为"2022-10-14"，客户为"001 威海医院"，系统自动带出相关销售信息；结算方式选择"202 转账支票"，自动带出结算科目为"100201"；在"金额"栏中录入"100 000"，在"摘要"栏中录入"预收货款"。单击下方"款项类型"第一行，系统自动带出有关数据，如图 8.9 所示，单击 图标并退出。

807 录入期初收款单

图 8.9　录入期初收款单

5. 与总账管理系统对账

（1）在"期初余额明细表"窗口中，单击上方工具栏的"对账"按钮，打开"期初对账"窗口，显示对账结果，如图 8.10 所示。

（2）原币和本币差额均为"0"，对账检查完毕并退出。

编号	科目名称	应收期初 原币	应收期初 本币	总账期初 原币	总账期初 本币	差额 原币	差额 本币
1121	应收票据	6,600.00	6,600.00	6,600.00	6,600.00	0.00	0.00
1122	应收账款	249,200.00	249,200.00	249,200.00	249,200.00	0.00	0.00
2203	预收账款	-100,000.00	-100,000.00	-100,000.00	-100,000.00	0.00	0.00
	合计		155,800.00		155,800.00		0.00

图 8.10　与总账管理系统期初对账相平

【例 8-12】录入应付款管理系统期初数据

1. 录入应付期初数据

（1）在"业务工作"选项卡中，选择"财务会计"→"应付款管理"→"设置"→"期初余额"选项，打开"期初余额—查询"对话框。单击"确定"按钮，打开"期初余额明细表"窗口。单击"增加"按钮，打开"单据类别"对话框。选择单据类型为"采购专用发票"，单击"确定"按钮，打开"采购专用发票"窗口。

（2）单击"增加"按钮，选择发票号为系统默认，选择开票日期为"2022-11-12"，供应商名称为"003 中原商行"，系统自动带出相关采购信息；录入税率为"13"；在下方"货物编号"栏中选择"003"，系统带出货物相关信息；在"数量"栏中录入"1 200"，在"原币价税合计"栏中录入"122 400"，系统自动带出其他数据，单击 图标。同样操作，录入另外两笔采购专用发票。

2. 与总账管理系统对账

（1）在"期初余额明细表"窗口中，单击上方工具栏的"对账"按钮，打开"期初对账"窗口，显示对账结果，如图 8.11 所示。

编号	科目名称	应付期初 原币	应付期初 本币	总账期初 原币	总账期初 本币	差额 原币	差额 本币
1123	预付账款	0.00	0.00	0.00	0.00	0.00	0.00
2201	应付票据		0.00		0.00		0.00
2202	应付账款	296,400.00	296,400.00	296,400.00	296,400.00	0.00	0.00
	合计		296,400.00		296,400.00		0.00

图 8.11 与总账管理系统期初对账相平

（2）原币和本币差额均为"0"，对账检查完毕并退出。

【账套备份】

将账套输出至"D:\020 明天公司\应收、应付款管理系统初始设置"文件夹并永久保留，备份账套供模块九 供应链管理系统实验操作使用。

任务三 应收款管理系统业务处理

在应收、应付款管理系统初始化设置完成后，就可以开始进行日常账务处理了。应收款管理系统业务处理主要涉及应收单据处理、收款单据处理、票据管理和转账管理、坏账处理、期末处理等内容。2023 年 1 月 31 日，由"01 刘洋"在企业应用平台进行应收款管理系统业务处理。

模块八
应收、应付款管理系统

一、应收单据处理

（一）理论导航

应收单据处理指用户进行单据录入和单据管理的工作。这些单据包括销售业务中的各类普通发票和专用发票，以及销售业务之外的应收单据（如代垫运费）等。往来业务的日常业务处理以这些原始单据的录入为起点，往来业务发生时录入的单据与凭证是往来款项结算和核销的对象，坏账处理与坏账准备的计提也以此为基础。在应收单据处理中可以录入销售业务中的各类发票及销售业务之外的应收单据。通过单据录入，单据管理可查阅各种应收业务单据，完成应收业务管理的日常工作。其基本操作流程分为三个阶段：单据录入、单据审核和单据制单。

1. 单据录入

单据录入指对未收款项的单据进行录入，目的是把应收款业务发生时的原始单据资料录入系统，这时的单据尚未形成记账凭证。

2. 单据审核

在单据录入后，对单据进行审核，主要是对已录入的单据内容进行校对，检查其正确性，经审核后的单据才能制单形成记账凭证。单据被审核后，将从单据处理功能中消失，但可以通过单据查询功能查看此单据的详细资料。

3. 单据制单

单据制单指在单据审核后由系统自动编制凭证，也可以暂不制单，之后集中处理。在应收款管理系统中生成的凭证将由系统自动传送到总账管理系统，并由有关人员进行审核和记账等账务处理工作。

（二）业务资料

【例 8-13】应收单据录入、审核并立即制单

1 月 8 日，销售部铁男向威海市第一医院销售呼吸机 25 台，每台不含税单价为 2 800 元，增值税适用税率为 13%，开具销售专用发票（票号：202313），货款尚未收到。以工行现金支票（X221）代垫运费 800 元。（填制销售专用发票、应收单并立即制单。）

（三）操作指导

【例 8-13】应收单据录入、审核并立即制单

1. 销售专用发票录入、审核并制单

（1）调整系统日期为 2023-01-31，由主管"01 刘洋"重新登录应收款管理系统。选择"应收款管理"→"应收单据处理"→"应收单据录入"选项，打开"单据类别"对话框。

（2）选择单据类型为"销售专用发票"，单击"确定"按钮，打开"销售专用发

| 165 |

票"窗口。单击"增加"按钮，修改发票号为"202313"，修改开票日期为"2023-01-08"，客户简称选择"001 威海医院"，系统自动带出相关销售信息，录入税率为"13"；在下方"货物编号"栏中选择"004"，系统带出"呼吸机"货物相关信息；在"数量"栏中录入"25"，在"无税单价"栏中录入"2 800"，系统自动带出其他数据，保存单据。

（3）单击"审核"按钮，系统弹出"是否立即制单"提示框，单击"是"按钮，生成销售凭证，选择凭证类别为"转账凭证"，保存并退出。

  借：应收账款   79 100
   贷：主营业务收入   70 000
     应交税费—应交增值税—销项税额 9 100

2. 其他应收单录入、审核并立即制单

（1）选择"应收单据处理"→"应收单据录入"选项，打开"单据类别"对话框。选择单据名称为"应收单"，单击"确定"按钮，打开"应收单"窗口。

（2）单击"增加"按钮，修改单据日期为"2023-01-08"，客户为"001 威海医院"，系统自动带出相关销售信息，在"金额"栏中录入"800"，在"摘要"栏中录入"代垫运费"。单击表体第一行，输入贷方科目代码为"100201"，保存并退出。

810 其他应收单处理

（3）单击"审核"按钮，系统弹出"是否立即制单"提示框，单击"是"按钮，生成销售凭证，选择凭证类别为"付款凭证"，将光标移到"100201"所在行，按"Ctrl+S"组合键调出"辅助项"对话框，选择结算方式为"201 现金支票"，录入票号为"X221"，发生日期为"2023-01-08"，保存并退出。

  借：应收账款   800
   贷：银行存款—工行永乐支行   800

> **补充提示**
> - 已审核的单据不能被修改和删除，已制单或核销的单据在单据录入界面是查询不到的。
> - 如果同时使用应收款管理系统和销售管理系统，则发票和代垫费用产生的应收单据应在销售管理系统中录入，在应收款管理系统中可以对这些单据进行审核、制单等业务处理，除此之外的应收单在本系统中录入。如果没有启用销售管理系统，则各类应收单和发票均在本系统中录入。

二、收款单据处理

（一）理论导航

应收款管理系统的收款单据用于记录企业所收到的客户款项。收款单据处理是对已收到款项的单据进行录入并核销的过程。日常业务中收到货款、预收货款按应收款结算单据录入。在单据结算功能中，可录入收款单据、付款单据，并对发票及应收单据进行核销，形成预收款并核销应收款，处理代付款。其基本操作流程包括三个阶段：收款单据录入、单据审核、单据核销。

单据核销是对往来已达账做删除处理的过程，表示本笔业务已经结清，即在确定收款单据与原始发票之间的对应关系后，进行自动冲销的过程。单据核销的作用是，核销处理客户的应收款，建立应收款与收回款的核销记录，监督应收款的收回情况。

（二）业务资料

【例8-14】收款单据录入、审核、制单、核销

（1）1月16日，收到天津东华商贸公司转账支票一张（票号：Z012），票面金额为100 000元，存入工行永乐支行用于归还2022年12月28日所欠部分货款。（填制收款单，立即制单，核销）

（2）1月17日，收到天津智德体检公司转账支票一张（票号：Z013），票面金额为10 000元，存入工行永乐支行，系预收货款。（填制收款单，立即制单）

（三）操作指导

【例8-14】收款单据录入、审核、制单、核销

1. 收款单据录入

（1）选择"应收款管理"→"收款单据处理"→"收款单据录入"选项，打开"收款单"窗口。

（2）单击"增加"按钮，修改日期为"2023-01-16"，客户名称选择"002东华商贸"，系统自动带出相关销售信息；结算方式选择"202转账支票"，自动带出结算科目为"100201"；在"金额"栏中录入"100 000"，在"摘要"栏中录入"收到前欠货款"。

（3）单击下方"款项类型"第一行，系统自动带出有关数据，保存并退出。

2. 收款单据审核并制单

（1）单击上方"审核"按钮，系统弹出"是否立即制单"提示框，单击"是"按钮，生成销售凭证。

（2）选择凭证类别为"收款凭证"，将光标移到"100201"所在行，按Ctrl+S组合键调出"辅助项"对话框，结算方式选择"202转账支票"，录入票号为"Z012"，发生日期选择"2023-01-16"，单击 图标，凭证上出现"已生成"标志，系统自动将当前凭证传递到总账管理系统等待审核记账。

  借：银行存款—工行永乐支行   100 000
    贷：应收账款   100 000

3. 收款单据核销

（1）选择"核销"→"自动核销"选项，系统弹出"是否进行自动核销？"提示框。

（2）单击"是"按钮，弹出"自动核销报告"对话框。确定无误后，单击"确定"按钮，系统自动核销东华商贸这笔欠款。

> **补充提示**
> - 在未审核收款单据以前，可以在填制界面直接对错误的单据进行修改，如果已审核则应先取消审核。删除收款单据也是同样操作。
> - 对收款单据必须在审核后才能进行核销操作。核销时，在"本次结算"栏中录入的结算金额小于"本次结算金额"时，其差额将自动形成预收款。
> - 如果在执行核销处理过程中操作有误，则可通过选择"其他处理"→"取消操作"选项，将其恢复到操作前状态。如果该处理已经制单，则先删除其对应的凭证，再进行恢复操作。

（3）同样，操作录入1月17日业务的收款单，注意修改表体中，款项类型为"预收款"，会计科目为"2203 预收账款"。执行"审核"功能并立即制单。此业务不予核销。

借：银行存款—工行永乐支行　　　　　　　　　10 000
　　贷：预收账款　　　　　　　　　　　　　　　　10 000

三、票据管理

（一）理论导航

企业在日常经营业务结算中，往往会采用银行承兑汇票或商业承兑汇票的结算方式。本系统提供了强大的票据管理功能，可以对商业汇票进行管理，记录票据详细信息和票据处理情况，包括票据金额、利率、日期、贴现、背书、计息、结算和转出等内容，并可以灵活设置查询条件。

1. 增加票据

当用户收到银行承兑汇票或商业承兑汇票时，应将该汇票在应收款管理系统的"票据管理"窗口中录入。系统会自动根据票据生成一张收款单据，用户可以对收款单据进行查询，并与应收单据进行核销勾对，冲减客户应收账款。

2. 管理票据

管理票据是指对企业现存的应收票据、应付票据的处理情况进行的控制和核算。对票据的处理包括票据的贴现、背书、转出、结算和计息等内容。

（二）业务资料

【例8-15】增加商业汇票

1月20日，收到工行三个月无息商业承兑汇票一张（票据编号：101010），承兑人是威海市第一医院，票据面值为79 100元，用于归还本月8日采购呼吸机的欠款。收到日期和出票日期均为2023年1月20日，到期日为4月20日（登记商业承兑汇票）

模块八　应收、应付款管理系统

【例 8-16】制单

对自动生成的收款单据进行制单。

【例 8-17】商业汇票贴现

1 月 22 日，将 2022 年 10 月 25 日收到的由北京健康医药公司签发的商业承兑汇票进行贴现，贴现率为 5%（立即制单）。

（三）操作指导

【例 8-15】增加商业汇票

（1）选择"应收款管理"→"票据管理"选项，打开"查询条件选择"对话框。单击"确定"按钮，打开"票据管理"窗口。

（2）单击"增加"按钮，打开"商业汇票"窗口。按照业务资料逐项录入商业汇票内容，如图 8.12 所示，单击 图标。

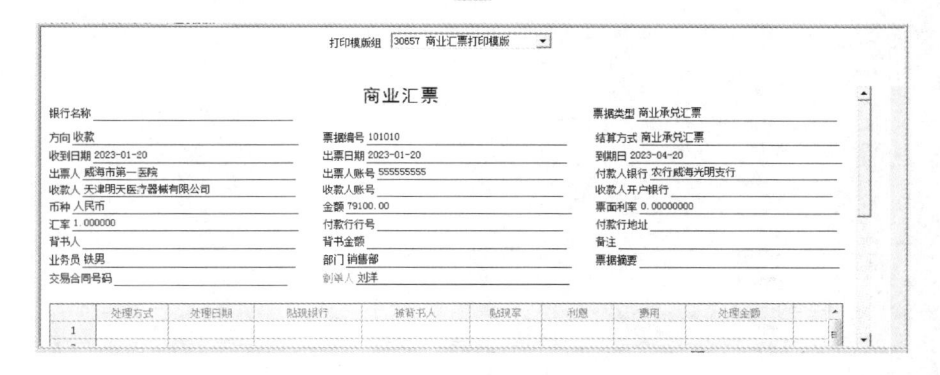

图 8.12　增加商业汇票

（3）保存商业汇票后自动生成一张收款单据。选择"收款单据处理"→"收款单据审核"选项，打开"收款单据查询条件"对话框。单击"确定"按钮，打开"收付款单列表"窗口。单击"全选"按钮，选中商业汇票生成的收款单据，单击"审核"按钮后退出，通过批量制单生成凭证。

【例 8-16】制单

1. 立即制单

由于在控制参数设置时勾选了"业务发生后立即制单"复选框，所以在对单据进行相应操作后，便会自动生成"是否立即制单？"提示框。

2. 批量制单

可同时完成应收单据制单、收款单据制单、转账制单、并账制单、坏账处理制单，如本例对增加商业汇票所生成收款单据的凭证进行制单。

（1）选择"应收款管理"→"制单处理"选项，打开"制单查询"对话框。选中左侧框区的"收付款单制单"复选框。单击"确定"按钮，打开"制单"窗口。

（2）单击"全选"按钮，选择凭证类别为"转账凭证"。单击"制单"按钮，生成一张记账凭证，保存后退出。

借：应收票据　　　　　　　　　　　　　　　　　79 100
　　贷：应收账款　　　　　　　　　　　　　　　　　　　79 100

【例 8-17】 商业汇票贴现

（1）选择"应收款管理"→"票据管理"选项，打开"查询条件选择"对话框。单击"确定"按钮，打开"票据管理"窗口，系统显示票据记录。

（2）选中"2022-10-25"所在行，单击"贴现"按钮，打开"票据贴现"对话框。输入贴现日期"2023-01-22"，输入贴现率"5"，选择结算科目为"100201"，单击"确定"按钮，系统弹出"是否立即制单"提示框，单击"是"按钮，生成票据贴现凭证。

（3）选择凭证类别为"收款凭证"，补充借方科目"6603 财务费用"，如图 8.13 所示，单击 图标，凭证上出现"已生成"标志，系统自动将当前凭证传递到总账管理系统等待审核记账。

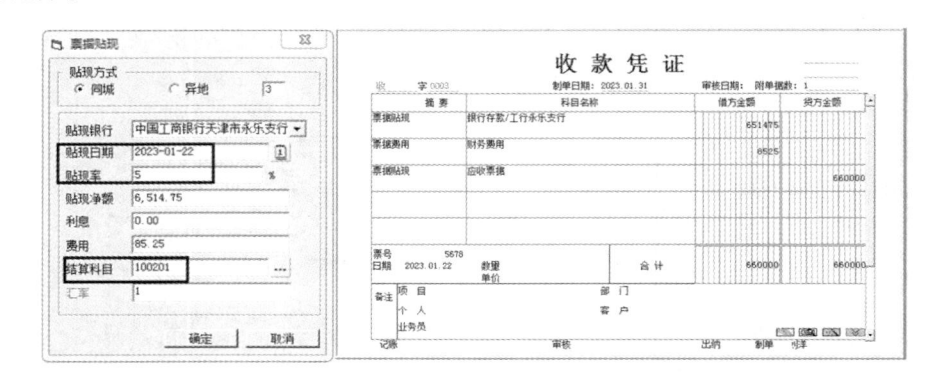

图 8.13　商业汇票贴现并制单

四、转账处理

（一）理论导航

转账处理功能指完成往来业务相互冲抵操作的功能。在实际业务中，往来单位之间有可能互为供应单位，往来款项业务十分复杂，双方单位之间经常出现既有应收账款又有预收账款，还有应付账款等情况。因此，在实际工作中可以根据不同情况进行应收冲应收（应收款冲抵应收款），预收冲应收（预收款冲抵应收款），应收冲应付（以应收款冲抵应付款）等处理。

1. 应收冲应收

应收冲应收指将一家客户的应收款转到另一家客户名下，如一家客户为另一家客户代付款。

2. 应收冲应付

应收冲应付指某客户的应收款冲抵某供应商的应付款，如果某客户既是客户又是供应商，则可能发生应收冲应付的情况。

3. 预收冲应收

预收冲应收功能可以处理客户的预收定金和该客户应收账款的转账核销业务。如某客户有预收款时，可用该客户的一笔预收款冲抵其一笔应收款。

4. 红字对冲

发生退货时，用红字发票对冲蓝字发票。

（二）业务资料

【例 8-18】应收冲应收

1 月 31 日，因天津东华商贸公司与威海市第一医院存在业务往来，经两公司协商将 2022 年 12 月 28 日天津东华商贸所欠剩余 48 000 元货款转给威海市第一医院（立即制单）。

【例 8-19】预收冲应收

1 月 31 日，经协商，将 1 月 7 日天津智德体检交付的 10 000 元预收款冲抵 2022 年 11 月 5 日所欠的代垫运费 1 200 元（立即制单）。

（三）操作指导

【例 8-18】应收冲应收

（1）选择"转账"→"应收冲应收"选项，打开"应收冲应收"窗口。

（2）转出客户选择"002 天津东华商贸"，转入客户选择"001 威海市第一医院"。单击"查询"按钮，系统列出转出客户"002 天津东华商贸"的未核销应收款。在第一行"并账金额"栏中录入"48 000"，单击 图标，弹出"是否立即制单"提示框，单击"是"按钮，生成应收冲应收凭证。

（3）选择凭证类别为"转账凭证"，如图 8.14 所示，单击 图标，凭证上出现"已生成"标志，系统自动将当前凭证传递到总账系统等待审核记账。

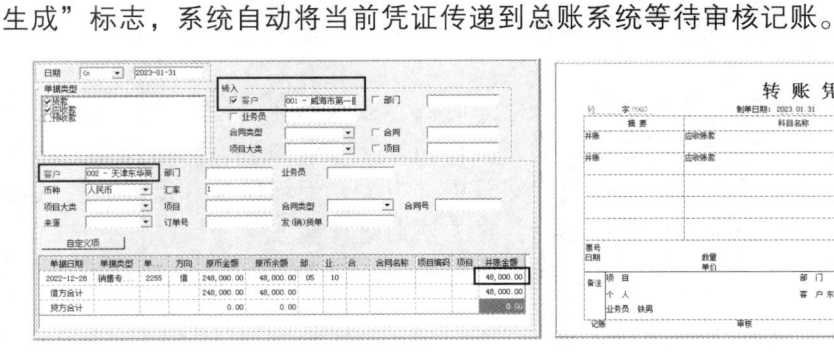

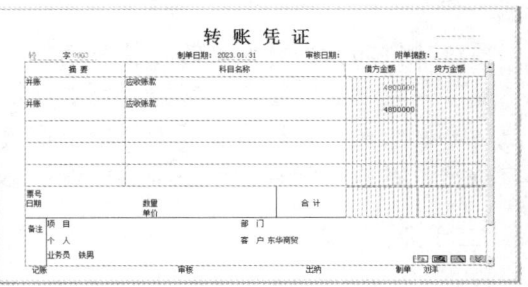

图 8.14　应收冲应收并制单

【例 8-19】预收冲应收

（1）选择"应收款管理"→"转账"→"预收冲应收"选项，打开"预收冲应收"窗口。在"预收款"选项卡中，客户选择"004 天津智德体检"，单击"过滤"按钮，系统列出该客户的预收款。选择预收款所在行，在"转账金额"栏中录入"1 200"。

（2）单击"应收款"选项卡，单击"过滤"按钮，系统列出该客户的应收款。选择需要冲抵代垫运费所在行，在"转账金额"栏中录入"1 200"。单击"确定"按钮，弹出"是否立即制单"提示框，单击"是"按钮，生成凭证类别选择"转账凭证"，如图 8.15 所示，保存并退出。

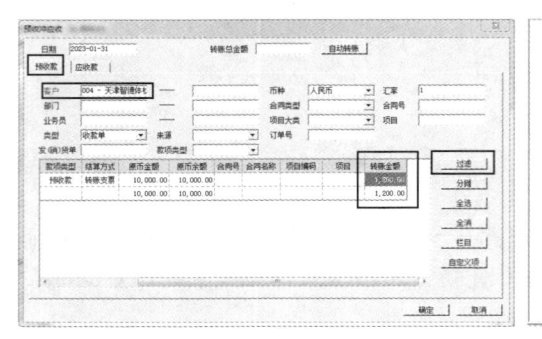

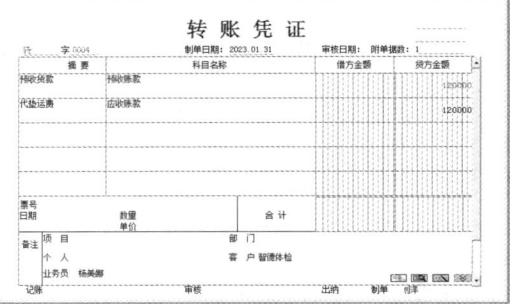

图 8.15　预收冲应收并制单

> **补充提示**
> ● 应收款的转账金额合计应该等于预收款的转账金额合计。
> ● 每笔应收款的转账金额不能大于其余额。

五、坏账处理

（一）理论导航

坏账指预计不能收回的应收款项所发生的损失，企业应按系统设置的坏账处理方法和规定比例计提坏账准备，并及时计入管理费用。坏账处理包括坏账发生、坏账收回和坏账计提。

系统提供的计提坏账方法主要有销售收入百分比法、应收账款百分比法和账龄分析法。不管采用什么方法计提坏账，初次计提时，应在初始化设置中进行预先设置。坏账的发生和回收是根据往来款项业务情况在日常核算中进行的，而坏账的计提则一般只在年末进行，在应收款管理系统根据预设的坏账计提方法自动计算。

（二）业务资料

【例 8-20】坏账处理

1月31日，将8日为威海市第一医院代垫的800元运费作为坏账处理（立即制单）。

【例 8-21】计提坏账准备

1月31日，计提本月坏账准备（立即制单）。

（三）操作指导

【例 8-20】坏账处理

（1）选择"应收款管理"→"坏账处理"→"坏账发生"选项，打开

815 坏账处理

"坏账发生"对话框。在"客户"栏中选择"001 威海市第一医院"，单击"确定"按钮，打开"坏账发生单据明细"窗口，系统列出该客户所有未核销的应收单据。在其他应收单"本次发生坏账金额"栏中录入"800"，如图 8.16 所示。单击"确认"按钮，系统弹出"是否立即制单？"提示框。

坏账发生单据明细

单据类型	单据编号	单据日期	合同号	合...	到期日	余额	部...	业务员	本次发生坏账...
销售专用发票	202313	2023-01-08			2023-01-08	79,100.00	销售部	铁男	
销售专用发票	2255	2022-12-28			2022-12-28	48,000.00	销售部	铁男	
其他应收单	0000000001	2023-01-08			2023-01-08	800.00	销售部	铁男	800
合计						127,900.00			800.00

图 8.16　坏账处理并制单

（2）单击"是"按钮，打开发生坏账的记账凭证，选择凭证类别为"转账凭证"，保存并退出。

借：坏账准备　　800

　　贷：应收账款　　800

【例 8-21】计提坏账准备

（1）选择"应收款管理"→"坏账处理"→"计提坏账准备"选项，弹出"应收账款百分比法"窗口。系统根据应收账款余额、坏账准备余额、坏账准备初始设置情况自动计算出本次计提金额。

（2）单击"确认"按钮，弹出"是否立即制单？"提示框。单击"是"按钮，打开计提坏账准备的记账凭证，修改凭证类别为"转账凭证"，保存并退出。

借：资产减值损失　　1 029

　　贷：坏账准备　　1 029

六、期末处理

（一）理论导航

应收款管理系统的期末处理工作主要包括查询统计、汇兑损益和月末结账。

1. 查询统计

应收款管理系统的查询统计功能主要有单据查询、业务账表查询、业务分析和科目账表查询。通过单据查询可以了解到发票、应收单、结算单和凭证；业务账表查询可实现总账、明细账、单据之间的联查；业务分析功能包括应收账龄分析、收款账龄分析和欠款分析；科目账表查询反映应收科目余额表和应收科目明细表有关内容。

2. 汇总损益

如果客户往来有外币核算，则可能涉及汇兑损益业务。

3. 月末结账

如果确认本月的各项处理已经结束，可以选择执行月末结账功能。结账后，本月不能再进行单据、票据、转账等业务的增、删、改、审等处理。如果用户觉得某月的月末结账有错误，可以取消月末结账，但取消结账操作只在该月总账未结账时才能进行。如果启用了销售管理系统，则在销售管理系统结账后，应收款管理系统才能结账。

（二）业务资料

【例 8-22】查询统计

1 月 31 日，查询本公司应收账款相关单据和账表。

【例 8-23】月末结账

1 月 31 日，办理应收款管理系统月末结账。

（三）操作指导

【例 8-22】查询统计

查询统计包括单据查询、业务账表查询、科目账表查询等。操作步骤在此不再赘述。

【例 8-23】月末结账

1. 结账

（1）选择"期末处理"→"月末结账"选项，打开"月末结账"对话框。

（2）双击 1 月"结账标志"栏，出现"Y"。单击"下一步"按钮，打开"月末处理情况"对话框。单击"完成"按钮，系统弹出"1 月结账成功"提示框，单击"确定"按钮退出。

2. 取消结账（选做）

（1）选择"期末处理"→"取消结账"选项，打开"取消结账"对话框。

（2）双击选择"1 月 已结账"栏。单击"确定"按钮，系统弹出"取消结账成功"提示框。单击"确定"按钮，结账标志被取消。

> **补充提示**
> - 在执行月末结账后，本月将不能再进行任何处理。
> - 在结账前应该审核本月的全部单据；在结账前应核销本月的全部结算单据。
> - 在应收款管理系统结账后，总账管理系统才能结账。

任务四　应付款管理系统业务处理

应付款管理系统业务处理主要包括应付单据处理、付款单据处理、票据管理和转账管理、期末处理等内容，及时记录应付款业务的发生，为查询和分析往来业务提供完整资料。1 月 31 日，由主管"01 刘洋"在企业应用平台进行应付款管理系统业务处理。

一、应付单据处理

（一）理论导航

应付单据处理指用户进行单据录入和单据管理的工作，包括采购业务中的各类普通发票和专用发票及采购业务之外的应付单据（如供应商代垫运费）等。往来业务的日常业务处理以这些原始单据的录入为起点，往来业务发生时录入的单据与凭证是往来款项结算和核销的对象。通过单据录入，单据管理可查阅各种应付业务单据，完成应付业务管理的日常工作。其基本操作流程分为三个阶段：单据录入、单据审核和单据制单。

（二）业务资料

【例 8-24】 应付单据录入、审核并立即制单

1 月 16 日，采购部王志民向瑞通科技公司购入传感器，收到对方开来的增值税专用发票（票号：232312），税率为 13%，发票载明传感器 200 个，不含税单价为 50 元/个。采购合同约定，货款付款条件"2/10，1/20，n/30"，货款尚未支付。材料全部合格，验收入库。

要求：填制采购专用发票、审核并立即制单。

（三）操作指导

【例 8-24】 应付单据录入、审核并立即制单

（1）在应付款管理系统中，选择"应付款管理"→"应付单据处理"→"应付单据录入"选项，打开"单据类别"对话框。选择单据类型为"采购专用发票"，单击"确定"按钮，打开"专用发票"窗口。

（2）单击"增加"按钮，修改发票号为"232312"，修改开票日期为"2023-01-16"，供应商名称选择"002 瑞通科技"，系统自动带出相关信息，录入税率为"13"；选择付款条件"2/10，1/20，n/30"。在下方"存货编码"栏中选择"002"，系统带出"传感器"货物相关信息；在"数量"栏中录入"200"，在"原币单价"栏中录入"50"，其他数据由系统自动带出，保存单据。

（3）单击"审核"按钮，系统弹出"是否立即制单"提示框，单击"是"按钮，生成采购凭证，选择凭证类别为"转账凭证"，修改第一行会计科目为"140302 原材料—传感器"，填写辅助项弹窗信息，数量为"200"，单价为"50"，保存并退出。

借：原材料—传感器　　　　　　　　　　　　　　　10 000
　　应交税费—应交增值税—进项税额　　　　　　　 1 300
　　贷：应收账款　　　　　　　　　　　　　　　　　　　 11 300

816 应付单据处理

补充提示

● 不能修改和删除已审核的单据，在单据录入界面是查询不到已制单或核销的单据的。

> ● 对已审核并生成凭证的应付票据弃审，必须在"凭证查询"窗口中删除凭证后，才能进行弃审操作；如果该单据生成的凭证已在总账管理系统中记账，则需在总账管理系统取消记账，然后再执行前面的操作。

二、付款单据处理

（一）理论导航

应付款管理系统的付款单据用来记录企业支付给供应商的往来款项。付款单据处理指对已支付款的单据进行录入并进一步核销的过程。在日常业务中，支付货款、预付货款按应付款结算单据录入。在单据结算功能中，可录入付款单据，并对发票及应付单据进行核销。其基本操作流程包括三个阶段：付款单据录入、单据审核、单据核销。

（二）业务资料

【例8-25】付款单据录入、审核并立即制单

1月15日，预付上海中原商行购货款5 000元，开出转账支票（票号：Z014）付讫。

【例8-26】享受现金折扣付款单据录入、审核、核销与合并制单

1月22日，开出工行转账支票（票号：Z015），向瑞通科技公司支付1月16日购入200个传感器的货款。经计算现金折扣200元，本次结算11 100元。

（三）操作指导

【例8-25】付款单据录入、审核并立即制单

1. 付款单据录入

（1）选择"应付款管理"→"付款单据处理"→"付款单据录入"选项，打开"付款单"窗口。

（2）单击"增加"按钮，修改日期为"2023-01-15"，供应商名称选择"003 中原商行"，系统自动带出相关销售信息；结算方式选择"202 转账支票"，自动带出结算科目为"100201"；在"金额"栏中录入"5 000"，在"摘要"栏中录入"预付货款"。单击下方"款项类型"第一行，系统自动带出有关数据，修改"款项类型"为"预付款"，单击 图标并退出。

2. 付款单据审核并制单

（1）单击上方"审核"按钮，系统弹出"是否立即制单"提示框，单击"是"按钮，生成预付款凭证。

（2）选择凭证类别为"付款凭证"，将光标移到"100201"所在行，按 Ctrl+S 组合键调出"辅助项"对话框，结算方式选择"202 转账支票"，录入票号为"Z014"，发生日期选择"2023-01-15"，单击 图标，系统自动将当前凭证传递到总账管理系统等待审核记账。

借：预付账款　　　　　　　　　　　　　　　　　　　5 000
　　贷：银行存款—工行永乐支行　　　　　　　　　　　　　5 000

【例 8-26】享受现金折扣付款单据录入、审核、核销与合并制单

1. 付款单据录入、审核

（1）选择"应付款管理"→"付款单据处理"→"付款单据录入"选项，打开"付款单"窗口。

（2）单击"增加"按钮，修改日期为"2023-01-22"，供应商名称选择"002 瑞通科技"，系统自动带出相关采购信息；结算方式选择"202 转账支票"，自动带出结算科目为"100201"，录入票据号为"Z015"；在"金额"栏中录入"11 100"，在"摘要"栏中录入"付款"。单击下方"款项类型"第一行，系统自动带出有关数据，确认"款项类型"为"应付款"，单击 图标并退出。

（3）单击上方"审核"按钮，系统弹出"是否立即制单"提示框，单击"否"按钮，后续合并制单。

2. 付款单据核销并合并制单

（1）选择"应付款管理"→"核销处理"→"手工核销"选项，打开"核销条件"对话框。在"通用"选项卡中，选择供应商为"002 瑞通科技"，选择计算日期为"2023-01-22"，单击"确定"按钮，打开"单据核销"窗口。在"采购专用发票"列表的"本次折扣"中录入"200"，在"本次结算"栏中录入结算金额"11 100"，单击 图标并退出。

（2）选择"制单处理"选项，打开"制单查询"对话框。勾选"收付款单制单"和"核销制单"复选框，单击"确定"按钮，打开"应付制单"窗口。单击"全选"按钮，再单击"合并"按钮和"制单"按钮，打开凭证。

（3）选择"付款凭证"，使用空格键调整财务费用的方向，"-"号将折扣金额改为红字，单击 图标。付款单据核销与制单如图 8.17 所示。

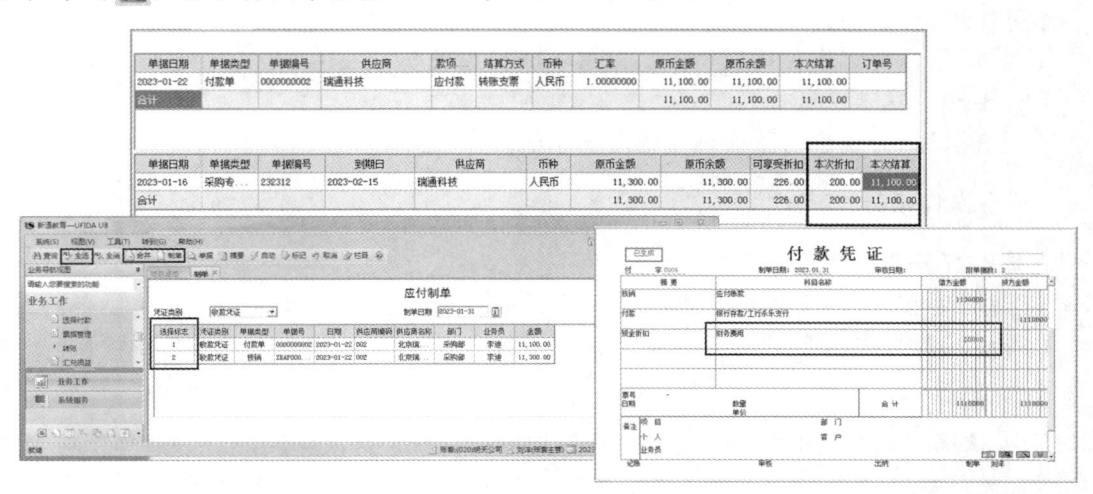

图 8.17　付款单据核销与制单

> **补充提示**
> - 现金折扣自动计算，需要在控制参数设置中勾选"自动计算现金折扣"复选框。
> - 如果在执行核销处理过程中操作有误，可通过选择"其他处理"→"取消操作"选项将其恢复到操作前状态。如果该处理已经制单，应先删除其对应的凭证，再进行恢复操作。

三、期末处理

（一）理论导航

应付款管理系统的期末处理工作主要包括查询统计和月末结账。

1. 查询统计

应付款管理系统的查询统计功能主要有单据查询、业务账表查询、统计分析和科目账表查询。通过单据查询可以了解到发票、应付单、结算单和凭证；业务账表查询可实现总账、明细账、单据之间的联查；统计分析功能包括应付账龄分析、付款账龄分析和欠款分析；科目账表查询反映应付科目余额表和应付科目明细表有关内容。

2. 月末结账

如果确认本月的各项处理已经结束，可以选择执行月末结账功能。结账后，本月不能再进行单据、票据、转账等业务的增、删、改、审等处理。如果用户觉得某月的月末结账有错误，可以取消月末结账，但取消结账操作只在该月总账未结账时才能进行。如果启用了采购管理系统，则在采购管理系统结账后，应付款管理系统才能结账。

（二）业务资料

【例8-27】查询统计

1月31日，查询本公司应付账款相关单据和账表。

【例8-28】月末结账

1月31日，办理应付款管理系统月末结账。

（三）操作指导

【例8-27】查询统计

查询统计包括单据查询、业务账表查询、科目账表查询等。操作步骤在此不再赘述。

【例8-28】月末结账

1. 结账

（1）选择"期末处理"→"月末结账"选项，打开"月末结账"对话框。双击1月"结账标志"栏，出现"Y"。单击"下一步"按钮，打开"月末处理情况"对话框。

（2）单击"完成"按钮，系统弹出"1月结账成功"提示框。单击"确定"按钮退出。

2. 取消结账（选做）

（1）选择"期末处理"→"取消结账"选项，打开"取消结账"对话框。双击选择"1月已结账月份。单击"确定"按钮，系统弹出"取消结账成功"提示框。

（2）单击"确定"按钮，结账标志被取消。

习 题 巩 固

一、单选题

1. 在企业中所形成的应付款项，以会计手段反映在企业的账务记录上，表示(　　)，具有法律效力。
   A. 企业收款的权力　　　　　　B. 企业付款的义务
   C. 销售产品的权力　　　　　　D. 接受劳务的权力

2. 应收款业务处理的主要工作内容一般包括(　　)。
   A. 制订采购计划　　　　　　　B. 制订销售计划
   C. 坏账处理　　　　　　　　　D. 偿还贷款

3. 在进行应收款业务处理的企业基础信息设置时，应设置或修改应收款科目为(　　)并受控于应收款管理系统。
   A. 供应商往来　　B. 个人往来　　C. 客户往来　　D. 项目核算

4. 应收款管理系统初始化设置工作不包括(　　)。
   A. 基本科目设置　　　　　　　B. 结算方式设置
   C. 结算方式科目设置　　　　　D. 坏账准备设置

5. 下列与应付款管理系统没有数据联系的是(　　)系统。
   A. 采购管理　　B. 总账管理　　C. UFO报表　　D. 薪资管理

6. 在应收款管理系统中，转账处理的工作主要包括(　　)。
   A. 预付款冲抵应付款　　　　　B. 预收款冲抵应收款
   C. 预收款冲抵应付款　　　　　D. 预付款冲抵预付款

7. 在应收款管理系统中，下列不是收款单据处理流程的是(　　)。
   A. 收款单据录入　　　　　　　B. 收款单据整理
   C. 收款单据审核　　　　　　　D. 收款单据核销

8. 在进行往来款业务处理时，当一笔采购业务发生后，需要录入应付单据，应付单据的录入主要包括(　　)。
   A. 销售专用发票　　　　　　　B. 采购专用发票
   C. 预收单据　　　　　　　　　D. 应收单据

二、多选题

1. 应收款管理系统的基础准备中的初始化设置工作包括基本科目设置，一般情况下基本科目设置包括（　　）。
    A. 应收科目为"应收账款"科目
    B. 税金科目为"应交税费—应交增值税—进项税额"
    C. 税金科目为"应交税费—应交增值税—销项税额"
    D. 销售收入科目为"主营业务收入"
  2. 关于应收款管理系统中账套参数设置中的坏账准备设置，以下说法中正确的是（　　）。
    A. 在设置账套参数时，选择的坏账处理方式不同，相应的坏账准备内容也不同
    B. 在第一年使用应收款管理系统时，直接输入坏账准备的期初余额，以后年度由系统自动生成。进入下一年度可以修改坏账计提比率及会计科目
    C. 计提坏账准备后的各参数将不允修改，只能查询
    D. 坏账准备内容的设置取决于在设置账套参数时所选取的坏账处理方式
  3. 应收款管理系统的基础准备中的初始化设置工作主要包括（　　）。
    A. 建立账套　　　　　　　　　　B. 基本科目设置
    C. 结算方式科目设置　　　　　　D. 坏账准备设置
  4. 企业向联强公司采购NMK辅料10桶，单价为1 100元，收到一张采购专用发票，款项未支付；向大力公司销售HBN显示屏10块，单价为1 500元，开具一张销售专用发票，收到货款。企业应在往来款系统中填制的单据是（　　）。
    A. 销售专用发票　　B. 采购专用发票　　C. 收款单据　　　D. 付款单据

三、判断题

  1. 企业因销售商品或采购材料而形成的销售未收款及采购未付款，在账务处理上涉及的会计科目有可能是应收账款或应付账款。（　　）
  2. 在应收款业务处理的基本科目设置中，应将税金科目设置为"应交税费—应交增值税—进项税额"。（　　）
  3. 根据企业业务中所使用的各种单据的不同需要，由用户自行设置各种单据类型的编码生成原则，系统默认各种单据均由系统自动编号，如果企业需要自行编制有关单据编码，则应进行单据编号的设置。（　　）
  4. 应收冲应收指某客户的应收款冲抵某供应商的应付款。（　　）
  5. 在应收款管理系统中，核销时在"本次结算"栏中录入的结算金额小于"本次结算金额"时，其差额将自动形成预收款。（　　）

四、思考题

  1. 简述应收、应付款管理系统的主要功能。
  2. 简述应收款管理系统初始化设置、日常业务处理和期末处理的主要操作内容。
  3. 简述应收款管理系统初始化设置的参数。
  4. 简述坏账处理包括的内容。
  5. 简述应收、应付款管理系统与其他系统的主要关系。

模块九
供应链管理系统

↳ **知识目标**
- 了解供应链管理系统的主要功能、控制参数和基本信息设置
- 熟悉供应链管理系统的业务处理流程
- 掌握供应链管理系统采购业务、销售业务、库存管理和存货调整的处理内容与基本方法
- 掌握供应链管理系统月末处理的流程及方法

↳ **应用目标**
- 按照业务要求设置供应链管理系统控制参数
- 能够熟练进行基础信息和基础科目的初始化设置
- 能够正确进行采购业务、销售业务的操作,进行入库业务处理和出库业务处理及存货调整业务的操作

↳ **思政目标**
- 具有团队精神,增强财务与供应链等岗位的协作意识
- 养成科学、严谨的工作作风,严格按照业务流程规范操作
- 具有较强的语言表达、会计职业沟通和协调能力

会计信息系统——用友ERP-U8V10.1

【情景导入】

随着公司业务量的增大，企业的销售订单和采购订单也迅速增多。由于对销售订单跟踪不及时，出现了未及时交货、发错货、销售货款结算不及时等问题，客户投诉增加，影响了公司与客户的合作关系。同样，由于采购订单执行不到位，也出现了生产缺料、结算不及时等影响企业信用的情况。通过用友 ERP-U8V10.1 的供应链管理系统进行采购、销售、库存和存货核算，实现从财务管理到企业业务一体化的全面管理，可提高工作效率和客户满意度。

天津明天医疗器械有限公司（简称明天公司）准备于 2023 年 1 月 1 日启用采购管理系统、销售管理系统、库存管理系统和存货核算系统，并进行供应链管理系统业务处理。

1. 前期准备

将计算机系统日期调整为"2023 年 1 月 1 日"，引入"D:\020 明天公司\应收、应付款管理系统初始设置"文件夹里的备份账套。

2. 操作分工

由账套主管"01 刘洋"在企业应用平台，进行采购管理系统、销售管理系统、库存管理系统和存货核算系统初始化设置、日常业务处理和期末处理操作。

3. 供应链管理系统业务情况

月初，由账套主管进行采购管理系统、销售管理系统、库存管理系统和存货核算系统初始化设置，录入期初余额并试算平衡。

1 月，采购部采购传感器等材料；销售部销售呼吸机等商品；生产车间领用材料生产呼吸机、血压仪等产品，完工产成品入库；仓管部盘点库存，进行存货成本调整等。处理以上相关业务，生成凭证传递到总账管理系统。

任务一　供应链管理系统概述

用友 EPR-U8V10.1 除进行财务核算与管理外，还能够进行采购管理、销售管理、库存管理和存货核算等供应链业务管理，能够实现企业经济业务和财务的一体化管理，达到资金流、物流和信息流的统一。

一、认知供应链管理系统

供应链管理系统是基于协同供应链管理的思想，配合供应链中各实体的业务需求，使操作流程和信息系统紧密配合，做到各环节无缝链接，形成物流、信息流、单证流、商流和资金流五流合一的领先模式。

用友 ERP-U8V10.1 的供应链管理系统主要包括合同管理、采购管理、委外管理、销售管理、库存管理、存货核算、售前分析、质量管理等模块。其主要功能在于增加预测的准确性，减少库存，提高发货供货能力；减少工作流程周期，提高生产效率，降低供应链成本；减少总体采购成本，缩短生产周期，加快市场响应速度。同时，在这些模块中提供了对采购、销售等业务环节的控制，以及对库存资金占用的控制，完成了对存货出入库成本的核算，使企业的管理模式更符合实际情况，能编制出最佳的企业运营方案，实现管理的高效率、实时性、安全性、科学性。

二、供应链管理系统的主要功能

供应链管理系统的功能强大，应用复杂。本书重点介绍采购管理、销售管理、库存管理和存货核算这四个模块，涉及采购管理系统、销售管理系统、库存管理系统和存货核算系统的业务操作。

采购管理帮助企业对采购业务的全部流程进行管理，提供请购、订货、到货、检验、入库、开票、采购结算的完整采购流程，支持普通采购、受托代销、直运等多种类型的采购业务，支持按询价比价方式选择供应商，支持以订单为核心的业务模式。

销售管理帮助企业对销售业务的全部流程进行管理，提供报价、订货、发货、开票的完整销售流程，支持普通销售、委托代销、分期收款、直运、零售、销售调拨等多种类型的销售业务，支持以订单为核心的业务模式，并可对销售价格和信用进行实时监控。

库存管理主要从数量的角度管理存货的出入库业务，能够满足采购入库、销售出库、产成品入库、材料出库、其他出入库、盘点管理等业务需要。通过对存货的收发存业务进行处理，可及时、动态地掌握各种库存存货信息，对库存安全性进行控制，提供各种储备分析，避免库存积压占用资金或材料短缺影响生产。

存货核算从资金的角度管理存货的出入库业务，掌握存货耗用情况，及时准确地把各类存货成本归集到各成本项目和成本对象上。存货核算主要用于核算企业的入库成本、出库成本、结余成本。通过存货核算可反映和监督存货的收发、领退和保管情况，反映和监督存货资金的占用情况，动态反映存货资金的增减变动，提供存货资金周转和占用分析。

三、供应链管理系统的业务流程

在日常工作中，采购部门、仓库、销售部门和财务部门等都涉及购、销、存业务及其核算的处理，各个部门的管理内容是不同的，工作的延续性是通过单据在不同管理系统之间的传递来完成的。供应链管理系统的业务流程如图9.1所示。

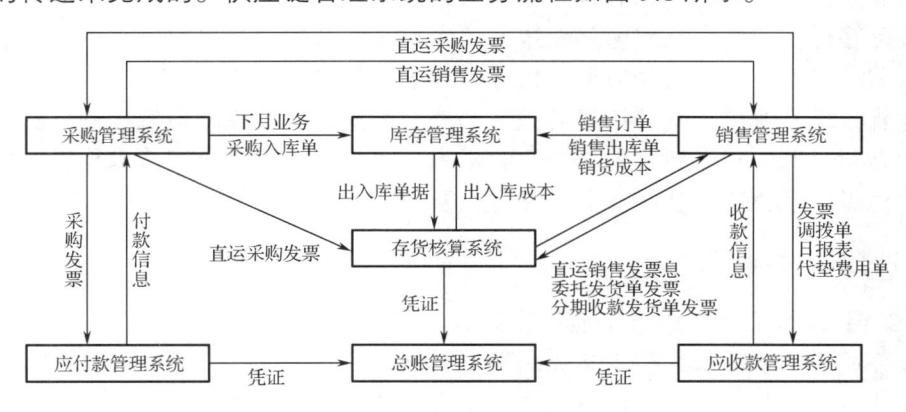

图 9.1 供应链管理系统的业务流程

四、供应链管理系统与其他系统的关系

供应链管理系统涉及的供应链模块包括采购管理系统、销售管理系统、库存管理系统、存货核算系统等，这些模块在业务上相互关联。企业可以根据自身的业务特点和管理需要，选择单一模块对某方面业务进行专门管理，也可以同时启用多个模块对业务进行专门管理和关联管理。财务管理系统与供应链管理系统集成运行，实现财务、业务相关信息一次处理和实时共享，提高会计信息处理效率。

任务二　供应链管理系统初始化设置

供应链管理系统初始化设置是结合用户单位的具体需要，个性化建立适合本单位购销存管理需要的基础操作。2023年1月1日，由账套主管"01 刘洋"在企业应用平台启用采购管理系统、销售管理系统、库存管理系统和存货核算系统，进行供应链管理系统初始化设置。

一、控制参数设置

（一）理论导航

供应链管理系统初始化设置的首要步骤是设置系统控制参数，即对供应链的业务处理方法和核算方法进行定义。

在采购管理系统中，企业可以针对自身情况从"业务及权限控制"、"公共及参照控制"、"其他业务控制"和"预算控制"四个方面对采购业务控制参数进行全面的规划与设计。

在销售管理系统中，企业可以针对自身情况从"业务控制"、"其他控制"、"信用控制"、"可用量控制"和"价格管理"五个方面设置控制参数。

在库存管理系统中，从"通用设置"、"专用设置"、"预计可用量控制"、"预计可用量检查"和"其他设置"五个方面设置库存管理业务的控制参数。

在存货核算系统中，从"核算方式"、"控制方式"和"最高最低控制"三个方面，设置企业存货核算方式、暂估方式、销售成本核算方式、委托代销成本核算方式等控制参数，同时设计了存货业务核算的控制开关及权限分配等。

（二）业务资料

【例9-1】设置采购管理系统控制参数

明天公司采购管理系统控制参数如表9-1所示。

模块九 供应链管理系统

表 9-1　采购管理系统控制参数

控制参数	参数设置
业务及权限控制	按系统默认值
公共及参照控制	单据默认税率：13%
其他业务控制	订单自动关闭条件：入库完成
预算控制	按系统默认值

【例 9-2】设置销售管理系统控制参数

明天公司销售管理系统控制参数如表 9-2 所示。

表 9-2　销售管理系统控制参数

控制参数	参数设置
业务控制	选择"有零售日报业务" 取消"报价含税"
其他控制	新增退货单默认：参照发货 新增发票默认：参照发货
信用控制	按系统默认值
可用量控制	按系统默认值
价格管理	按系统默认值

注：本实验库存和存货系统控制参数采取系统默认，不需修改。

（三）操作指导

【例 9-1】设置采购管理系统控制参数

1. 启用采购、销售、库存和存货核算系统

（1）将计算机系统日期调整为"2023 年 1 月 1 日"，引入"D：\020 明天公司\应收、应付款管理系统初始设置"文件夹里的备份账套。以"01 刘洋"的身份注册企业应用平台（操作员：01；密码：1；账套：020 明天公司；操作日期：2023-01-01）。

（2）选择"基础设置"→"基本信息"→"系统启用"选项，打开"系统启用"对话框。选中"SA 销售管理"、"PU 采购管理"、"ST 库存管理"和"IA 存货核算"复选框，弹出"日历"对话框，选择固定资产系统启用日期为"2023-01-01"。单击"确定"按钮，系统弹出"确实要启用当前系统吗？"提示框，单击"是"按钮返回。

2. 设置采购管理系统业务控制参数

（1）在"业务工作"选项卡中，选择"供应链"→"采购管理"→"设置"→"采购选项"选项，打开"采购系统选项设置"对话框。

（2）在"公共及参照控制"选项卡下，修改"单据默认税率"为"13"，其他为默认。在"其他业务控制"选项卡下，订单自动关闭条件勾选"入库完成"前的复选框，其他为默认。设置完成后，单击"确定"按钮返回。

【例 9-2】设置销售管理系统控制参数

（1）在"业务工作"选项卡中，选择"供应链"→"销售管理"→"设置"→"销售选项"选项，打开"销售选项"对话框。

（2）在"业务控制"选项卡中，勾选"有零售日报业务"复选框，取消"报价含税"，其他为默认。在"其他控制"选项卡下，新增退货单默认选择"参照发货"，新增发票默认选择"参照发货"，其他为默认。设置完成后，单击"确定"按钮返回。

二、基础信息设置

（一）理论导航

在使用供应链管理系统之前，应做好手工基础数据的准备工作，如对存货进行合理分类，录入存货档案、设置存货单位等，这些基础档案已在模块三中设置。存货一般是存放在仓库中保管的，对存货进行核算就必须建立仓库档案，仓库档案主要设置仓库编码、仓库名称、计价方法等信息。此处的基础信息设置还包括设置收发类别以便于对存货的出入库情况进行分类汇总统计；定义采购类型和销售类型，以便于按采购、销售类型对采购、销售业务数据进行统计和分析。在销售过程中有很多不同的费用发生，如代垫费用、销售支出等，在系统中将其设置为费用项目，以方便记录和统计。

（二）业务资料

【例9-3】设置仓库档案

明天公司的仓库档案信息如表9-3所示。

表9-3 仓库档案信息

仓库编码	仓库名称	计价方式	仓库属性
01	原材料库	先进先出法	普通仓（其他选项默认）
02	成品库	先进先出法	

【例9-4】设置收发类别

明天公司的收发类别信息如表9-4所示。

表9-4 收发类别信息

类别编码	收发标志	类别名称	类别编码	收发标志	类别名称
1	收	入库	2	发	出库
11		采购入库	21		销售出库
12		采购退库	22		销售退货
13		盘盈入库	23		盘亏出库
14		产成品入库	24		领料出库

【例9-5】设置采购与销售类型

明天公司的采购与销售类型信息如表9-5所示。

表 9-5　采购与销售类型信息

对比项	类别编码	类别名称	入/出库类别	是否为默认值
采购类型	1	一般采购	采购入库	否
	2	采购退回	采购退库	否
销售类型	1	一般销售	销售出库	否
	2	销售退货	销售退库	否

【例 9-6】设置费用项目

费用项目分类：无分类（编码：1）。

费用项目：01 运输费（所属分类：1）。

（三）操作指导

【例 9-3】设置仓库档案

（1）在企业应用平台的"基础设置"选项卡中，选择"基础档案"→"业务"→"仓库档案"选项，打开"仓库档案"窗口。

（2）单击"增加"按钮，打开"增加仓库档案"对话框，按表 9-3 所示依次设置仓库档案信息，设置完毕，单击 📁 图标。全部设置完毕，单击"×"按钮退出。

【例 9-4】设置收发类别

（1）在"基础设置"选项卡中，选择"基础档案"→"业务"→"收发类别"选项，进入"收发类别"窗口。

（2）单击"增加"按钮，依次输入"收发类别编码"和"收发类别名称"，选中"收发标志"栏中的"收"或"发"单选项，设置完毕，单击 📁 图标。全部设置完毕，如图 9.2 所示，单击"退出"按钮退出。

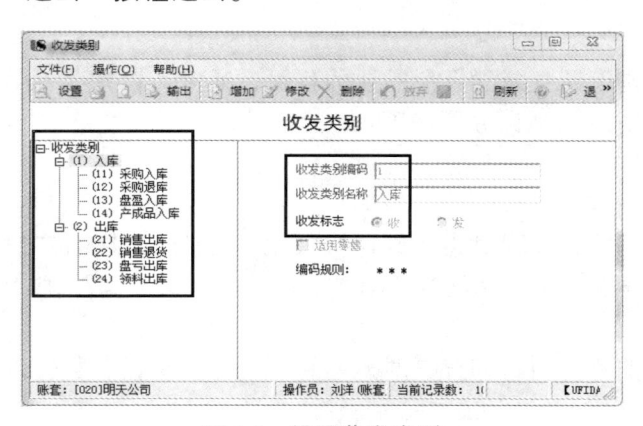

图 9.2　设置收发类别

【例 9-5】设置采购与销售类型

（1）设置采购类型。在"基础设置"选项卡中，选择"基础档案"→"业务"→"采购类型"选项，进入"采购类型"窗口。单击"增加"按钮，依次录入"采购类型编码"和"采购类型名称"，并参照选择"入库类别"项目，是否为默认值选择为"否"，单击 📁

图标，参照表 9-5 完成其他采购类型的设置。

（2）设置销售类型。同样操作，选择"基础档案"→"业务"→"销售类型"选项，进入"销售类型"窗口，增加销售类型信息，完成设置。

【例 9-6】设置费用项目

（1）设置费用类型。在"基础设置"选项卡中，选择"基础档案"→"业务"→"费用项目分类"选项，打开"费用项目分类"窗口。单击"增加"按钮，依次在"分类编码"栏中输入"1"，在"分类名称"栏中输入"无分类"。设置完毕，单击 图标并退出。

（2）设置费用项目。选择"基础档案"→"业务"→"费用项目"选项，打开"费用项目—（1）无分类"窗口。单击"增加"按钮，依次在"费用项目编码"栏中输入"01"，在"费用项目名称"栏中输入"运输费"，在"费用项目分类名称"栏中选择"无分类"。设置完毕，单击 图标并退出。

三、基础科目设置

（一）理论导航

存货核算系统是供应链管理系统与财务管理系统联系的"桥梁"，各种存货的购进、销售及其他出入库业务，均在存货核算系统中生成凭证，并传递到总账管理系统。为了快速、准确地完成制单操作，应事先设置凭证上的相关科目。

1. 设置存货科目

存货科目指设置生成凭证所需要的各种存货科目和差异科目。存货科目既可以按仓库也可以按存货分类分别进行设置。

2. 设置存货对方科目

存货对方科目是设置生成凭证所需要的科目，通常可以按收发类别设置，如采购的原材料入库业务，对应的会计分录如下。

借：原材料
  贷：材料采购

由于设置原料库的存货科目为"原材料"，所以上述分录的借方科目可以自动生成；同时，若设置收发类别采购入库的存货对方科目为"材料采购"，则上述分录的贷方科目也可以自动生成。

通过设置详细的存货科目和存货对方科目，就可以保证各类出入库业务都能够自动生成记账凭证。

（二）业务资料

【例 9-7】设置存货科目

明天公司存货核算对应不同科目，存货科目如表 9-6 所示。

表 9-6　存货科目

仓库编码	仓库名称	存货编码	存货名称	存货科目编码	存货科目名称
01	原材料库	001	塑料管	140301	塑料管
01	原材料库	002	传感器	140302	传感器
01	原材料库	003	硅胶	140303	硅胶
02	成品库	004	呼吸机	140501	呼吸机
02	成品库	005	血压仪	140502	血压仪

【例 9-8】设置存货对方科目

明天公司存货收发对应不同科目，存货对方科目如表 9-7 所示。

表 9-7　存货对方科目

收发类别编码	收发类别	对方科目编码	收发类别编码	收发类别	对方科目编码
11	采购入库	材料采购（1401）	21	销售出库	主营业务成本（6401）
14	产成品入库	生产成本/直接材料（500101）	24	领料出库	生产成本/直接材料（500101）

（三）操作指导

【例 9-7】设置存货科目

（1）在"业务工作"选项卡中，选择"供应链"→"存货核算"→"初始设置"→"科目设置"→"存货科目"选项，打开"存货科目"窗口。

（2）单击"增加"按钮，填写"仓库编码"、"存货编码"和"存货科目编码"。按照业务资料（表 9-6）全部设置完毕，单击 按钮并退出。

【例 9-8】设置存货对方科目

（1）在"业务工作"选项卡中，选择"供应链"→"存货核算"→"初始设置→"科目设置"→"对方科目"选项，打开"对方科目"设置窗口。

（2）单击"增加"按钮，按照业务资料（表 9-7）填写"收发类别编码"和"对方科目编码"，设置完毕，单击 按钮并退出。

四、期初数据录入

（一）理论导航

企业启用供应链管理系统进行日常业务管理，必须分别将采购、销售、库存和存货核算的期初数据录入系统，期初数据录入是一个非常关键的环节。

1. 录入采购业务期初数据

在启用采购管理系统进行采购业务管理前，如果存在上月尚未完成的采购业务，应根据业务进展的情况，录入相应的单据和业务数据。对上月已签订但尚未执行的采购合同，需在系统中作为期初采购订单录入；对上月已收货但尚未收到采购发票的业务，需暂估入库，在系统中作为期初采购入库单录入；对上月已收到发票但尚未收到货物的业务，可做在途业务，在本月实际收到货物时再在系统中进行处理。

2. 录入销售业务期初数据

在启用销售管理系统进行销售业务管理前，如果存在上月尚未完成的销售业务，同样应在系统中录入相应的单据和业务数据。销售管理系统期初数据是指销售管理系统启用日期之前已经发货、出库但未开具销售发票的存货。如果企业有委托代销业务，则已经发生但未完全结算的存货也需要在期初数据中录入。

3. 录入库存管理期初数据

在库存管理系统中，期初要录入库存的余额信息和不合格品的期初数量，录入后执行批审操作，完成期初记账。需要说明的是，库存管理和存货核算共用存货期初余额数据，可以选择一方录入，而另一方从录入方取数，也可以双方皆录入数据，再互相比对相符。因涉及总账对账，因此建议在存货核算系统中录入。

4. 录入存货核算期初数据

在存货核算系统中，期初要录入库存的余额信息和分期收款发出商品余额，录入后执行批审操作，完成期初记账。期初存货余额既可在存货核算系统中直接录入，也可在库存管理系统中录入，然后在存货核算系统中通过取数方式生成。期初数据录入完毕后，需进行记账操作。

录入期初数据的内容及顺序如表 9-8 所示。

表 9-8 录入期初数据的内容及顺序

系统名称	操作	录入内容	适用情形
采购管理	录入	期初采购入库单	货到票未到，即期初暂估入库（本书演示）
		期初采购发票	票到货未到，即在途业务
	期初记账	采购期初数据	没有期初数据也要执行期初记账，否则不能开始日常业务处理
销售管理	录入并审核	期初发货单	已发货、出库，但未开票（本书演示）
		期初委托代销发货单	已发货未结算的数量
		期初分期收款发货单	已发货未结算的数量
库存管理	录入（或从存货核算系统取数）并审核	期初结存	启用库存管理系统前各存货的期初结存数据
		期初不合格品单	未处理的不合格品结存量
存货核算	录入（或从库存管理系统取数）并记账	存货期初余额	启用存货核算系统前各存货的期初结存数据，通过"期初余额"窗口录入。（本书演示）按计划价或售价核算的出库成本的存货，还需要输入此存货的期初差异余额或期初差价余额
		期初分期收款发出商品	已发货未结算的数量

（二）业务资料

【例 9-9】录入采购管理系统期初数据

2022 年 12 月 5 日，采购部从沈阳神威塑料制品公司采购塑料 2100 米，暂估单价为 40 元/米，商品验收入原材料库，发票尚未收到。

【例 9-10】录入销售管理系统期初数据

2022 年 12 月 28 日，销售部向天津东华商贸销售呼吸机 80 台，价税合计 248 000，由成品仓库发货，销售发票尚未开具。

【例 9-11】录入库存管理系统、存货核算系统期初数据

初始化设置需要录入各系统期初数据。明天公司的库存管理系统、存货核算系统期初数据如表 9-9 所示。

表 9-9　库存管理系统、存货核算系统期初数据

仓库名称	存货编码	存货名称	数量	计量单位	单价/元	金额/元
原材料库	001	塑料管	4 350	米	40	174 000
原材料库	002	传感器	1 000	个	50	50 000
原材料库	003	硅胶	1 200	盒	200	240 000
成品库	004	呼吸机	300	台	2 000	600 000
成品库	005	血压仪	800	台	220	176 000

（三）操作指导

【例 9-9】录入采购管理系统期初数据

1. 录入期初采购入库单

（1）在采购管理系统中，选择"采购入库"→"采购入库单"选项，进入"期初采购入库单"窗口。

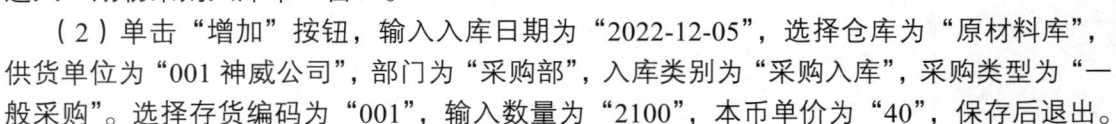

（2）单击"增加"按钮，输入入库日期为"2022-12-05"，选择仓库为"原材料库"，供货单位为"001 神威公司"，部门为"采购部"，入库类别为"采购入库"，采购类型为"一般采购"。选择存货编码为"001"，输入数量为"2100"，本币单价为"40"，保存后退出。

2. 采购期初记账

（1）选择"设置"→"采购期初记账"选项，弹出"期初记账"提示框。

（2）单击"记账"按钮，稍候片刻，弹出"期初记账完毕！"提示框。单击"确定"按钮，返回企业应用平台窗口。

> **补充提示**
>
> - 采购管理系统必须执行期初记账，否则将无法开始日常业务处理。也将影响库存管理系统和存货核算系统的记账。
> - 取消期初记账可以通过选择"设置"→"采购期初记账"选项，单击"取消记账"按钮即可。

【例9-10】录入销售管理系统期初数据

（1）进入销售管理系统，选择"设置"→"期初录入"→"期初发货单"选项，进入"期初发货单"窗口。

（2）单击"增加"按钮，输入发货日期为"2022-12-28"，选择销售类型为"一般销售"，客户为"002 东华商贸"，税率为"13"。选择仓库为"成品库"，选择存货编码为"004"，输入数量为"80"，含税单价为"3 100"，保存单据。单击"审核"按钮，审核该发货单。

【例9-11】录入库存管理系统、存货核算系统期初数据

1. 在存货核算系统中录入存货期初数据并记账

（1）在存货核算系统中，选择"初始设置"→"期初数据"→"期初余额"选项，打开"期初余额"窗口。

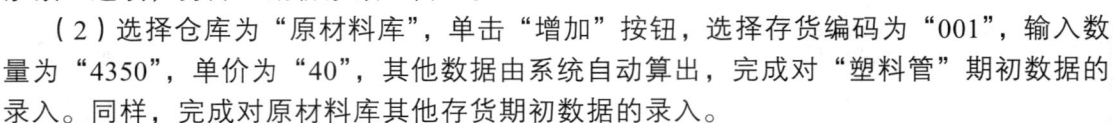

（2）选择仓库为"原材料库"，单击"增加"按钮，选择存货编码为"001"，输入数量为"4350"，单价为"40"，其他数据由系统自动算出，完成对"塑料管"期初数据的录入。同样，完成对原材料库其他存货期初数据的录入。

（3）选择仓库为"成品库"，单击"增加"按钮，选择存货编码为"004"，输入数量为"300"，单价为"2 000"，完成对"呼吸机"期初数据的录入。同样，完成对成品库其他存货期初数据的录入。

（4）单击"记账"按钮，系统对所有仓库进行记账，弹出"期初记账成功！"提示框，如图9.3所示，单击"确定"按钮保存记录。

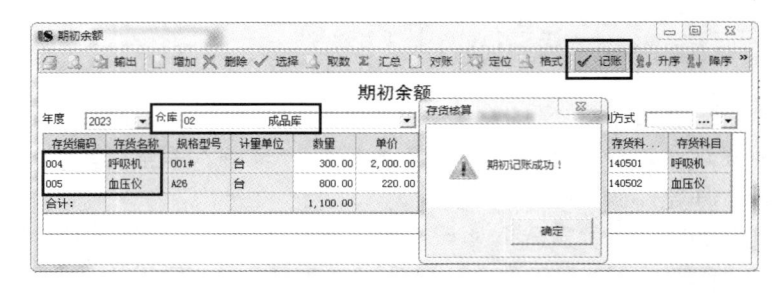

图9.3 录入存货期初数据并记账

2. 在库存管理系统中取数

（1）在库存管理系统中，选择"初始设置"→"期初结存"选项，打开"库存期初"窗口。

（2）系统默认仓库为"原材料库"，单击"修改"按钮，再单击"取数"按钮，系统自动从存货核算系统中采集属于原材料库各种存货的期初数据，保存数据。单击"批审"按钮，系统弹出"批量审核完成"提示框，单击"确定"按钮。

（3）选择仓库为"成品库"，重复上述操作，完成对成品库各种存货期初数据的录入。单击"批审"按钮，系统弹出"批量审核完成"提示框，单击"确定"按钮。

（4）单击"对账"按钮，打开"库存与存货期初对账查询条件"对话框，单击"确定"按钮，系统弹出"对账成功！"提示框，单击"确定"按钮返回。

> **补充提示**
> - 对存货核算系统所有仓库的所有存货必须"审核"确认,该操作步骤相当于期初记账。
> - 即使没有期初数据,也要执行期初记账。
> - 如果已经进行业务核算,则不能恢复记账。
> - 存货核算系统在期初记账前,可以修改存货计价方式;在期初记账后,不能修改计价方式。

任务三 采购管理系统业务处理

采购管理系统的日常业务包括普通采购、直运采购、采购退货、现付采购、账表查询等。其中,普通采购业务适合于大多数企业的日常采购业务,提供对采购请购、采购订货、采购入库、采购发票、采购成本核算、采购付款全过程的管理。

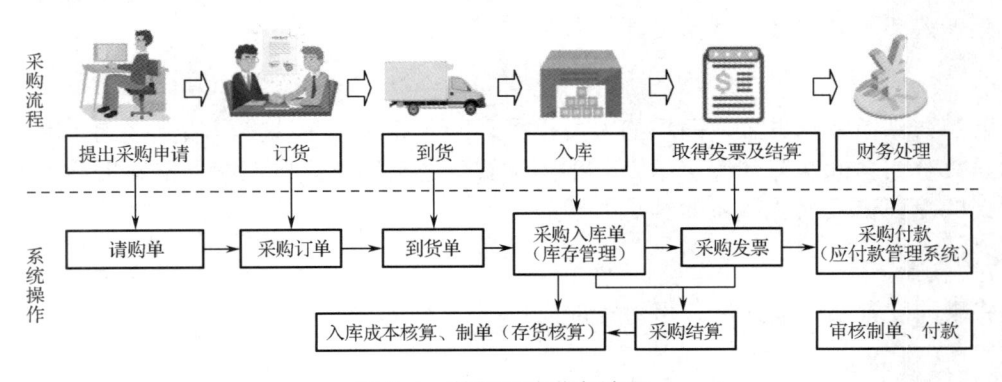

一、普通采购业务流程

普通采购业务流程如图 9.4 所示。

图 9.4 普通采购业务流程

二、普通采购业务处理

(一)理论导航

普通采购业务的一般业务处理内容如下。

1. 请购

请购是指企业内部各部门向采购部门提出采购申请,或者采购部门汇总企业内部采购需求列出采购清单。请购是采购业务的起点,可以根据审核后的采购请购单生成采购订单。请购单的使用与否是可以选择的。

2. 订货

订货是指企业通过与供应商签订采购合同或采购协议确认货物需求，主要包括采购什么货物、采购数量、价格、由谁供货、到货时间、到货地点、运输方式、运费支付等内容。采购部门填写采购订单，并向供应商发出采购订单，订货环节是可选的。

3. 到货

到货是订货和入库的中间环节。供应商将采购部门所订货物送达企业后，企业及时对收到的货物进行清点，填制到货单，或参照采购订单生成到货单。在存货核算系统中可以根据审核后的到货单生成采购入库单，到货处理环节也是可选的。

4. 入库

经过仓库的质检和验收，将供应商提供的物料放入指定仓库。当采购管理系统与库存管理系统集成使用时，入库业务在库存管理系统中进行处理；当采购管理系统未与库存管理系统集成使用时，入库业务在采购管理系统中进行处理。本书中，明天公司在2023年1月同时启用了采购管理系统与库存管理系统，因此，两个系统是集成使用的。在库存管理系统中填写采购入库单或参照采购订单（或到货单）生成采购入库单，入库处理是必须环节。

5. 取得采购发票

采购发票是供应商开出的销售货物凭证，包括普通发票和专用发票，系统根据采购发票确定采购成本，并据此登记应付账款。采购发票既可以直接填制，也可以由采购订单、采购入库单或其他的采购发票复制生成。

6. 采购结算

采购结算指采购报账，即采购人员根据采购入库单、采购发票核算采购入库成本。采购结算分为自动结算和手工结算。采购结算生成采购结算单，它是记载采购入库单记录与采购发票记录对应关系的结算对照表。

7. 核算存货成本

将采购发票和采购入库单报财务部门进行存货成本核算。

8. 结算货款

采购付款是采购业务的最后环节。将采购发票等票据报给应付款会计进行应付账款核算，在应付款管理系统中填制付款单，完成采购业务的付款工作，并生成相应的付款凭证。

（二）业务资料

【例9-12】填制请购单

1月10日，业务员王志民向瑞通科技公司询问传感器的价格（不含税单价为50元/个），填写请购单，向公司上级主管提出材料请购申请，请购数量为200个。

【例9-13】填制采购订单

1月10日，上级主管审核同意请购申请，向瑞通科技公司订购200个传感器，不含税单价为 50 元/个，要求到货日期为 1 月 13 日。

【例 9-14】填制到货单

1 月 13 日，收到瑞通科技公司交付的 200 个传感器，填写到货单并办理材料入库。

【例 9-15】填制入库单

1 月 13 日，经检验质量全部合格，将 200 个传感器收入原材料库，在库存管理系统中填制采购入库单。

【例 9-16】录入采购发票

1 月 13 日，在收货当天同时收到瑞通科技公司开具的该笔业务增值税专用发票（票号：232312），采购员将发票信息录入系统。

【例 9-17】办理采购结算

1 月 13 日，在采购管理系统中执行采购结算。

【例 9-18】确认应付款

1 月 13 日，在应付款管理系统中审核采购专用发票并生成应付凭证。

【例 9-19】确认存货入库成本

1 月 13 日，在存货核算系统中记账并生成入库凭证。

【例 9-20】办理采购付款

1 月 13 日，财务部开具转账支票（票号：Z016），付清采购款，在应付款管理系统中进行付款处理并生成凭证。

（三）操作指导

【例 9-12】填制请购单

（1）修改系统日期为"2023-01-13"，账套主管重新登录企业应用平台。在采购管理子系统中，选择"请购"→"请购单"选项，进入"采购请购单"窗口。

（2）单击"增加"按钮，输入日期为"2023-01-10"，选择请购部门为"采购部"，选择请购人员为"王志民"，采购类型为"一般采购"。选择存货编码为"002"，输入数量为"200"，本币单价为"50"，需求日期为"2023-01-13"，如图 9.5 所示，供应商为"瑞通科技"，单击 图标。单击"审核"按钮后退出。

图 9.5 填制采购请购单

【例 9-13】填制采购订单

（1）在采购管理系统中，选择"采购订货"→"采购订单"选项，进入"采购订单"窗口。单击"增加"按钮，再单击"生单"下拉三角按钮展开列表，选择"请购单"选项，打开"查询条件选择"对话框。单击"确定"按钮，进入"拷贝并执行"窗口。

（2）双击需要参照的采购请购单"选择"栏，单击"确定"按钮，将采购请购单相关信息带入采购订单，订单日期为"2023-01-10"，选择请购部门为"采购部"，选择请购人员为"王志民"，如图9.6所示，单击 图标。单击"审核"按钮后退出。

图9.6　填制采购订单

> **补充提示**
> - 在采购、销售、库存等管理系统中，凡是可参照生成的单据，均可手工直接填入。
> - 复制请购单生成的采购订单信息可被修改。但是，如果根据请购单复制生成的采购订单已经审核，则不能直接修改，需要先选择"弃审"→"修改"选项。
> - 采购订单被审核后，用户可在"采购订单执行统计表"中查询。

【例9-14】填制到货单

（1）在采购管理系统中，选择"采购到货"→"到货单"选项，进入"到货单"窗口。单击"增加"按钮，再单击"生单"下拉三角按钮展开列表，选择"采购订单"选项，打开"查询条件选择—采购订单列表过滤"对话框。单击"确定"按钮，打开"拷贝并执行"窗口。

（2）双击需要参照的采购订单的"选择"栏，单击"确定"按钮，将采购订单相关信息带入到货单。到货日期为"2023-01-13"，如图9.7所示，单击 图标。单击"审核"按钮后退出。

图9.7　填制到货单

模块九 供应链管理系统

【例 9-15】填制入库单

（1）在库存管理系统中，选择"入库业务"→"采购入库单"选项，进入"采购入库单"窗口。单击"生单"下拉三角按钮展开列表，选择"采购到货单（蓝字）"选项，打开"查询条件选择—采购到货单列表"对话框。单击"确定"按钮，打开"到货单生单列表"窗口。

906 填制入库单

（2）双击需要参照的采购到货单的"选择"栏，单击"确定"按钮，将采购到货单相关信息带入采购入库单。入库日期为"2023-01-13"，选择仓库为"原材料库"，如图9.8所示，单击 图标。

（3）单击"审核"按钮，弹出"该单据审核成功！"提示框，单击"确定"按钮后退出。

图 9.8 填制入库单

> **补充提示**
> - 当采购管理系统、库存管理系统集成使用时，采购入库单必须在库存管理系统中被录入或生成。
> - 只有在采购管理系统、库存管理系统集成使用时，库存管理系统才可通过"生单"功能生成采购入库单。
> - "生单"时参照的单据是采购管理系统中已审核未关闭的采购订单和到货单。
> - 在库存管理系统中录入或生成的采购入库单，可以在采购管理系统中查看，但不能修改或删除。
> - 如果需要手工录入采购入库单，则在库存管理系统中打开"采购入库单"窗口时，单击"增加"按钮，可以直接录入采购入库单信息。

【例 9-16】录入采购发票

（1）在采购管理系统中，选择"采购发票"→"专用采购发票"选项，进入"专用发票"窗口。单击"增加"按钮，再单击"生单"下拉三角按钮展开列表，选择"入库单"选项，打开"查询条件选择—采购入库单列表过滤"对话框。单击"确定"按钮，打开"拷贝并执行"窗口。

907 录入采购发票

（2）双击需要参照的1月13日采购订单的"选择"栏，单击"确定"按钮，将采购入库单相关信息带入采购专用发票。修改发票号为"232312"，确认开票日期为"2023-01-13"，如图9.9所示，单击 图标并退出。

| 197 |

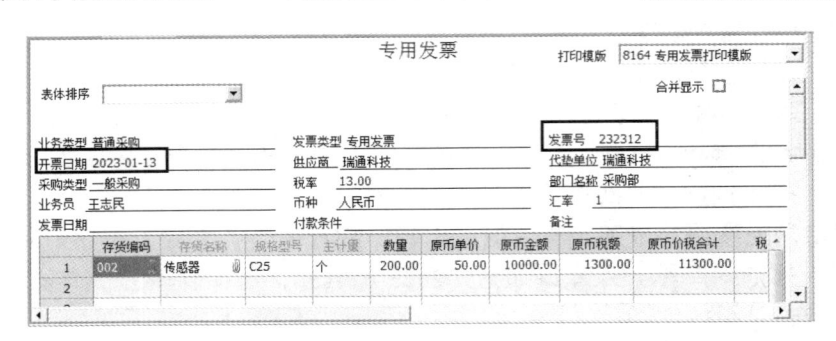

会计信息系统——用友ERP-U8V10.1

图9.9 录入采购发票

> **补充提示**
>
> - 采购发票可以手工输入,也可以参照采购订单、采购入库单、采购发票生成。
> - 如果要录入采购专用发票,则需先在基础档案中设置有关开户银行信息,否则只能录入普通发票。
> - 在采购管理系统中可以通过"采购发票列表"查询采购发票。

【例9-17】办理采购结算

(1)在采购管理系统中,选择"采购结算"→"自动结算"选项,打开"查询条件选择—采购自动结算"对话框。

(2)在"结算模式"列表中选择"入库单和发票",单击"确定"按钮,系统弹出"全部成功,共处理(1)条记录!"提示框,单击"确定"按钮返回。

【例9-18】确认应付款

1. 审核采购专用发票

(1)在应付款管理系统中,选择"应付单据处理"→"应付单据审核"选项,打开"应付单查询条件"对话框。单击"确定"按钮,打开"单据处理"窗口。

(2)双击选择需要审核单据,单击"审核"按钮,弹出"审核成功"提示框。

2. 根据采购专用发票生成应付凭证

(1)在应付款管理系统中,选择"制单处理"选项,打开"制单查询"对话框,选择"发票制单",单击"确定"按钮,打开"采购发票制单"窗口。

(2)单击"全选"按钮,选择凭证类别为"转账凭证",单击"制单"按钮,进入"填制凭证"窗口,修改借方科目"1402 在途物资"为"1401 材料采购",单击 图标并退出。

借:材料采购　　　　　　　　　　　　　　　　　　　10 000
　　应交税费—应交增值税—进项税额　　　　　　　　　1 300
　　贷:应付账款　　　　　　　　　　　　　　　　　　　　　11 300

【例 9-19】确认存货入库成本

（1）在存货核算系统中，选择"业务核算"→"正常单据记账"选项，打开"查询条件选择"对话框。单击"确定"按钮，打开"未记账单据一览表"窗口。选择要记账的单据，单击"记账"按钮，弹出"记账成功。"提示框，单击"确定"按钮后退出。

（2）选择"财务核算"→"生成凭证"选项，打开"生成凭证"窗口。单击工具栏上的"选择"按钮，打开"查询条件"对话框。单击"全消"按钮，选中"采购入库单（报销记账）"复选框，单击"确定"按钮，打开"未生成凭证单据一览表"窗口。

（3）选择要生成凭证的单据，单击"确定"按钮，返回到"生成凭证"窗口。选择凭证类别为"转账凭证"，单击"生成"按钮，系统生成转账凭证，保存并退出。

借：原材料—传感器　　　　　　　　　　　　　　10 000
　　贷：材料采购　　　　　　　　　　　　　　　　10 000

【例 9-20】办理采购付款

（1）在应付款管理系统中，选择"付款单据处理"→"付款单据录入"选项，打开录入窗口。单击"增加"按钮，日期为"2023-01-13"，供应商为"瑞通科技"，结算方式为"转账支票"，输入金额为"11 300"，单击 ![图标]。

（2）单击"审核"按钮，弹出"是否立即制单？"提示框，单击"是"按钮，进入"填制凭证"窗口，选择凭证类别为"付款凭证"，单击 ![图标]并退出。

借：应付账款　　　　　　　　　　　　　　　　　11 300
　　贷：银行存款—工行永乐支行　　　　　　　　　11 300

> **补充提示**
>
> ● 只有采购结算后的采购发票才能自动传递到应付款管理系统，并且需要在应付款管理系统中审核确认，才能生成应付账款。

三、月末结账

（一）理论导航

1. 采购管理系统月末结账

月末结账是将当月的单据数据封存，结账后不允许再对该会计期采购单据进行增加、修改和删除处理。

2. 月末结账需要注意的问题

（1）结账前应检查当月工作是否已全部完成，只有在当月所有工作全部完成的前提下，才能进行月末结账，否则会遗漏某些业务。

（2）月末结账前一定要进行数据备份，否则数据一旦发生错误，将造成无法挽回的损失。

（3）没有期初记账，将不允许月末结账。

（4）结账必须按月连续进行。上月未结账，将不影响本月日常业务的处理，只是本月不能结账。

（5）月末结账后，当月便不能再增加、修改、删除采购单据。

（6）只有在采购管理系统月末结账后，库存管理系统和应付款管理系统才能进行月末结账。

3. 各系统月末结账顺序

当企业实施 ERP 系统，采购管理、销售管理、库存管理、存货核算、应收款管理、应付款管理、总账管理等系统集成使用时，月末结账有一定的顺序要求。

（1）采购部门和销售部门分别完成当月的采购业务与销售业务后，可以分别办理采购管理系统和销售管理系统的月末结账。

（2）采购管理系统和销售管理系统办理月末结账后，仓储部门确认当月不再发生任何形式的出入库业务（如库房调拨、盘点等）后，库存管理系统可以办理月末结账。

（3）采购管理系统、销售管理系统、库存管理系统完成月末结账后，存货核算系统若确定当月有关存货成本核算业务全部完成，可以办理月末结账。

（4）采购管理系统、销售管理系统、库存管理系统、存货核算系统完成月末结账后，财务部门可对应收、应付款管理系统进行月末结账处理，最后完成总账管理系统的月末结账工作。

（二）业务资料

【例 9-20】月末结账

1 月 31 日，办理采购管理系统月末结账。

（一）操作指导

【例 9-20】月末结账

1. 结账

（1）在采购管理系统中，选择"月末结账"命令，打开"月末结账"对话框。

（2）默认选中"1 月"栏，单击"结账"按钮，系统弹出"是否关闭订单？"提示框，单击"否"按钮，1 月的是否结账标志为"是"表示结账完毕。

2. 取消结账（选做）

（1）执行"月末结账"命令，打开"结账"对话框。

（2）单击"取消结账"按钮，系统弹出"取消月末结账完毕！"提示框。单击"确定"按钮，即可取消结账。

任务四 销售管理系统业务处理

销售管理系统的日常业务包括普通销售、现收业务、销售运费业务、销售退货业务、零售业务、分期收款销售业务、销售调拨业务、直运销售业务、委托代销业务等。其中，普通销售业务适合于大多数企业的日常销售业务，与其他系统一起，提供对销售报价、销售订货、销售发货、销售出库、销售开票、结转销售成本、收款结算全过程的管理。

一、普通销售业务流程

普通销售业务流程如图 9.10 所示。

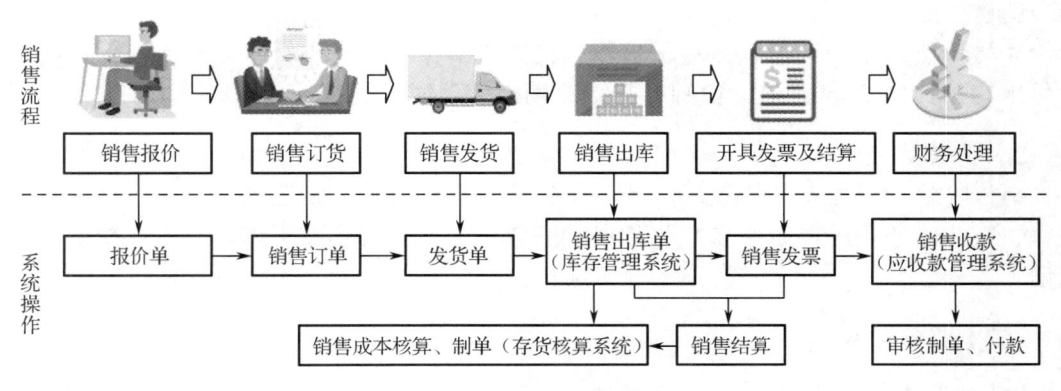

图 9.10 普通销售业务流程

二、普通销售业务处理

（一）理论导航

普通销售业务的一般处理内容如下。

1. 销售报价

销售报价是指企业向客户提供货品、规格、价格、结算方式等信息，双方达成协议后，可根据审核后的销售报价单生成销售订单。销售报价是销售业务的起点，销售报价环节是可选的。

2. 销售订货

销售订货是指企业通过与客户签订销售合同或销售协议确认货物需求，主要包括销售什么货物、销售数量、价格、向谁供货、供货时间、供货地点、运输方式、运费支付等内容。销售订单可以手工录入，也可以根据其他销售订单或审核后的报价单生成。销售订货环节是可选的。

3. 销售发货

销售发货是指企业执行与客户签订的销售合同或销售订单，将货物发往客户的行为，是销售业务的执行阶段。销售发货是处理销售业务的必要环节。

4. 销售出库

销售出库是销售业务处理的必要环节，在库存管理系统中用于存货出库数量核算，

| 201 |

在存货核算系统中用于存货出库成本核算。

5. 销售发票

销售发票是指向客户开出的销售货物凭证，包括普通发票和专用发票，系统根据销售发票确定销售成本，并据此登记应收账款。销售发票既可以直接填制，也可以由销售订单、销售出库单或其他销售发票复制生成。

6. 销售成本核算

销售出库之后，要进行销售成本核算。对于先进先出、后进先出、移动平均、个别计价 4 种计价方式的存货，在存货核算系统完成单据记账时进行销售成本核算；而对于全月平均、计划价/售价法计价的存货，在期末处理时进行销售成本核算。

7. 销售收款

销售收款是销售业务的最后环节。将销售发票等票据报给应收款会计进行应收账款核算，在应收款管理系统中填制收款单，完成销售业务的收款工作，并生成相应的收款凭证。

（二）业务资料

【例 9-21】填制报价单

1 月 6 日，威海市第一医院（简称威海医院）有意采购 25 台呼吸机，向明天医疗器械公司询价，销售部报价每台不含税单价为 2 800 元。

【例 9-22】填制销售订单

1 月 6 日，威海医院接受报价，订购 25 台呼吸机，要求在 1 月 8 日之前发货，填制并审核销售订单。

【例 9-23】填制发货单

1 月 8 日，销售部填写发货单并审核。

【例 9-24】填制出库单

1 月 8 日，仓库填写销售出库单并审核，发出 25 台呼吸机。

【例 9-25】填制销售发票

1 月 8 日，销售部根据销售出库单开具一张增值税专用发票（票号：030006）。

【例 9-26】审核销售专用发票并确认收入

1 月 8 日，财务部收到销售部门递送的销售发票和采购方支付的转账支票（Z016），进行应收单据审核并进行现结制单处理，确认收入。

【例 9-27】确认销售成本

1 月 31 日，财务部根据销售发票结转销售成本并制单。

（三）操作指导

【例 9-21】填制报价单

（1）修改系统日期为"2023-01-08"，账套主管重新登录企业应用平台。在销售管理系统中，选择"销售报价"→"销售报价单"选项，进入"销售报价单"窗口。

（2）单击"增加"按钮，输入日期"2023-01-06"，选择销售类型为"一般销售"，客户简称为"威海医院"，自动带出"销售部门"等信息，税率为"13%"。

（3）选择存货编码"004"，输入数量"25"，报价为"2 800"，其他信息自动带出，保存单据，审核后退出。

【例 9-22】填制销售订单

（1）在销售管理系统中，选择"销售订货"→"销售订单"选项，进入"销售订单"窗口。单击"增加"按钮，再单击"生单"下拉三角按钮展开列表，选择"报价"选项，打开"查询条件选择—订单参照报价单"对话框。单击"确定"按钮，进入"参照生单"窗口。

（2）双击需要参照的报价单"选择"栏，单击"确定"按钮，将报价单相关信息带入销售订单，修改订单日期为"2023-01-06"，预完工日期为"2023-01-08"，表体第一行预发货日期为"2023-01-08"，保存单据。单击"审核"按钮后退出。

【例 9-23】填制发货单

（1）在销售管理系统中，选择"销售发货"→"发货单"选项，进入"发货单"窗口。单击"增加"按钮，打开"查询条件选择—参照订单"对话框，单击"确定"按钮，进入"参照生单"窗口。

（2）双击需要参照的销售订单的"选择"栏，单击"确定"按钮，将销售订单相关信息带入发货单。确认发货日期为"2023-01-08"，选择仓库名称为"成品库"，保存单据。单击"审核"按钮后退出。

【例 9-24】填制出库单

（1）在库存管理系统中，选择"出库业务"→"销售出库单"选项，进入"销售出库单"窗口。单击"生单"下拉三角按钮展开列表，选择"销售生单"，打开"查询条件选择—销售发货单列表"对话框。单击"确定"按钮，打开"销售生单"窗口。

（2）双击需要参照的发货单的"选择"栏，单击"确定"按钮，将发货单相关信息带入销售出库单，补充单价"2 800"，保存单据，单击"审核"按钮后退出。

【例 9-25】填制销售发票

（1）在销售管理系统中，选择"销售开票"→"销售专用发票"选项，进入"销售专用发票"窗口。单击"增加"，打开"查询条件选择—发票参照发货单"对话框，单击"确定"按钮，打开"参照生单"窗口。

（2）双击 1 月 8 日需要参照生单的"选择"栏，单击"确定"按钮，将发货单相关信息带入销售专用发票。修改发票号为"030006"，单击 图标。

（3）单击"现结"按钮，打开"现结"对话框，选择结算方式为"转账支票"，输入原币金额"79 100"，输入票据号"Z016"，单击"确定"按钮，销售专用发票左上角显示"现结"标志。单击"复核"按钮，对现结发票进行复核，而后退出。

> **补充提示**
> - 销售发票既可以手工输入，也可以根据销售订单、销售出库单参照生成。
> - 如果要录入销售专用发票，则需先在基础档案客户档案中设置有关税号信息，否则只能录入普通发票。
> - 对已经现结或复核的发票不能直接修改，如果需要修改则先单击"弃结"按钮后进行修改。

【例9-26】审核销售专用发票并确认收入

1. 审核销售专用发票

（1）在应收款管理系统中，选择"应收单据处理"→"应收单据审核"选项，打开"应收单查询条件"对话框。选中"包含已现结发票"复选框，单击"确定"按钮，打开"单据处理"窗口。

（2）双击选择需要审核单据，单击"审核"按钮，弹出"审核成功"提示框。

2. 根据销售专用发票生成收款凭证

（1）在应收款管理系统中，选择"制单处理"选项，打开"制单查询"对话框，选择"现结制单"复选框，单击"确定"按钮，打开"应收制单"窗口。

（2）单击"全选"按钮，选择凭证类别为"收款凭证"，单击"制单"按钮，进入"填制凭证"窗口，保存并退出。

  借：银行存款—工行永乐支行   79 100
    贷：主营业务收入   70 000
      应交税费—应交增值税—销项税额   9 100

【例9-27】确认销售成本

（1）修改系统日期为"2023-01-31"，重新登录企业应用平台。在存货核算系统中，选择"业务核算"→"正常单据记账"选项，打开"查询条件选择"对话框。

（2）单击"确定"按钮，打开"未记账单据一览表"窗口。选择要记账的单据，单击"记账"按钮，弹出"记账成功。"提示框，单击"确定"按钮后退出。

（3）选择"财务核算"→"生成凭证"选项，打开"生成凭证"窗口。单击工具栏上的"选择"按钮，打开"查询条件"对话框。单击"全消"按钮，选中"销售专用发票"复选框，单击"确定"按钮，打开"未生成凭证单据一览表"窗口。

（4）选择要生成凭证的单据，单击"确定"按钮，返回到"生成凭证"窗口。选择凭证类别为"转账凭证"，单击"生成"按钮，系统生成转账凭证，保存并退出。

  借：主营业务成本   50 000
    贷：库存商品—呼吸机   50 000

> **补充提示**
> - 存货核算系统必须在执行正常单据记账后，才能确认销售出库成本，并生成结转销售成本凭证。
> - 既可以根据每笔业务及时结转销售成本，也可以月末集中结转，合并生成结转凭证

三、月末结账

（一）理论导航

月末结账是将当月的销售单据和数据封存，结账后不允许再对该会计期销售单据进行增加、修改和删除处理。

（二）业务资料

【例9-28】月末结账
1月31日，办理销售管理系统月末结账。

（三）操作指导

1. 结账
（1）在销售管理系统中，选择"月末结账"选项，打开"月末结账"对话框。
（2）默认选中"1月"栏，单击"结账"按钮，系统弹出"是否关闭订单？"提示框，单击"否"按钮，1月的是否结账标志为"是"表示结账完毕。

2. 取消结账（选做）
（1）选择"月末结账"选项，打开"结账"对话框。
（2）单击"取消结账"按钮，系统弹出"取消月末结账完毕！"信息提示框。单击"确定"按钮，即可取消结账。

任务五　库存管理系统业务处理

库存管理系统的主要功能是对采购管理系统、销售管理系统及存货核算系统填制的各种出入库单据进行审核，并对存货的出入库数量进行管理。

一、出库业务处理

出库业务处理主要包括销售出库、材料出库和其他出库。

1. 销售出库

销售业务员签订销售合同后，仓库保管员核定出库货物数量，交由物流部门运输，填制销售出库单。销售出库单是销售出库业务的主要凭据，在库存管理系统中用于存货出库数量核算，在存货核算系统中用于存货出库成本核算。当销售管理系统与库存管理系统集成应用时，销售出库单可以在库存管理系统中根据发货单、销售发票等生成；当单独使用库存管理系统时，销售出库单在库存管理系统中直接录入。销售出库单生成或录入后，应对其审核。

2. 材料出库

对于工业企业，当从仓库中领用材料用于生产时就需要材料出库，相应填写材料出库单。只有工业企业才涉及材料出库，商业企业不用填写此单据。材料出库单既可以手工增加，也可以配比出库，或者根据限额领料单生成。

3. 其他出库

其他出库指除销售出库、材料出库外的其他出库业务，如调拨出库、盘点业务、组装与拆卸业务等。

（二）业务资料

【例9-29】生产领料出库

1月22日，一车间向原料库领用传感器100个（单价为40元），硅胶5盒（单价为200元），用于生产呼吸机。

（三）操作指导

【例9-29】生产领料出库

1. 录入材料出库单并审核

（1）在库存管理系统中，选择"出库业务"→"材料出库单"选项，进入"材料出库单"窗口。单击"增加"按钮，输入日期为"2023-01-22"，选择仓库为"原材料库"，出库类别为"领料出库"，部门为"一车间"。

（2）选择存货编码为"002"，输入数量为"100"，单价为"40"；选择存货编码为"003"，输入数量为"5"，单价为"200"，其他信息自动带出，保存单据，审核后退出。

2. 记账并生成领料凭证

（1）在存货核算系统中，选择"业务核算"→"正常单据记账"选项，打开"查询条件选择"对话框。单击"确定"按钮，打开"未记账单据一览表"窗口。选择需要记账的单据，单击"记账"按钮，完成记账。

（2）选择"财务核算"→"生成凭证"选项，打开"生成凭证"窗口，单击工具栏的"选择"按钮，打开"查询条件"对话框。单击"全消"按钮，选择"材料出库单"复选框，单击"确定"按钮，打开"未生成凭证单据一览表"窗口。选中后，单击工具栏的"全选"按钮，再单击"确定按钮。在"生成凭证"窗口中，单击"生成"按钮，生成领料凭证。选择"转账凭证"，单击"生产成本"所在行，使用"Ctrl+S"组合键调出辅助项，选择项目名称为"治疗器械"，保存后退出。

借：生产成本—直接材料　　　　　　　　　　　　　　5 000
　　贷：原材料—传感器　　　　　　　　　　　　　　4 000
　　　　原材料—硅胶　　　　　　　　　　　　　　　1 000

二、入库业务处理

仓库收到采购或生产的货物，仓库保管员将验收货物的数量、质量、规格型号等，确认验收无误后入库，并登记库存账。入库业务单据主要包括日常业务的采购入库单、产成品入库单和其他入库单。

1. 采购入库单

采购业务员将采购回来的原材料等交到仓库时，仓库保管员对所购材料进行验收确定，填制采购入库单，采购入库单一般指商品进货入库时所填制的入库单据。当采购管理系统与库存管理系统集成应用时，采购入库单可以在库存管理系统中根据到货单、采购发票等生成；当单独使用库存管理系统时，采购入库单在库存管理系统中直接录入。采购入库单生成或录入后，应对其审核。

2. 产成品入库单

对于工业企业，产成品入库单一般指产成品验收入库时所填制的入库单据，是工业企业入库单据的主要部分。只有工业企业才有产成品入库单，商业企业没有此单据。由于产成品一般在入库时无法确定产品的总成本和单位成本，所以在填制产成品入库单时，一般只有数量，没有单价和金额。输入产成品入库单后应对其进行审核。

3. 其他入库单

其他入库单指除采购入库、产成品入库外的其他入库业务，如调拨入库、盘盈入库、组装拆卸入库等。

（二）业务资料

【例 9-30】产成品入库

1 月 24 日，二车间完工血压仪 80 台，经验收入成品库，成本按 220 元/个计入。

（三）操作指导

【例 9-30】产成品入库

1. 录入产成品入库单并审核

（1）在库存管理系统中，选择"入库业务"→"产成品入库单"选项，进入"产成品入库单"窗口。

（2）单击"增加"按钮，输入入库日期为"2023-01-24"，选择仓库为"成品库"，部门为"二车间"，入库类别为"产成品入库"。选择存货编码为"005"，输入数量为"80"，单价为"220"，其他信息自动带出，保存单据，审核后退出。

2. 记账并生成产品入库凭证

（1）在存货核算系统中，选择"业务核算"→"正常单据记账"选项，打开"查询条件选择"对话框。单击"确定"按钮，打开"未记账单据一览表"窗口。选择需要记账的单据，单击"记账"按钮完成记账。

（2）选择"财务核算"→"生成凭证"选项，打开"生成凭证"窗口，单击工具栏的"选择"按钮，打开"查询条件"对话框，单击"全消"按钮，选择"产成品入库单"复选框。单击"确定"按钮，打开"未生成凭证单据一览表"窗口。单击工具栏的"全选"按钮，再单击"确定"按钮。在"生成凭证"窗口，单击"生成"按钮，生成产成品入库凭证。选择"转账凭证"，单击"生产成本"所在行，使用"Ctrl+S"组合键调出辅助项，选择项目名称为"诊疗仪器"，保存并退出。

借：库存商品——血压仪　　　　　　　　　　　17 600
　　贷：生产成本——直接材料　　　　　　　　　17 600

三、盘点业务处理

企业存货品种多，由于种种原因会造成存货账实不相符。为了保护企业流动资产的安全和完整，做到账实相符，企业必须对存货进行清查，确定企业各种存货的实际库存量，并与账面记录核对，查明存货盘盈、盘亏和毁损的数量及造成上述情况的原因，并据以编制存货盘点报告表，按规定程序上报给有关部门审批。

系统提供多种盘点方式，如按仓库盘点、按批次盘点、按类别盘点、对保质期临近多少天的存货进行盘点等，还可以对各仓库或批次中的全部或部分存货进行盘点，盘盈、盘亏的结果自动生成其他入库单或其他出库单。

（二）业务资料

【例9-31】盘点业务

1月31日，对本月28日盘点原料库的传感器，盘盈10个，按50元/个计入。

（三）操作指导

【例9-31】盘点业务

1. 增加盘点单并审核

（1）在库存管理系统中，选择"盘点业务"选项，进入"盘点单"窗口。

（2）单击"增加"按钮，修改账面日期和盘点日期为"2023-01-28"，选择仓库为"原材料库"，入库类别为"盘盈入库"。选择存货编码为"002"，系统自动带出账面数量"1100"，录入"盘点数量"为"1110"，保存单据，审核后退出。

2. 审核盘点生成的其他入库单

（1）选择"入库业务"→"其他入库单"选项，进入"其他入库单"窗口。

（2）通过 按钮，找到盘盈生成的其他入库单，单击"审核"按钮后退出。

3. 记账

（1）在存货核算系统中，选择"业务核算"→"正常单据记账"选项，打开"查询条件选择"对话框。单击"确定"按钮，打开"未记账单据一览表"窗口。右键单击需要记账的入库单所在行，选择手工输入，单价为"50"。选择需要记账的单据，单击"记账"按钮，完成记账。

（2）选择"财务核算"→"生成凭证"选项，打开"生成凭证"窗口，单击工具栏的"选择"按钮，打开"查询条件"对话框，单击"全消"按钮，选择"其他入库单"复选框。单击"确定"按钮，打开"未生成凭证单据一览表"窗口。单击工具栏的"全选"按钮，再单击"确定"按钮。在"生成凭证"窗口中，补充贷方科目"1901 待处理财产损溢"，单击"生成"按钮，生成盘盈入库凭证。选择凭证类别为"转账凭证"，保存并退出。

　　借：原材料—传感器　　　　　　　　　　　　　　500
　　　　贷：待处理财产损溢　　　　　　　　　　　　500

补充提示

● 采购入库单没有单价不能记账，需要手工补录单价。

四、月末结账

（一）理论导航

月末结账是将每月的出入库单据逐月封存，并将当月的出入库数据记入有关账表中。结账只能每月进行一次，结账后，本月不能再填制单据。

（二）业务资料

【例 9-32】月末结账
1 月 31 日，办理库存管理系统月末结账。

（三）操作指导

【例 9-32】月末结账
（1）在库存管理系统中，选择"月末结账"选项，打开"月末结账"对话框。
（2）单击"结账"按钮，系统弹出"库存启用月份结账后将不能修改期初数据，是否继续结账？"提示框，单击"是"按钮，1 月结账完毕。

任务六　存货核算系统业务处理

存货核算是从资金的角度管理存货的出入库业务，主要用于核算企业的入库成本、出库成本、结余成本；反映和监督存货的收发、领退和保管情况；反映和监督存货资金的占用情况。存货核算系统是供应链管理系统的重要系统，既可以与采购管理系统、销售管理系统、库存管理系统集成使用，发挥更加强大的应用功能，也可以只与库存管理系统联合使用，还可以单独使用。

存货核算系统的主要功能包括入库业务处理、出库业务处理、单据记账、调整业务、暂估处理等。由于很多功能与库存管理系统业务操作相类似，这里只介绍存货调整业务处理，包括入库调整和出库调整。

一、存货调整业务处理

存货调整业务处理包括填制入库调整单和出库调整单。

1. 入库调整

入库调整是对存货的入库成本进行调整，只调整存货的金额，不调整数量。入库调整单用来调整当月的入库金额，并相应调整存货的结存金额。既可以针对单据进行调整，也可以针对存货进行调整。

2. 出库调整

出库调整是对存货的出库成本进行调整，只调整存货的金额，不调整数量。出库调整单用来调整当月的出库金额，并相应调整存货的结存金额。只能针对存货进行调整，不能针对单据进行调整。

（二）业务资料

【例9-33】入库调整

1月20日，将1月9日购买周转包装物的费用1 200元加入塑料管原材料入库成本。

【例9-34】出库调整

1月25日，受物流影响，增加1月8日出售给威海市第一医院25台呼吸机的出库成本800元。

（三）操作指导

【例9-33】入库调整

（1）在存货核算系统中，选择"日常业务"→"入库调整单"选项，进入"入库调整单"窗口。单击"增加"按钮，选择"原材料库"，输入日期"2023-01-20"，收发类别为"采购入库"。选择存货编码"001"，调整金额为"1 200"，保存单据。单击"记账"按钮进行记账。

（2）选择"财务核算"→"生成凭证"选项，打开"生成凭证"窗口，单击工具栏的"选择"按钮，打开"查询条件"对话框，单击"全消"按钮，选择"入库调整单"复选框。单击"确定"按钮，打开"未生成凭证单据一览表"窗口。单击工具栏的"全选"按钮，再单击"确定"按钮。在"生成凭证"窗口中，单击"生成"按钮，生成入库调整凭证，修改凭证类别为"转账凭证"并保存。

借：原材料—塑料管　　　　　　　　　　　　　　1 200
　　　　贷：材料采购　　　　　　　　　　　　　　　　　　1 200

【例9-34】 出库调整

（1）在存货核算系统中，选择"日常业务"→"出库调整单"选项，进入"出库调整单"窗口。单击"增加"按钮，选择"成品库"，输入日期"2023-01-25"，收发类别为"销售出库"。选择存货编码"004"，调整金额为"800"，保存单据。单击"记账"按钮进行记账。

（2）选择"财务核算"→"生成凭证"选项，打开"生成凭证"窗口，单击工具栏的"选择"按钮，打开"查询条件"对话框，单击"全消"按钮，选择"出库调整单"复选框。单击"确定"按钮，打开"未生成凭证单据一览表"窗口，单击工具栏的"全选"按钮，再单击"确定"按钮。在"生成凭证"窗口中，单击"生成"按钮，生成出库调整凭证，修改凭证类别并保存。

　　借：主营业务成本　　　　　　　　　　　　　　　800
　　　　贷：库存商品—呼吸机　　　　　　　　　　　　　　800

二、月末结账

（一）理论导航

当月全部业务处理完毕并进行期末处理后，可以进行月末结账。结账只能每月进行一次，结账后，本月不能再处理当月业务。如果与库存管理系统、采购管理系统、销售管理系统集成使用，则必须在采购管理系统、销售管理系统、库存管理系统结账后，存货核算系统才能进行结账。

（二）业务资料

【例9-35】 月末结账

1月31日，办理存货核算系统月末结账。

（三）操作指导

1. 期末处理

（1）选择"业务核算"→"期末处理"选项，打开"期末处理"对话框。

（2）选择需要进行期末处理的仓库，单击"处理"按钮，系统自动计算存货成本；弹出"期末处理完毕！"提示框，关闭并退出。

2. 结账

（1）选择"业务核算"→"月末结账"选项，打开"月末结账"对话框。

（2）单击"确定"按钮，系统弹出"月末结账完成！"提示框，单击"确定"按钮返回。

习 题 巩 固

一、单选题

1. 库存管理系统期初数据也可以在（　　）系统中录入。
   A. 采购管理　　　　B. 销售管理　　　　C. 存货核算　　　　D. 应收款管理
2. 在采购管理系统中，录入的期初暂估入库存货是指（　　）。
   A. 票到货未到的存货　　　　　　　　B. 货到票未到的存货
   C. 未验收入库的存货　　　　　　　　D. 在途存货
3. 在供应链管理系统的各系统集成应用的前提下，采购入库单可以在（　　）系统中填制。
   A. 应收款管理　　　B. 销售管理　　　　C. 总账管理　　　　D. 库存管理
4. 当库存管理系统与销售管理系统集成使用时，销售出库单参照（　　）生成，不可手工填制。
   A. 发货单或销售订单　　　　　　　　B. 销售订单或销售发票
   C. 销售订单或收款单　　　　　　　　D. 发货单或销售发票
5. 销售出库业务包括（　　）。
   A. 材料出库　　　　B. 产成品出库　　　C. 调拨出库　　　　D. 盘亏出库

二、多选题

1. 采购管理系统填制的单据包括（　　）。
   A. 采购发票　　　　B. 采购入库单　　　C. 付款单　　　　　D. 收款单
2. 普通销售业务涉及的单据包括（　　）。
   A. 销售发票　　　　B. 销售出库单　　　C. 销售订单　　　　D. 收款单
3. 库存管理系统出库、入库业务涉及的单据包括（　　）。
   A. 采购入库单　　　B. 销售出库单　　　C. 产成品入库单　　D. 材料出库单
4. 调整业务单据包括（　　）。
   A. 入库调整单　　　　　　　　　　　　B. 出库调整单
   C. 系统调整单　　　　　　　　　　　　D. 计划价/售价调整单

三、判断题

1. 采购管理系统没有期初余额可不记账。（　　）
2. 销售发货单需要生成记账凭证。（　　）
3. 库存管理系统的结账工作应在采购管理系统与销售管理系统结账前进行。（　　）
4. 存货核算系统生成的记账凭证，最后都传递到成本管理系统中进行审核、记账。（　　）

四、思考题

1. 供应链管理系统包括哪些系统，各系统的主要功能有哪些？
2. 普通采购业务的处理流程？
3. 普通销售业务的处理流程？
4. 在库存管理系统日常业务处理中，入库业务和出库业务包括哪些内容？

附录 A
业财一体化综合实验

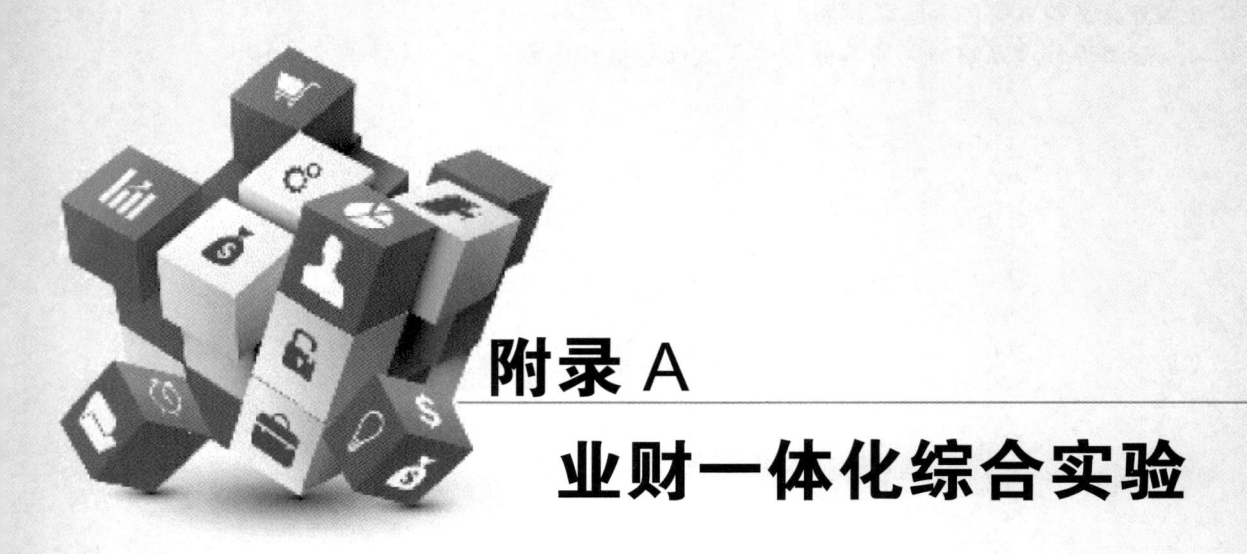

以秦皇岛闪亮消防设备有限公司（简称闪亮公司）在 2023 年 1 月发生的经济业务为蓝本，运用用友 ERP-U8V10.1 进行财务核算和综合实操，以期更加深入地了解财务软件各系统功能，明晰系统之间的勾稽关系，熟练操作用友财务软件。

附录A 业财一体化综合实验

实验一　系统管理设置

【实验准备】

已成功安装用友 ERP-U8V10.1，并初始化了数据库。将计算机系统日期修改为"2023年1月1日"，以 admin 身份登录"系统管理"。

【实验要求】

1. 增加操作员及赋权
① 原野　　口令：1　部门：财务部　角色：账套主管　权限：账套主管所有权限
② 迟秀丽　口令：2　部门：财务部　角色：普通员工　权限：公共目录设置、总账管理系统、应收款管理系统、应付款管理系统
③ 张莹莹　口令：3　部门：财务部　角色：普通员工　权限：总账—出纳、总账—凭证—出纳签字

2. 建立单位账套
（1）账套信息。
账套号：100。
账套名称：秦皇岛闪亮消防设备有限公司。
启用会计期：2023年1月1日。
（2）单位信息。
单位名称：秦皇岛闪亮消防设备有限公司。
单位简称：闪亮公司。
（3）核算类型。
行业性质：2007年新会计制度科目。
账套主管：原野。
是否按行业预置科目：是。
（4）基础信息。对存货进行分类，有外币核算。
（5）分类编码方案。
科目编码级次：4-2-2-2。
存货分类编码级次：2-1-2-3。
部门编码级次：2-2。
结算方式编码级次：1-2。
（6）数据精度。小数位数均为2。
（7）启用"总账管理系统"、"应收款管理系统"和"应付款管理系统"。

实验二　基础信息设置

【实验准备】

将计算机系统日期调整为"2023年1月1日",接续实验一账套,以账套主管"1 原野"登录企业应用平台。

【实验要求】

1. 设置部门档案信息

01 行政办公室；02 财务部；03 采购部；04 生产部（0401 生产车间；0402 组装车间）；05 销售部；06 仓储部。

2. 设置在职人员类别

在已有类别"正式工"下,设置在职人员类别：企业管理人员（1011）、经营职员（1012）、销售人员（1013）、生产人员（1014）。

3. 设置人员档案信息

闪亮公司共有9名正式员工,人员档案信息如表A-1所示。

表 A-1　人员档案信息

序号	人员编码	姓名	性别	行政部门	人员类别	是否业务员	业务或费用部门
1	001	杨志国	男	行政办公室	企业管理人员	否	
2	002	原野	男	财务部	企业管理人员	是	财务部
3	003	迟秀丽	女	财务部	经营职员	是	财务部
4	004	张莹莹	女	财务部	经营职员	是	财务部
5	005	陈明	男	采购部	企业管理人员	是	采购部
6	006	王利民	男	生产车间	生产人员	否	
7	007	沈静	女	组装车间	生产人员	否	
8	008	张琳	女	销售部	企业管理人员	是	销售部
9	009	李姗姗	女	销售部	经营职员	是	销售部

4. 设置客户档案信息

闪亮公司有三个长期合作的客户,客户档案信息如表A-2所示。

表 A-2　客户档案信息

编码	客户名称	客户简称	税号	部门	业务员	银行	账号	默认值
001	石家庄荣尚消防科技公司	荣尚消防	9090909	销售部	张琳	建行光明支行	12121212121	是
002	天津四季消防物资公司	四季公司	8080808	销售部	李姗姗	建行大港支行	13131313131	是
003	北京明杰酒店	明杰酒店	7070707	销售部	李姗姗	工行大兴支行	14141414141	是

5. 设置供应商档案

闪亮公司有两个长期合作的供应商，供应商档案信息如表 A-3 所示。

表 A-3　供应商档案信息

编号	供应商名称	简称	部门	业务员	开户行	账号	默认值
001	沈阳神威塑料厂	神威塑料	采购部	陈明	工行沈阳皇姑支行	11111111111	是
002	北京瑞通化工公司	瑞通化工	采购部	陈明	建行北京海淀支行	22222222222	是

6. 设置结算方式

1 现金结算；2 支票结算；201 现金支票（票据管理）；202 转账支票（票据管理）；3 商业汇票。

7. 设置开户银行

编码：011；开户银行：中国工商银行北京如意支行；银行账号：001001001001。

8. 设置存货分类

01 原材料；011 原料及主要材料；012 辅助材料；02 库存商品；03 应税劳务。

9. 设置计量单位

闪亮公司的计量单位信息如表 A-4 所示。

表 A-4　计量单位信息

计量单位组编码	计量单位组名称	计量单位组类别	计量单位编码	计量单位名称	主计量单位标志
1	无换算关系	无换算率	01	吨	否
			02	个	否
			03	支	否
			04	元/公里	否

10. 设置存货档案

闪亮公司的存货档案信息如表 A-5 所示。

表 A-5　存货档案信息

存货编号	存货名称	规格型号	分类码	计量单位组	计量单位	税率	属性
001	感烟器	20*10	011	1 组	个	13%	外购、生产耗用
002	塑料底盘	C2	012	1 组	个	13%	外购、生产耗用
003	干粉	超细	011	1 组	吨	13%	外购、生产耗用
004	感烟探测器	001#	02	1 组	个	13%	内销、外销、自制
005	灭火器	DD	02	1 组	支	13%	内销、外销、自制

实验三　总账管理系统初始化设置

【实验准备】

将计算机系统日期调整为"2023年1月1日",接续实验二账套,以账套主管"1 原野"登录企业应用平台。

【实验要求】

1. 设置选项

"凭证"选项卡：支票控制；取消"现金流量科目必录现金流量项目"；自动填补凭证断号；可以使用应收、应付、存货控制科目。

"权限"选项卡：出纳凭证必须经由出纳签字。

2. 新增会计科目

系统预设一级科目不能满足企业账务核算要求,闪亮公司的新增会计科目如表A-6所示。

表 A-6　新增会计科目

一级科目	科目编码	科目名称	科目类型	方向	核算账类
1002 银行存款	100201	工行北京如意支行	资产	借	日记账、银行账
	100202	工行美元户	资产	借	日记账、银行账
1403 原材料	140301	感烟器	资产	借	数量核算（个）
	140302	塑料底盘	资产	借	数量核算（个）
	140303	干粉	资产	借	数量核算（吨）
1405 库存商品	140501	感烟探测器	资产	借	数量核算（个）
	140502	灭火器	资产	借	数量核算（支）
2211 应付职工薪酬	221101	应付工资	负债	贷	—
	221102	应付福利费	负债	贷	—
	221103	养老保险	负债	贷	—
2221 应交税费	222101	应交增值税	负债	贷	—
	22210101	进项税额	负债	贷	—
	22210102	销项税额	负债	贷	—
	222102	未交增值税	负债	贷	—
5001 生产成本	500101	直接材料	成本	借	—
	500102	直接人工	成本	借	—
6602 管理费用	660201	折旧费	损益	借	部门核算
	660202	差旅费	损益	借	部门核算
	660203	办公费	损益	借	部门核算
	660204	工资及福利费	损益	借	部门核算
	660205	招待费	损益	借	部门核算

3. 修改会计科目

根据账务核算要求，部分科目需要设置辅助核算，修改会计科目如表 A-7 所示。

表 A-7　修改会计科目

编码	科目名称	辅助核算	受控系统	编码	科目名称	辅助核算	受控系统
1001	库存现金	日记账	—	1221	其他应收款	个人往来	—
1002	银行存款	日记账、银行账	—	2201	应付票据	供应商往来	应付管理系统
1121	应收票据	客户往来	应收管理系统	2202	应付账款	供应商往来	应付管理系统
1122	应收账款	客户往来	应收管理系统	2203	预收账款	客户往来	应收管理系统
1123	预付账款	供应商往来	应付管理系统	—	—	—	—

4. 指定会计科目

"1001 库存现金"为现金科目，"1002 银行存款"为银行科目。

5. 设置凭证类别

闪亮公司的凭证类别设置如表 A-8 所示。

表 A-8　凭证类别

类别字	类别名称	限制类型	限制科目
收	收款凭证	借方必有	1001,1002
付	付款凭证	贷方必有	1001,1002
转	转账凭证	凭证必无	1001,1002

6. 设置外币及汇率

币符：USD；币名：美元；1 月初固定汇率为 6.5。

7. 录入期初余额

闪亮公司 2023 年 1 月期初余额如表 A-9 至表 A-14 所示。

表 A-9　期初余额

科目编码	科目名称	余额方向	期初余额/元
1001	库存现金	借	52 000
1002	银行存款	借	383 200
100201	工行北京如意支行	借	283 200
100202	工行美元户	借	100 000
1121	应收票据	借	24 600
1122	应收账款	借	132 800
1221	其他应收款	借	3 500
1231	坏账准备	贷	391
140301	原材料—感烟器	借	60 000（5000 个）
140302	原材料—塑料底盘	借	32 500（5000 个）

续表

科目编码	科目名称	余额方向	期初余额/元
140303	原材料—干粉	借	81 500（25 吨）
140501	库存商品—感烟探测器	借	112 000（4000 个）
140502	库存商品—灭火器	借	100 000（2500 支）
1601	固定资产	借	1 340 800
1602	累计折旧	贷	290 808.8
2001	短期借款	贷	200 000
2202	应付账款	贷	86 455
2203	预收账款	贷	10 000
22210101	应交税费—应交增值税—进项税额	贷	-3 117.7
22210102	应交税费—应交增值税—销项税额	贷	24 732.9
2501	长期借款	贷	355 000
4001	实收资本（或股本）	贷	1 158 000
4002	资本公积	贷	77 830
4104	利润分配	贷	122 800

表 A-10　应收票据（1121）辅助账期初余额

日期	客户名称	摘要	方向	期初余额/元	业务员	票号
2022-11-25	荣尚消防	销货款	借	24 600	张琳	030000

表 A-11　应收账款（1122）辅助账期初余额

日期	客户名称	摘要	方向	期初余额/元	业务员
2022-10-28	四季公司	销货款	借	80 000	李姗姗
2022-12-05	四季公司	销货款	借	50 000	李姗姗
2022-11-05	明杰酒店	代垫运费	借	2 800	李姗姗

表 A-12　其他应收款（1221）辅助账期初余额

日期	部门	摘要	方向	期初金额/元	个人
2022-12-04	销售部	差旅借款	借	3 500	李姗姗

表 A-13　应付账款（2202）辅助账期初余额

日期	供应商名称	摘要	方向	期初余额/元	业务员
2022-11-12	瑞通化工	购货	贷	84 760	陈明
2022-11-12	瑞通化工	购货运费	贷	1 695	陈明

表 A-14　预收账款（2203）辅助账期初余额

日期	客户名称	摘要	方向	期初余额/元	业务员	票号
2022-12-14	明杰酒店	预收销货款	贷	10 000	李姗姗	ZZ01

8. 账套备份

将账套备份至"D：\闪亮公司账套备份\实验三"文件夹并永久保留，以备后面实验引入。

实验四　总账管理系统日常业务处理

【实验准备】

将计算机系统日期调整为"2023年1月31日"，接续实验三账套，以总账会计"2 迟秀丽"登录企业应用平台。

【实验要求】

1. 录入经济业务

闪亮公司于2023年1月发生的经济业务如下，要求制单日期与业务发生日期一致。

（1）6日，财务部购买办公桌椅三套，以现金支付9 000元。

借：管理费用—办公费　　　　　　　　　　　　　　　　　9 000
　　贷：库存现金　　　　　　　　　　　　　　　　　　　9 000

（2）8日，在喜来登大酒店发生业务招待费8 000元，其中销售部门为6 500元，行政办公室为1 500元，财务部签发工行转账支票（票号：ZZ02）交给销售部张琳付讫。登记支票登记簿。

借：销售费用　　　　　　　　　　　　　　　　　　　　　6 500
　　管理费用—招待费　　　　　　　　　　　　　　　　　1 500
　　贷：银行存款—工行北京如意支行　　　　　　　　　　8 000

（3）10日，采购部陈明采购感烟器1 000个，不含税单价12元/个，增值税税率为13%，原材料直接入库，开具工行转账支票（票号：ZZ03）支付货款。登记支票登记簿。

借：原材料—感烟器　　　　　　　　　　　　　　　　　　12 000
　　应交税费—应交增值税—进项税额　　　　　　　　　　1 560
　　贷：银行存款—工行北京如意支行　　　　　　　　　　13 560

（4）17日，收到四季公司建行转账支票（票号：ZZ04），偿还部分前欠货款80 000元。

借：银行存款——工行北京如意支行　　　　　　　　　　　80 000
　　贷：应收账款　　　　　　　　　　　　　　　　　　　80 000

（5）18日，缴纳水电费2 400元，其中，财务部为200元，生产车间为1 200元，组装车间为1 000元。

借：管理费用—办公费　　　　　　　　　　　　　　　　　200
　　制造费用　　　　　　　　　　　　　　　　　　　　　2 200
　　贷：库存现金　　　　　　　　　　　　　　　　　　　2 400

（6）18日，销售部李姗姗向四季公司销售灭火器400支，每支不含税单价为55元，增值税适用税率为13%，货款尚未收到。

借：应收账款（客户：四季公司）　　　　　　24 860
　　　　贷：主营业务收入　　　　　　　　　　　　22 000
　　　　　　应交税费—应交增值税—销项税额　　　2 860
　（7）20日，销售部李姗姗出差归来报销差旅费3 300元，原借出差旅费3 500元，多余现金交回。
　　借：销售费用　　　　　　　　　　　　　　　 3 300
　　　　库存现金　　　　　　　　　　　　　　　　 200
　　　　贷：其他应收款　　　　　　　　　　　　 3 500
　（8）22日，销售部张琳出差广交会，借差旅费5 000元。
　　借：其他应收款　　　　　　　　　　　　　　 5 000
　　　　贷：库存现金　　　　　　　　　　　　　 5000
　（9）26日，生产车间领用感烟器500个（单价12元），塑料底盘500个（单价为6.5元），用于生产感烟探测器。
　　借：生产成本—直接材料　　　　　　　　　　 9 250
　　　　贷：原材料—感烟器　　　　　　　　　　 6 000
　　　　　　原材料—塑料底盘　　　　　　　　　 3 250

2. 出纳签字
"3 张莹莹"对收款、付款凭证进行出纳签字。

3. 审核凭证
"1 原野"对所有凭证进行审核。

4. 删除凭证
"2 迟秀丽"删除0001号付款凭证。

5. 记账
"1 原野"对所有凭证进行记账。

6. 冲销凭证
"2 迟秀丽"冲销0001号转账凭证，由"1 原野"对生成的红字冲销凭证审核并记账。

实验五　总账管理系统出纳管理

【实验准备】

将计算机系统日期调整为"2023年1月31日"，接续实验四账套，以出纳"3 张莹莹"登录企业应用平台。

【实验要求】

1. 出纳登记支票登记簿
13日，采购部陈明借转账支票（票号：ZZ05），去扬州洽谈采购感烟芯片，预计金额为 8 000 元。

2. 银行对账
（1）录入银行对账期初数。
闪亮公司银行账的启用日期为 2023 年 1 月 1 日，企业日记账（工行存款）调整前余额为 283 200 元，工行提供的对账单期初余额为 288 200 元，未达账项一笔，系 2022 年 12 月 14 日银行已收企业未收款 5 000 元，转账支票支付（票号：ZZ06）。

（2）录入银行对账单。
闪亮公司的 2023 年 1 月工行北京如意支行对账单如表 A-15 所示。

表 A-15　2023 年 1 月工行北京如意支行对账单

科目：银行存款—工行北京如意支行　　　　　　　　　　　　　　　日期：2023.01.01—2023.01.31

日期	结算方式	票号	借方/元	贷方/元	余额/元
01.08	转账支票	ZZ02	—	8 000	280 200
01.10	转账支票	ZZ03	—	13 560	266 640
01.17	转账支票	ZZ04	80 000	—	346 640

（3）银行对账。
（4）生成银行存款余额调节表。

实验六　总账管理系统期末处理

【实验准备】

将计算机系统日期调整为"2023 年 1 月 31 日"，接续实验五账套，以会计"2 迟秀丽"登录企业应用平台。

【实验要求】

1. 自定义转账
（1）计提短期利息（利率 0.2%）。
借：财务费用（6603）　　　　QM（2001，月）*0.002
　　贷：应付利息（2231）　　　　　　　　　JG（ ）
（2）期间损益结转，将所有损益类科目余额转入"本年利润"。

2. 生成自定义转账凭证
生成凭证后需要审核并记账，否则影响期间损益凭证生成结果。

3. 生成期间损益凭证并审核记账

4. 对账、结账

实验七　调用模板生成报表

【实验准备】

将计算机系统日期调整为"2023年1月31日",接续实验六账套,以账套主管"1 原野"登录企业应用平台。

【实验要求】

1. 调用报表模板生成利润表
报表类型:利润表。
所在行业:2007年新企业会计制度科目。

2. 录入关键字
编制单位:闪亮公司,2023年01月31日。

3. 生成报表数据

4. 保存报表
保存时重命名:"闪亮公司利润表"

实验八　薪资管理系统初始化设置

【实验准备】

将计算机系统日期调整为"2023年1月1日",引入实验三的备份账套,以账套主管"1 原野"登录企业应用平台。

【实验要求】

1. 启用薪资管理系统

2. 薪资管理系统初始建账
参数设置:多个工资类别。
扣税设置:要求代扣个人所得税。
扣零设置:不扣零。

3. 工资项目设置
闪亮公司薪资核算涉及的工资项目设置如表 A-16 所示。

表 A-16　工资项目设置

工资项目名称	类型	长度	小数	增减项	工资项目名称	类型	长度	小数	增减项
基本工资	数字	8	2	增项	缺勤天数	数字	4	0	其他
奖金	数字	8	2	增项	缺勤扣款	数字	8	2	减项
岗位工资	数字	8	2	增项	养老保险	数字	8	2	减项

4. 增加人员附加信息"学历"

5. 代发银行

银行编码：01001；银行名称：工行北京如意支行；账号长度：11 位；录入时自动带出的账号长度：8 位。

6. 新建工资类别

新建两个工资类别：在岗人员（所有部门）和离岗人员（所有部门）。

7. 设置在岗人员档案

闪亮公司共有在岗人员 9 人，在岗人员档案如表 A-17 所示。

表 A-17　在岗人员档案

部门名称	人员编码	人员姓名	人员类别	学历	银行账号
行政办公室	001	杨志国	企业管理人员	本科	55555555001
财务部	002	原野	企业管理人员	本科	55555555002
财务部	003	迟秀丽	经营职员	本科	55555555003
财务部	004	张莹莹	经营职员	本科	55555555004
采购部	005	陈明	企业管理人员	大专	55555555005
生产车间	006	王利民	生产人员	大专	55555555006
组装车间	007	沈静	生产人员	本科	55555555007
销售部	008	张琳	企业管理人员	本科	55555555008
销售部	009	李姗姗	经营职员	大专	55555555009

注：全部为中方人员，计税、工资不停发。

8. 设置在岗人员工资项目

工资项目：基本工资、岗位工资、奖金、应发合计、养老保险、缺勤扣款、扣款合计、实发合计、代扣税、缺勤天数。

9. 设置在岗人员工资计算公式

闪亮公司在岗人员工资类别下的工资计算公式如表 A-18 所示。

表 A-18　工资计算公式

工资项目	公式定义
奖金	iff（人员类别="企业管理人员"，1200，iff（人员类别="生产人员"，800，1000））
养老保险	（基本工资+岗位工资+奖金）*0.08
缺勤扣款	（基本工资+岗位工资）/22*缺勤天数

实验九　薪资管理系统业务处理

【实验准备】

将计算机系统日期调整为"2023 年 1 月 31 日"，接续实验八账套，以账套主管"1 原野"登录企业应用平台。

【实验要求】

1. 修改扣税基数

2019年1月1日，实施个人所得税七级超额累进税率，扣税基数调整为5 000元，附加费用为0，调整个人所得税税率如表A-19所示。

表A-19 个人所得税税率表

级数	应纳税所得额/月	税率/%	速算扣除数/元
1	不超过3 000元	3	0
2	超过3 000元至12 000元的部分	10	210
3	超过12 000元至25 000元的部分	20	1 410
4	超过25 000元至35 000元的部分	25	2 660
5	超过35 000元至55 000元的部分	30	4 410
6	超过55 000元至80 000元的部分	35	7 160
7	超过80 000元的部分	45	15 160

2. 录入2023年1月工资数据

（1）本月工资数据。

1月在岗人员工资数据如表A-20所示。

表A-20 工资数据

人员姓名	基本工资/元	岗位工资/元	人员姓名	基本工资/元	岗位工资/元
杨志国	8 000	1 000	王利民	4 000	800
原野	6 600	1 000	沈静	4 800	800
迟秀丽	5 800	800	张琳	6 800	1 000
张莹莹	5 200	800	李姗姗	6 000	1 000
陈明	6 400	1 000	—	—	—

（2）本月考勤统计：陈明请假1天，沈静请假2天。

（3）特殊激励：因去年销售部推广产品业绩较好，本月岗位工资每人增加500元。

3. 扣缴所得税

4. 查看银行代发

5. 设置工资分摊类型

"应付工资"——按工资总额的100%计算应付工资。

"应付福利费"——按工资总额的14%计提福利费。

6. 设置工资分摊

闪亮公司应付工资和应付福利费工资分摊设置如表A-21所示。

附录A 业财一体化综合实验

表 A-21 工资分摊设置

部门	人员类别	应付工资/100% 借方科目	应付工资/100% 贷方科目	应付福利费/14% 借方科目	应付福利费/14% 贷方科目
行政办公室、财务部、采购部	企业管理人员	660204	221101	660204	221102
财务部	经营职员	660204		660204	
生产车间、组装车间	生产人员	5101		5101	
销售部	企业管理人员	6601		6601	
销售部	经营职员	6601		6601	

7. 生成工资分摊凭证

根据本月工资数据自动生成工资分摊凭证、计提福利费凭证。

8. 月末结账

当月工资数据处理完毕后，进行薪资管理系统结账，选择"缺勤天数"和"缺勤扣款"为清零项。

实验十 固定资产管理系统初始化设置

【实验准备】

将计算机系统日期调整为"2023年1月1日"，引入实验三的备份账套，以账套主管"1原野"登录企业应用平台。

【实验要求】

1. 启用固定资产管理系统

2. 固定资产管理系统初始建账

固定资产管理系统初始建账的控制参数设置如表 A-22 所示。

表 A-22 控制参数设置

控制参数	参数设置
折旧信息	本账套计提折旧 折旧方法：平均年限法（一） 折旧汇总分配周期：一个月 当（月初已计提月份=可使用月份−1）时，将剩余折旧全部提足
编码方式	固定资产编码方式：按"类别编码+序号"自动编码 卡片序号长度：3
财务接口	与账务系统进行对账 在对账不平的情况下允许固定资产月末结账 固定资产对账科目：固定资产（1601） 累计折旧对账科目：累计折旧（1602）

2. 补充建账控制参数

业务发生后立即制单；固定资产缺省入账科目：1601；累计折旧缺省入账科目：1602；减值准备缺省入账科目：1603；增值税进项税额缺省入账科目：22210101；固定资产清理缺省入账科目：1606。

3. 设置部门对应折旧科目

闪亮公司固定资产管理系统部门对应折旧科目如表 A-23 所示。

表 A-23 部门对应折旧科目

部门	对应折旧科目	部门	对应折旧科目
行政办公室	管理费用—折旧费（660201）	销售部	销售费用（6601）
财务部	管理费用—折旧费（660201）	生产车间	制造费用（5101）
采购部	管理费用—折旧费（660201）	仓储部	管理费用—折旧费（660201）

4. 设置固定资产类别

闪亮公司固定资产类别如表 A-24 所示。

表 A-24 固定资产类别

编码	类别名称	使用年限	净残值率	折旧方法	卡片样式	计提属性
01	建筑房屋	30 年	3%	平均年限法（一）	通用样式（二）	正常计提
02	通用设备	10 年	4%	平均年限法（一）	通用样式（二）	正常计提
03	交通设备	10 年	4%	平均年限法（一）	通用样式（二）	正常计提
04	办公设备	5 年	2%	平均年限法（一）	通用样式（二）	正常计提

5. 设置增减方式对应入账科目

闪亮公司固定资产增减方式对应入账科目如表 A-25 所示。

表 A-25 增减方式对应入账科目

增加方式目录	对应入账科目	减少方式目录	对应入账科目
直接购入	银行存款—工行北京如意支行（100201）	出售	固定资产清理（1606）
盘盈	以前年度损益调整（6901）	盘亏	待处理财产损溢（1901）
在建工程转入	在建工程（1604）	毁损	固定资产清理（1606）

6. 录入固定资产原始卡片

闪亮公司固定资产原始卡片信息如表 A-26 所示。

表 A-26 固定资产原始卡片信息

卡片编号	00001	00002	00003	00004	00005
固定资产编号	01001	01002	02001	03001	04001
固定资产名称	A 楼	行政办公楼	1 号生产线	长安汽车	笔记本电脑
类别编号	01	01	02	03	04

续表

卡片编号	00001	00002	00003	00004	00005
类别名称	建筑房屋	建筑房屋	通用设备	运输设备	办公设备
部门名称	生产车间	行政办公室	组装车间	销售部	财务部
增加方式	在建工程转入	在建工程转入	直接购入	直接购入	直接购入
使用状况	在用	在用	在用	在用	在用
使用年限	30 年	30 年	10 年	10	5 年
折旧方法	平均年限法（一）	平均年限法（一）	平均年限法（一）	平均年限法（一）	平均年限法（一）
开始使用日期	2018-06-01	2018-10-16	2018-06-20	2019-02-08	2019-08-08
币种	人民币	人民币	人民币	人民币	人民币
原值	384 000 元	580 000 元	240 000 元	128 000 元	8 800 元
净残值率	3%	3%	4%	4%	2%
净残值	11 520 元	17 400 元	9 600 元	5 120 元	176 元
累计折旧	55 987.2 元	78 300 元	103 680 元	47 104 元	5 737.6 元
月折旧率	0.002 7	0.002 7	0.008	0.008	0.016 3
月折旧额	1 036.8 元	1 566 元	1 920 元	1 024 元	143.44 元
净值	328 012.8 元	501 700 元	136 320 元	80 896 元	3 062.4 元
对应折旧科目	制造费用	管理费用—折旧费	制造费用	销售费用	管理费用—折旧费

7. 与总账管理系统对账

实验十一　固定资产管理系统业务处理

【实验准备】

将计算机系统日期调整为"2023 年 1 月 31 日"，接续实验十账套，以账套主管"1 原野"登录企业应用平台。

【实验要求】

1. 新增固定资产

1 月 11 日，行政办公室购买扫描仪一台，价税合计 2 000 元，净残值率为 2%，预计使用年限为 5 年，以现金支付。

借：固定资产　　　　　　　　　　　　　　　　　　　2 000
　　贷：库存现金　　　　　　　　　　　　　　　　　　2 000

2. 资产原值变动

1 月 13 日，为提高财务部电脑（卡片编号：00005）配置，增加内存条一条，价值 300 元，以现金支付。

借：固定资产　　　　　　　　　　　　　　　　　　　300
　　贷：库存现金　　　　　　　　　　　　　　　　　　300

3. 使用状态变动

1月22日，00003号固定资产出现问题，需要维修，将使用状态修改为"大修理停用"。

4. 计提本月折旧

1月31日，计提本月折旧，合并制单。

借：管理费用—折旧费（行政办公室）　　　　　　　1 566
　　管理费用—折旧费（财务部）　　　　　　　　　143.44
　　制造费用　　　　　　　　　　　　　　　　　2 956.8
　　销售费用　　　　　　　　　　　　　　　　　1 024
　　贷：累计折旧　　　　　　　　　　　　　　　5 690.24

5. 资产减少

1月31日，销售部长安汽车发生交通事故毁损。

借：累计折旧　　　　　　　　　　　　　　　　4 812.8
　　固定资产清理　　　　　　　　　　　　　　7 987.2
　　贷：固定资产　　　　　　　　　　　　　　128 000

6. 审核并记账

由"3 张莹莹"登录总账管理系统对凭证出纳签字，由"2 迟秀丽"登录总账管理系统审核凭证并记账。

7. 月末结账

8. 下月业务

调整系统日期为"2023年2月28日"，重新登录企业应用平台。2月16日，因技术创新对0005号笔记本电脑计提1000元的减值准备。

借：资产减值损失　　　　　　　　　　　　　　1 000
　　贷：固定资产减值准备　　　　　　　　　　1 000

实验十二　应收、应付款管理系统初始化设置

【实验准备】

将计算机系统日期调整为"2023年1月1日"，引入实验三的备份账套，以账套主管"01 原野"登录企业应用平台"。

【实验要求】

1. 设置控制参数

应收款管理系统控制参数如表A-27所示，应付款管理系统控制参数如表A-28所示。

表 A-27　应收款管理系统控制参数

选项卡	控制参数	参数设置
常规	单据审核日期依据	单据日期
	坏账处理方式	应收余额百分比法
	应收账款核算模型	详细核算
凭证	受控科目制单方式	明细到单据
	控制科目依据	按客户
权限与预警	控制操作员权限	启用
	单据报警及提前天数	20 天

表 A-28　应付款管理系统控制参数

选项卡	控制参数	参数设置
常规	单据审核日期依据	单据日期
凭证	受控科目制单方式	明细到单据
	控制科目依据	按存货

2. 设置客户往来科目

（1）设置客户往来基本科目。

应收科目：1122；预收科目：2203；商业承兑科目：1121；票据利息科目：6603；税金科目：22210102；销售收入科目：6001。

（2）设置客户往来控制科目。

所有客户的控制科目均相同。应收科目：1122；预收科目：2203。

（3）设置客户往来结算方式科目。

现金：1001；现金支票：100201；转账支票：100201；商业汇票：100201。

（4）设置坏账准备。

提取比例：0.5%；坏账准备期初余额：391；坏账准备科目：坏账准备（1231）；坏账准备对方科目：资产减值损失（6701）

3. 设置供应商往来科目

（1）设置供应商往来基本科目。

应付科目：2202；预付科目：1123；采购科目：1402；税金科目：22210101；现金折扣科目：6603。

（2）设置供应商往来控制科目。

所有供应商的控制科目均相同。应付科目：2202；预付科目：1123。

（3）设置供应商往来结算方式科目。

现金：1001；现金支票：100201；转账支票：100201；商业汇票：100201。

4. 单据设置

删除销售管理系统中销售专用发票的"销售类型"项目。

5. 录入期初数据

（1）应收款管理系统期初数据如表 A-29 所示。

表 A-29　应收款管理系统期初数据　　　　　　　　　　　　　单位：元

单据类型	开票日期	客户名称	部门	业务员	科目	存货名称	数量	价税合计
商业承兑汇票 销售专用发票	11.25	荣尚消防	销售部	张琳	1121	感烟探测器	615 个	24 600
销售专用发票	10.28	四季公司	销售部	李姗姗	1122	灭火器	1600 支	80 000
销售专用发票	12.05	四季公司	销售部	李姗姗	1122	灭火器	1 000 支	50 000
其他应收单	11.05	明杰酒店	销售部	李姗姗	1122	代垫运费		2 800
收款单	12.14	明杰酒店	销售部	李姗姗	2203	预收货款		10 000

注：存货税率均为 13%，开票日期均为 2022 年。2022-11-25，收到荣尚消防开来的 3 个月商业承兑汇票，票号为 "2222"，签发日期和收到日期：2022-11-25，到期日：2023-2-25。

（2）应付款管理系统期初数据如表 A-30 所示。

表 A-30　应付款管理系统期初数据　　　　　　　　　　　　　单位：元

单据类型	开票日期	供应商名称	部门	业务员	科目	材料名称	数量	价税合计
采购专用发票	11.12	瑞通化工	采购部	陈明	2202	干粉	26 吨	84 760
其他应付单	11.12	瑞通化工	采购部	陈明	2202	欠运费		1 695

注：存货税率均为 13%，开票日期均为 2022 年。

6. 与总账管理系统期初数据对账

7. 账套备份

将账套备份至"D：\闪亮公司账套备份\实验十二"文件夹里，永久保留，供后面实验引入。

实验十三　应收款管理系统业务处理

【实验准备】

将计算机系统日期调整为"2023 年 1 月 31 日"，接续实验十二账套，以账套主管"1 原野"登录企业应用平台。

【实验要求】

1. 录入应收单据、审核并制单

1 月 10 日，销售部张琳向荣尚消防销售感烟探测器 500 台，每台不含税单价为 40 元，增值税适用税率为 13%，开具销售专用发票，未付销货款。现金支付代垫运费 600 元。（填制销售专用发票、应收单并立即制单。）

借：应收账款　　　　　　　　　　　　　　　　　　　　22 600
　　贷：主营业务收入　　　　　　　　　　　　　　　　　　20 000

　　　　应交税费—应交增值税—销项税额　　　　　　　2 600
　　借：应收账款　　　　　　　　　　　　　　　　　　600
　　　　贷：库存现金　　　　　　　　　　　　　　　　　　　600

2. 录入收款单据、审核、制单、核销
1月17日，收到四季公司建行转账支票（票号：ZZ04），偿还部分前欠货款80 000元。
　　借：银行存款—工行北京如意支行　　　　　　　80 000
　　　　贷：应收账款　　　　　　　　　　　　　　　　　　80 000

3. 商业汇票贴现
1月22日，将在2022年11月25日收到的由荣尚消防签发的商业承兑汇票进行贴现，贴现率为5%（立即制单）。
　　借：银行存款—工行北京如意支行　　　　　　　24552.17
　　　　财务费用　　　　　　　　　　　　　　　　　　47.83
　　　　贷：应收票据　　　　　　　　　　　　　　　　24 600

4. 预收冲应收并制单
1月26日，经协商，将明杰酒店交付的10 000元预收款冲抵所欠2 800元代垫运费。
　　贷：预收账款　　　　　　　　　　　　　　　　　-2 800
　　　　贷：应收账款　　　　　　　　　　　　　　　　2 800

5. 计提本月坏账准备并制单
1月31日，计提本月坏账准备（立即制单）。
　　借：资产减值损失　　　　　　　　　　　　　　　-62
　　　　贷：坏账准备　　　　　　　　　　　　　　　　-62

6. 月末结账

实验十四　应付款管理系统业务处理

【实验准备】

　　将计算机系统日期调整为"2023年1月31日"，接续实验十三账套，以账套主管"1原野"登录企业应用平台。启用"销售管理系统"、"采购管理系统"、"库存管理系统"和"存货核算系统"。

【实验要求】

1. 录入应付单据、审核并制单
1月16日，采购部陈明从沈阳神威塑料厂购入塑料底盘600个，不含税单价为6.5元/个。收到对方开来的增值税专用发票，税率为13%，货款尚未支付。材料全部合格，验收入库。
　　要求：填制采购专用发票，审核并立即制单。

借：原材料—塑料底盘　　　　　　　　　　　　　　　　　3 900
　　　　应交税费—应交增值税—进项税额　　　　　　　　　　507
　　　　　贷：应付账款　　　　　　　　　　　　　　　　　　4 407

2. 录入付款单据、审核并制单
1月25日，预付北京瑞通化工公司购货款20 000元，开出转账支票（票号：ZZ07）付讫。
　　借：预付账款　　　　　　　　　　　　　　　　　　　　20 000
　　　　贷：银行存款—工行北京如意支行　　　　　　　　　20 000

3. 月末结账

实验十五　供应链管理系统初始化设置

【实验准备】

将计算机系统日期调整为"2023年1月1日"，引入实验十三的备份账套，以账套主管"1 原野"登录企业应用平台。

【实验要求】

1. 设置控制参数
（1）采购选项：设置单据默认税率为"13%"。
（2）销售选项：取消"报价含税"。

2. 设置仓库档案
闪亮公司的仓库档案信息如表A-31所示。

表A-31　仓库档案信息

仓库编码	仓库名称	计价方式	仓库属性
01	原材料库	先进先出法	普通仓（其他选项默认）
02	成品库	先进先出法	

3. 设置收发类别
闪亮公司收发类别信息如表A-32所示。

表A-32　收发类别

类别编码	收发标志	类别名称	类别编码	收发标志	类别名称
1		入库	2		出库
11	收	采购入库	21	发	销售出库
12		盘盈入库	22		盘亏出库
13		产成品入库	23		领料出库

4. 设置采购与销售类型

闪亮公司采购与销售类型如表 A-33 所示。

表 A-33 采购与销售类型

对比项	类别编码	类别名称	入/出库类别	是否默认值
采购类型	1	普通采购	采购入库	是
销售类型	1	普通销售	销售出库	是

5. 设置自动科目

（1）设置存货科目如表 A-34 所示。

表 A-34 存货科目

仓库编码	仓库名称	存货编码	存货名称	存货科目编码	存货科目名称
01	原材料库	001	感烟器	140301	感烟器
01	原材料库	002	塑料底盘	140302	塑料底盘
01	原材料库	003	干粉	140303	干粉
02	成品库	004	感烟探测器	140501	感烟探测器
02	成品库	005	灭火器	140502	灭火器

（2）设置存货对方科目如表 A-35 所示。

表 A-35 存货对方科目

收发类别	对方科目	收发类别	对方科目
采购入库	在途物资（1402）	销售出库	主营业务成本（6401）
产成品入库	生产成本/直接材料（500101）	领料出库	生产成本/直接材料（500101）

6. 设置单据格式

将销售订单的表头项目"汇率"替换为"预完工日期"。

7. 录入期初数据

（1）录入采购管理系统期初数据

2022 年 11 月 12 日，从瑞通化工采购干粉 20 吨，暂估单价为 3 260 元，商品验收入原材料库，发票尚未收到暂估入账。填制采购入库单并记账。

（2）录入销售管理系统期初数据

2022 年 11 月 25 日，销售部向荣尚消防销售感烟探测器 615 个，每个报价 40 元，由成品仓库发货，销售发票尚未开具。填制期初发货单并审核。

（3）录入库存管理系统、存货核算系统期初数据如表 A-36 所示。

表 A-36 库存管理系统、存货核算系统期初数据

仓库名称	存货编码	存货名称	数量	计量单位	单价/元	金额/元
原材料库	001	感烟器	5 000	个	12	60 000

续表

仓库名称	存货编码	存货名称	数量	计量单位	单价/元	金额/元
原材料库	002	塑料底盘	5 000	个	6.5	32 500
原材料库	003	干粉	25	吨	3 260	81 500
成品库	004	感烟探测器	4 000	个	28	112 000
成品库	005	灭火器	2 500	支	40	100 000

实验十六 供应链管理系统业务处理

【实验准备】

将计算机系统日期调整为"2023年1月31日",接续实验十五账套,以账套主管"1原野"登录企业应用平台。

【实验要求】

1. 普通采购业务

(1) 采购请购。1月13日,采购部陈明预采购1 000个塑料底盘,向沈阳神威塑料厂批发询价,对方报价不含税单价为6.5元/个。业务员填写请购单,向公司上级主管提出材料请购申请,建议订货日期为"2023年1月13日",到货日期为"2023年1月16日。"在采购管理系统中填制采购请购单并审核。

(2) 采购订货。1月13日,上级主管审核同意请购申请,采购员在采购管理系统中生成采购订单并审核。

(3) 采购到货。1月16日,收到神威塑料厂交付的1 000个塑料底座,在采购管理系统中生成到货单并审核,办理材料入库。

(4) 采购入库。1月16日,经检验质量全部合格,将塑料底盘入原材料库,办理入库手续。在库存管理系统中生成采购入库单并审核。

(5) 采购发票。1月16日,收货当天同时收到神威塑料厂开具的该笔业务增值税专用发票,采购员在采购管理系统中生成采购专用发票。

(6) 采购结算。采购部门将采购发票与采购入库单进行采购结算。

(7) 审核发票,办理应付。在应付款管理系统中审核销售发票,确认应付并生成应付凭证。

借:在途物资　　　　　　　　　　　　　　　　　　　6 500
　　应交税费—应交增值税—进项税额　　　　　　　　850
　　贷:应付账款　　　　　　　　　　　　　　　　　　　7 350

(8) 确认存货入库成本。在存货核算系统中确认该笔材料入库成本。

借:原材料—塑料底盘　　　　　　　　　　　　　　　6 500
　　贷:在途物资　　　　　　　　　　　　　　　　　　　6 500

(9) 办理采购付款。1月16日,财务部确认应付款项,开具转账支票(票号:ZZ08),

付清采购款。在应付款管理系统中填制付款单，生成付款凭证，核销该供应商应付款。

  借：应付账款   7 350
    贷：银行存款—工行北京如意支行   7 350

 2. 普通销售业务

  将计算机系统日期调整为"2023年1月22日"，以账套主管"1 原野"重新登录企业应用平台。

  （1）销售报价。1月20日，天津四季消防物资公司有意采购灭火器600支，向闪亮公司询价，销售部报价每台不含税单价为50元，在销售管理系统填制并审核报价单。

  （2）销售订货。1月20日，四季消防物资公司（简称四季公司）接受报价，订购600支灭火器，要求1月22日之前发货，在销售管理系统中生成销售订单并审核。

  （3）销售发货。1月22日，销售部从成品库向四季公司发出其所订货物，在销售管理系统中生成发货单并审核。

  （4）销售出库。1月22日，仓库确认成品出库，在库存管理系统中生成销售出库单并审核。

  （5）销售发票确认应收。1月22日，销售部根据销售出库单开具一张增值税专用发票，办理现结业务（转账支票：ZZ09）。

  （6）审核销售发票并确认收入。财务部门据此在应收款管理系统中审核发票（已现结）并确认应收，生成凭证。

  借：银行存款—工行北京如意支行   33 900
    贷：主营业务收入   30 000
      应交税费—应交增值税—销项税额   3 900

  （7）确认销售成本。1月31日，在存货核算系统中对销售出库单记账并生成销售成本凭证。

  借：主营业务成本   24 000
    贷：库存商品—灭火器   24 000

 3. 产成品入库

  1月24日，组装车间完工感烟探测器200个，经验收入成品库，成本按28元/个计入。在库存管理系统中录入产成品入库单并审核，在存货核算系统中记账并生成凭证。

  借：库存商品—感烟探测器   5 600
    贷：生产成本—直接材料   5 600

 4. 盘点业务

  1月28日，盘点原料库的感烟器，盘点结果4200个，参考成本12元/个。在库存管理系统中填制盘点单并审核，对盘点单生成的其他入库单审核，在存货核算系统中完成记账并生成盘盈凭证。

  借：原材料—感烟器   2 400
    贷：待处理财产损溢   2 400

5. 存货调整业务

1月31日,因疫情原因将1月13日发生的采购塑料底盘的入库成本增加500元。在存货核算系统中填写入库调整单、记账并生成入库调整凭证。

  借：原材料—塑料底盘   500
    贷：在途物资   500

6. 月末结账

1月31日,分别对采购管理系统、销售管理系统、库存管理系统和存货核算系统结账。

参 考 文 献

[1] 何敏，孙红艳，田马飞. 大数据时代背景下会计信息化发展趋势探析[J]. 信息系统工程，2021（11）：105-108.

[2] 任睿."十四五"新时期企业会计信息化与业务融合问题研究[J]. 财会学习，2022（01）.

[3] 张瑞君，殷建红，蒋砚章. 会计信息系统[M]. 9 版. 北京：中国人民大学出版社，2021.

[4] 王新玲，汪刚. 会计信息系统实验教程[M]. 2 版. 北京：清华学出版社，2020.

[5] 王珠强，王海生. 会计信息化. 北京：人民邮电出版社，2021.

[6] 汪刚，金春华. 会计信息系统原理与实验教程[M]. 2 版. 北京：清华大学出版社，2021.

[7] 狄建红. 会计电算化实务[M]. 北京：人民邮电出版社，2021.

[8] 赵萍，刘兆军. 会计信息系统应用—业务财务一体化[M]. 大连：东北财经出版社，2022.

反侵权盗版声明

电子工业出版社依法对本作品享有专有出版权。任何未经权利人书面许可，复制、销售或通过信息网络传播本作品的行为，歪曲、篡改、剽窃本作品的行为，均违反《中华人民共和国著作权法》，其行为人应承担相应的民事责任和行政责任，构成犯罪的，将被依法追究刑事责任。

为了维护市场秩序，保护权利人的合法权益，我社将依法查处和打击侵权盗版的单位和个人。欢迎社会各界人士积极举报侵权盗版行为，本社将奖励举报有功人员，并保证举报人的信息不被泄露。

举报电话：（010）88254396；（010）88258888
传　　真：（010）88254397
E-mail：　　dbqq@phei.com.cn
通信地址：北京市海淀区万寿路173信箱
　　　　　电子工业出版社总编办公室
邮　　编：100036